未来社区建设与运营实践探索

FUTURE COMMUNITY DEVELOPING AND OPERATING EXPLORATION

裴黎明　主　编

裴黎英　钱　杰　王　毅　顾　虎　副主编

陈旭伟　陈　斌　主　审

中国建筑工业出版社

图书在版编目（CIP）数据

未来社区建设与运营实践探索 = FUTURE COMMUNITY
DEVELOPING AND OPERATING EXPLORATION / 裴黎明主编；
裴黎英等副主编. —北京：中国建筑工业出版社，
2021.11（2022.7重印）

ISBN 978-7-112-26988-4

Ⅰ.①未…　Ⅱ.①裴…　②裴…　Ⅲ.①社区建设—研
究—中国　Ⅳ.①D669.3

中国版本图书馆CIP数据核字（2021）第267351号

本书简要介绍未来社区的概念起源、国内外现状和基本特征，对未来社区的建设战略环境、顶层设计、主要建设路径、主要创建类型进行概括与梳理，并着重分析了未来社区的建设投资，探讨了乡村未来社区的顶层设计与实践探索，并分享了相关案例和实践经验。

本书旨在探索浙江省未来社区的各种建设路径，并对已形成的未来社区建设与运营实践经验进行研究总结，结合浙江省推进共同富裕建设，思考和探索乡村未来社区创建，助推城乡融合和乡村振兴。

责任编辑：朱晓瑜
封面设计：陈旭伟　刘长江
责任校对：张惠雯

未来社区建设与运营实践探索
FUTURE COMMUNITY DEVELOPING AND OPERATING EXPLORATION
裴黎明　主　编
裴黎英　钱　杰　王　毅　顾　虎　副主编
陈旭伟　陈　斌　主　审
*
中国建筑工业出版社出版、发行（北京海淀三里河路9号）
各地新华书店、建筑书店经销
北京建筑工业印刷厂制版
北京建筑工业印刷厂印刷
*
开本：787毫米×1092毫米　1/16　印张：16¾　字数：279千字
2022年3月第一版　　2022年7月第二次印刷
定价：**69.00**元
ISBN 978-7-112-26988-4
（38788）

本书编委会

序 言

当前，我省城镇化率已达 72.17%，城市发展已经进入结构优化、内涵提升的新阶段。2019 年 2 月，时任浙江省省长袁家军在省政府工作报告中提出建设未来社区，从此"加快建设未来社区，打造幸福美好家园"成为全省人民和各行各业共同关注的新命题。在省委、省政府的领导下，省级有关部门组织各领域专家学者开展了广泛的调研探索，以未来社区的目标导向和需求导向出发，创新性构建了"139"体系，即以新时代党建为统领，坚持人本化、生态化和数字化价值取向，实施邻里、健康、教育、交通、创业、低碳、建筑、治理和服务九大场景，并制定了定量和定性相结合的指导性和约束性指标体系，从理论层面到政策层面搭建起未来社区建设的四梁八柱，也为未来社区试点的实践与探索提供了坚实的理论基础和技术支撑。

2021 年 6 月，以习近平同志为核心的党中央赋予浙江高质量发展建设共同富裕示范区的光荣使命，省委十四届九次全会提出将未来社区作为建设共同富裕现代化基本单元。这赋予了全省未来社区建设新的政治内涵和历史使命，必将成为浙江又一张创新金名片。

与传统社区相比，未来社区有以下六个方面的明显特征：一是以美好生活为目标追求，更加注重人的美好生活需要；二是以美丽宜居为环境底色，更加注重社区优美环境打造；三是以智慧互联为基本特征，更加注重数字技术在社区建设运营中的应用；四是以绿色低碳为核心理念，更加注重低碳生活方式和生产方式；五是以创新创业为时代风尚，更加注重大众创业、万众创新；六是以和睦共治为治理方式，更加注重多元主体共同参与。

未来社区既是一项改革创新，又是发展目标，更是民生福祉，同时也是改革、发展、民生的高度融合。希望未来社区在提升物理空间和完善配套的基础上进一步集成大数据、人工智能和数字孪生，不断提升新能源和新材料等新技术应用水平，不断探索可持续发展的投资建设模式，不断激励社会各界创新创业创造，把未来社区打造成绿色低碳智慧的"有机生命体"、宜居宜业宜游的"生活共同体"、共建共治共享的"社会综合体"，成为共同富裕示范区建设的标志性成果和我省普遍形态。

浙江省住房和城乡建设厅厅长　项永丹

| 前 言 |

    未来社区是以满足人民美好生活向往为根本目的的人民社区，是坚持党建引领、围绕社区全生活链服务需求，以人本化、生态化、数字化为价值导向，以未来邻里、未来教育、未来健康、未来创业、未来建筑、未来交通、未来低碳、未来服务和未来治理 9 大场景创新为引领的新型城市功能单元。未来社区的建设与运营实践，拓展和提升了社区的自治资源与自治能力，有效推进社区共同体建设，发掘和培育了社区内各自治组织和居民等原生力量[①]，促进国家—社会良性互动关系的形成，对于提升人民幸福感有着重要的意义。

    2019 年 2 月，浙江省政府工作报告中首次提出"未来社区"的概念，同年 3 月，浙江省政府发布《关于印发浙江省未来社区建设试点工作方案的通知》，明确了未来社区"1 个中心，3 维价值坐标，9 大场景"的顶层设计，即"以人民对美好生活的向往"为中心，以"人本化、生态化、数字化"为价值坐标，构建以未来邻里、教育、健康、创业、建筑、交通、低碳、服务和治理等九大场景创新为重点的集成系统，打造有归属感、舒适感和未来感的新型城市功能单元，同年 6 月，浙江省首批未来社区试点创建项目规划落地，并提出了"从 2022 年开始，全面复制推广，裂变效应显现，夯实未来城市发展基础，有力支撑大湾区大花园大通道大都市区建设"的工作目标。

    本书结合浙江省在未来社区建设与运营方面所开展的工

---

① 张蔚文，麻玉琦. 未来社区：国家—社会关系互动中的社区共同体［EB/OL］.［2021-05-24］.https://zj.zjol.com.cn/news.html?id=1671451.

作，从未来社区主要创建类型、九大场景架构、建设路径、建设难点、特色案例等方面将浙江省的未来社区创建经验进行分析和总结，并探讨乡村未来社区的实践路径。未来社区建设与运营是一项系统工程，涉及领域广且要求高，需要努力汇聚"协同性"合力，全面部署、有序推进，并围绕社区全生活链服务需求，根据"人本化、生态化、数字化"理念，做好未来社区建设的顶层设计和总体规划，科学布局邻里、教育、健康、创业、建筑、交通、低碳、服务和治理等各个板块。九大场景的设置旨在解决传统社区建设中的痛点、难点，在九大方面营造未来社区的氛围。

本书对未来社区的概念起源、国内外现状、基本特征做出介绍，对未来社区的建设战略环境、顶层设计、主要建设路径、主要创建类型进行概括与分析，并着重分析了未来社区的建设投资，探讨乡村未来社区的顶层设计与实践探索，分享成功案例，并总结实践经验。书中对以萧山瓜沥七彩社区、拱墅瓜山社区为代表的省级试点样板（其中拱墅瓜山社区纳入2020年浙江省级标准化战略重大试点项目），杭州城西科创大走廊为代表的全域未来社区创建样板，以及上城始版桥社区、拱墅和睦社区、钱塘云帆社区、缙云名山社区、上虞鸿雁社区等有代表性的社区的实践及做法进行了归纳和介绍。

本书旨在探索浙江省未来社区的各种建设路径，并对已形成的未来社区建设与运营实践经验进行研究总结与分析提炼，结合浙江省推进共同富裕建设，思考和探索乡村未来社区创建，助推城乡融合和乡村振兴。本书汇集众多单位和专家顾问的智慧，凝聚了一线参与者的心血，最终得以完成，热切期望本书的出版能为众多政府管理者、相关设计人员以及参与未来社区建设与运营的工作人员提供借鉴和帮助，也为未来社区的美好未来贡献一份力量。

| 目 录 |

第一章

绪　论

第一节　概念起源

随着信息技术的发展，科技逐渐深入人们的生活，人与计算机的和谐共生成为智能化、数字化时代的旋律，在这样的时代背景下提出的"未来社区"仍是一个新概念，目前国外学术界还未对"未来社区"形成较为统一的定论，对于"未来社区"的概念仍在持续探索的过程中。

1887 年，德国现代社会学家滕尼斯在《社区与社会》（*Gemeinschaft and Gesellschaft*）一书中提出了"Gemeinschaft（共同体）"的概念，表示任何基于协作关系的有机组织形式。滕尼斯用"社区"与"社会"的概念来描述人类共同生活的两种表现形式。滕尼斯认为"社会"是以个人的意志、理性契约和法律为基础形成的缺乏感情交流和关怀照顾的社会团体，而"社区"则是连接人们具有共同利益的血缘、感情和伦理的团结纽带，人们基于情感动机形成了亲密无间、相互信任的关系。此后对于"社区"的内涵在实践中不断发展，但"共同体"却始终是社区的核心特征。1993 年，社会学家费孝通将"Community"译为"社区"引入我国，并指出了社区的深层含义：和谐的人际关系和互助合作的共同体[①]。

美国新媒介技术专家罗杰·菲德勒（2000）在《媒介形态变化：认识新媒介》中提出了未来社区的概念："以各种电子媒介为核心，结合建筑学技术构建的现代社区，这些电子媒介以网络形式互联，能够让社区居民足不出户便可体验工作、社交、生活和智慧服务。"[②]美国麻省理工学院教授威廉·米切尔（1999）在《比特之城：空间·场所·信息高速公路》中详细阐述了未来社区的建设理念："未来人们不仅能够居住在由钢筋混凝土建设的社区住宅中，还能够栖身于由网络技术、传感器技术和信息技术组建的'软社区'里，人人都成为电子人，这样的未来社区充满了智能化元素。"[③]两位学者对未来社区构建和概念界定都融入了信息、网络和智能元素，并认为未来社区建设将改变人类社会社交、信息传播、

---

① 吴晓林. 中国城市社区建设研究述评（2000—2010 年）—以 CSSCI 检索论文为主要研究对象. 公共管理学报，2012（1）.

② 罗杰·菲德勒. 媒介形态变化：认识新媒介［M］. 北京：华夏出版社，2000.

③ 威廉·米切尔. 比特之城：空间·场所·信息高速公路［M］. 北京：生活·读书·新知三联书店，1999.

工作生活的模式，让更多居住其中的人们感受到智能化、智慧化和便捷化的居住体验[①]。

国内专家对于社区未来的发展方向有各种不同的定义和类型，侧重点更多的是社区的智能化、智慧化，通过提供智慧化的服务为社区居民带来舒适便捷的居住体验。浙江省的未来社区旨在通过社区建设来满足人民对美好生活的向往，围绕社区全生活链服务需求所打造的有归属感、舒适感和未来感的新型城市功能单元[②]。

为了更好地指导未来社区建设，浙江省政府将未来社区写进了 2019 年政府工作报告，并在《浙江省未来社区建设试点工作方案》（浙政发〔2019〕8 号）中提出了"高举习近平新时代中国特色社会主义思想伟大旗帜，深入贯彻党的十九大和省第十四次党代会、省委十四届二次全会精神，聚焦人本化、生态化、数字化三维价值坐标，以和睦共治、绿色集约、智慧共享为内涵特征，突出高品质生活主轴，构建以未来邻里、教育、健康、创业、建筑、交通、低碳、服务和治理等九大场景创新为重点的集成系统，打造有归属感、舒适感和未来感的新型城市功能单元，促进人的全面发展和社会进步，打响我省'两个高水平'建设新名片。"

同时，《浙江省未来社区建设试点工作方案》提出未来社区建设的基本原则，即：① 以人为本，文化引领。坚持房子是用来住的、不是用来炒的定位，以人为核心，满足社区全人群对美好生活向往，融合先进文化和前沿科技，引领高品质生活方式革新。② 政府引导，市场运作。坚持有为政府和有效市场并重，强化顶层设计、政策引导，充分调动市场主体、投资主体积极性，激发社会活力，探索形成产业联盟支撑的可持续未来社区建设模式。③ 迭代创新，体系推进。鼓励大胆探索、迭代优化，坚持创新设计、适度留白，合理设置约束性和引导性指标。充分发挥政策创新牵引作用，系统推进民生改善、产业培育、投资拉动和管理转型。④ 因地制宜，分类施策。结合城市实际情况，统筹考虑改造更新和规划新建两大类型，分类推进、精准施策，推动未来社区模式多样化、差异化、特色化，形成百舸争流、百花齐放的建设格局。并提出未来社区的主要

---

① 马建军. 未来社区智慧化建设运维途径探究. 智能城市，2019，5（19）：1-3.
② 邹永华，陈紫微. 未来社区建设的理论探索. 治理研究，2021，37（3）：95-103.

任务为打造邻里、教育、健康、创业、建筑、交通、低碳、服务和治理九大场景，在浙江省发展和改革委员会《未来社区：浙江的理论与实践探索》一书中，未来社区建设的基本原则为：① 聚焦以人为本，着力处理好"人与社区"关系；② 坚持因地制宜，着力处理好"城市与社区"关系；③ 统筹多方参与，着力处理好"社会与社区"关系；④ 注重面向未来，着力处理好"历史与未来"关系①。

第二节　国内外现状

一、国外基本情况

新加坡的智慧社区建设涵盖了物流、物业、医疗、家政、商业、公益等居民的衣食住行休闲娱乐各方面②。社区物业主要以公共设施管理、安保服务、维修与保养等为主；社区物流引进特快专递，提供一站式服务；社区商业服务引入"邻里中心"概念，提供餐饮、休闲娱乐、购物等服务，将社区服务功能与商业功能集于一体；社区家政服务主要为生活贫困居民、残疾人士提供应急服务；社区医疗服务主要由公立医院、私立医院、私人诊所以及慈善义务机构提供；社区公益服务进一步增强了社区居民的归属感和认同感③。

日本横滨智慧社区主要是在改造现有基础设施的基础上结合智能化系统，如大规模应用可再生能源、向一般家庭提供家庭能源管理系统、向物业管理公司提供建筑能源管理系统，或安装社区电、热能管理系统。

丹麦的生态社区建设表现出以下特点：一是开展丰富多彩的社区活动，动员社区居民全员参与，增加社区居民的归属感和集体感，号召更多的居民参加社区治理。二是社区居民共同商讨社区规划，真正实现社区共治和自治，最大限度满足居民的利益诉求。三是建立环保社团，由社区居民代表、政府代表、社会组织

---

① 浙江省发展和改革委员会，浙江省发展规划研究院. 未来社区：浙江的理论与实践探索 [M]. 杭州：浙江大学出版社，2021.

② 王夏青. 新加坡社区管理及其对我国的启示 [J]. 科技经济导刊，2017（7）：249.

③ 上海市中国特色社会主义理论体系研究中心. 国家试点上海样本的创新与示范 [M]. 上海：上海人民出版社，2017.

代表等组成，并由社区政府单独拨款成立环保基金，专门服务于社区生态环保事务。四是建立"生态记录簿"，监督生态社区中资源消费水平、污染程度等，促使社区居民对自己的生态行为进行检视与反馈，同时反过来也使得生态环保数据受到社区居民的监督[①]。

国外低碳社区的建设理念基本为低消耗、低排放，英国贝丁顿社区号召社区内企业和居民践行"零能耗、零排放"，并将其融入社区规划的各个角落。贝丁顿社区建设选材遵循"就地取材"，此举可以减少材料运输的需求，降低运输碳排放；建设规划中充分采用清洁能源——风能和太阳能，降低能耗；社区交通规划中倡导低碳出行，规划了大量公共交通路线、步行道路，降低机动车的出行率[②]。

国外未来社区的实践经验是以建设更智能、绿色、包容的城市为目标，如新加坡邻里中心大巴窑社区、日本丰田"编织之城"和欧洲 Block 街区等都能看到未来社区的影子。

新加坡邻里中心大巴窑社区：新加坡"邻里中心"（Neighborhood Center）源于新加坡政府 1965 年推行并长期实施的"组屋"（HDB Flats）计划，可以说是"未来社区"最早的探索雏形。而新加坡大巴窑地区是新加坡建国初期建设的第一批组屋。在经历了第一代新市镇建设对女皇镇的建设后，大巴窑作为新加坡第二个卫星镇于 1964 年开始被设计和建设。6 年的时间，大巴窑地区将散落的工厂、村屋和郊区养殖场整体规划和更新为 12 个邻里区块，约 15.6 万居民，$8.5km^2$。从原有的一房、两房式，开始出现四、五房式的大型组屋，由此也搭建了家庭化等更丰富的居住型消费单元，是一个根据邻区规划概念开发的典型市镇。大巴窑邻里中心规划采用了 TOD 模式，其结合快速路和地铁站的出入口，集约便利性地优化了新市镇中心的公共设施布局，充分缓解中心城市的高强度开发压力，为居民出行提供了极大便利。大巴窑社区的商业呈现 3 条商业街的布局，实现了商业空间内部衔接便利，区域内拥有多家购物中心和百货，涵盖咖啡、标准餐食，拥有送餐和节日套餐功能，低价超市和普通超市同时设立，供不

---

① 沈锋萍. 浙江信息港小镇打造未来社区的路径与对策研究［D］. 南昌：南昌大学，2020.
② 罗求生，曾文静. 低碳社区建设及其实践——以英国贝丁顿"零碳社区"为例［C］// 中国城市科学研究会. 2018 城市发展与规划论文集. 北京：中国城市出版社，2018：1587-1594.

同消费选择。从水果、蔬菜到服装、百货，从家电到首饰、眼镜，从餐饮到美发、美甲，到日常生活的各个服务门类。每个邻里中心距离居住区最远的距离也不过 500m，居民只要下楼步行 5 分钟左右便可到达，更好地实现了服务覆盖居民的可到达性。除了商业、公共服务等实际功能之外，大巴窑还在新的规划中提出建造新组屋单位、翻新步行街和民众广场，为行人修建道路顶棚，设置新的自行车架和自行车道，建立整栋停车楼等，以此扩展更多绿色空间和无障碍设施，配备邻里公园等供居民休闲放松的绿色场所。新加坡组屋采用的"邻里中心"规划，摒弃了沿街为市的粗放型商业形态，坚持以本区居民日常生活为中心的理念，全部设施满足人们在住所附近寻求生活、文化交流的需要，构成了一套强大的家庭住宅延伸体系，这在大巴窑是最集中的体现。在新加坡大巴窑市镇，放眼都是苍翠如盖的雨树，街道整洁，小贩中心热闹，住宅楼高耸。政府也一直坚持组屋翻新和邻区更新，房龄 50 年的"旧房子"看起来像是最近 10 年的新房一样[①]。

日本丰田"编织之城"："邻里中心"的构建为"未来社区"提供了最初的构想，而随着时代的发展与技术的进步，"大社区"的涵盖范围也逐渐得到了拓展，日本丰田"编织之城"（Toyota Woven City）深刻体现了设计师对于建造更智能、绿色、包容社区的美好愿景，这也是未来社区的初衷。"编织之城"在 2020 年国际消费类电子产品展览会（CES）亮相，展示了一座超智能的未来城市范本。丰田"编织之城"将作为一个生活实验室，用于测试并推进移动、智能、互联以及氢动力基础设施和行业协作，希望通过基于历史和自然的技术驱动未来，让人们和社区凝聚在一起。项目是以人工智能和分级交通为主导的"未来原型城市"，将太阳能、地热能和氢燃料电池技术投入利用，从而努力构建一个碳中和的社区。"编织之城"建成后，将能容纳 2000 人居住，他们将在这里体验未来自动驾驶车辆、服务机器人和智能家居。"编织之城"顾名思义，以"编织"为设计手法。设计团队把常规街道分成了三部分：机动车道、非机动车道、人行道，来实现更安全、行人友好型的人车关系。在城市中心地带的核心广场，可以作为车辆停放地，也可以为居民提供商业服务。三种街道纵横交错以创建出 3×3 规格的

---

① 睿途旅创. 这些未来社区的构建，让我们看到了未来城市的模样！[EB/OL]. [2020-09-03]. https://baijiahao.baidu.com/s?id=1676772702290407153&wfr=spider&for=pc.

城市街区，每个街区都形成了只能通过长廊或线性公园进入的庭院。机织网格的城市结构通过不同程度的扩展和收缩，以适应各种规模、项目和室外区域。根据具体需要，两个中央庭院分别膨胀为一个大规模的城市广场和另一个给整座城市提供便利设施的中央公园。除了拥有特别的道路规划以外，城市提供能源的方式也很高科技。城市将由丰田自己研发的氢燃料电池和屋顶及路面的太阳能电池板提供能源动力。社区还将利用地热能、氢燃料电池技术的组合，为居民提供建筑能源。住宅、零售和商业综合体主要由碳隔离木材建造，屋顶上安装的光伏板不仅代表了每个城市街区的特征，更确保了社区全天候的生机与活力。在建筑材料上，选用木材作为主要材料，通过将日本传统手工艺、榻榻米模块与机器人制造技术相结合，最大程度上减少对环境污染的同时也让日本的建筑遗产得以延续、发扬和创新。每个房屋建筑都配备相应的传感器，连成一个城市数据操作系统，通过这个系统将人、建筑物、车辆全部连接在一起。在人们出行之时，AI 会智能分析人们所处的环境状况，并通过系统操控自动驾驶车辆的行驶状态，保证了人车分流的安全性。"编织之城"的住宅还将测试诸如家庭机器人等新技术以协助日常生活。这些智能家居充分利用基于传感器的 AI 技术实现全连接功能，如杂货店自动送货、洗衣服务和垃圾处理等，与此同时还可以欣赏富士山的壮丽景色[①]。

欧洲 Block 街区、太平洋城：Block 街区设计理念是目前国际上较先进的一种楼盘开发理念，即将街区与居住、休闲、娱乐、商务等组合在一起，规划创造的一种全新的居住和生活模式。太平洋城是一个现代海滨休闲村，占地6.5英亩，包含建筑面积为191000平方英尺的露天零售、餐厅和娱乐区，以及一个 8 层酒店。在零售区的设计方案中，将通过一个独特的"冲浪城"，为来访者提供最佳体验，不管是访客还是当地居民，都在这里体验充满自豪感的惬意生活。沿着主零售区，有一系列建筑，将海滨空间分成多块。来到这里，可以眺望壮观的码头和大海，还可以欣赏错落有致的海岸布局，在人行道上徜徉，同时还能减少风给来访者造成的不利影响。社区将古朴与现代、天然与优雅融为一体，通过大量使

---

① 睿途旅创. 这些未来社区的构建，让我们看到了未来城市的模样![EB/OL].[2020-09-03]. https://baijiahao.baidu.com/s?id=1676772702290407153&wfr=spider&for=pc.

用玻璃材质、眺望台和回退结构，强化新村庄的轻盈、飘逸和现代感[①]。

二、国内基本情况

我国社区创建的新模式主要有智慧社区、生态社区、低碳社区和养老社区等，对社区的探索主要集中在对社区概念、建设及意义进行研究等方面。

智慧社区是社区管理的一种新理念，是新形势下社会管理创新的一种新模式。智慧社区建设以物联网、云计算、移动互联网等新兴的信息技术为基础，通过集成应用为社区居民提供智能化、信息化的生活环境，是社区管理和服务的一种全新升级，也是一种新形态的社区。随着形势和需求的不断发展变化，智慧社区还需不断升级优化，要结合区域的发展实际，从顶层设计、建设模式、技术应用、人才培养、思想引领等方面深入探索建设新型智慧社区，以此适应社会的发展形势，进一步提升社区治理成效[②]。

生态社区是综合社会、经济与自然且符合生态系统，通过维持原有的社区生态系统平衡，实现资源和能源的高效循环利用，减少废物排放，实现社区和谐、经济高效、生态良性循环的社区[③]。有学者认为生态社区在追求人与自然的和谐、人与人的和谐的同时追求物业管理的人性化[④]。更有学者认为社区建设的终极目标是建设成生态社区，不仅仅是生活环境的生态化，更注重的是经济的生态化、社会的生态化以及文化的生态化[⑤]。

低碳社区是在低碳经济模式下的城市社区生产方式、生活方式和价值观念的变革。学者董楷认为低碳建筑、低碳技术和低碳文化三大块内容是低碳社区的核心组成部分，在低碳建设过程中是需要通过社区规划、建筑设计、小区改造等手段来提高社区的节能减排意识，最终形成可持续发展的低碳社区。这个低碳社区

---

① 睿途旅创. 这些未来社区的构建，让我们看到了未来城市的模样！［EB/OL］.［2020-09-03］. https://baijiahao.baidu.com/s?id=1676772702290407153&wfr=spider&for=pc.

② 陈亚萍. 新型智慧社区建设探索——基于北京市朝阳区社区治理实践［J/OL］. 电子科技大学学报（社科版），2019，21（6）：16-20.

③ 陈伟. 城市生态社区的环境规划设计与研究［EB/OL］.［2009-10-21］. http://www.eedu.org.cn/Article/ecology/ecoappliacions/ecocity/200910/40826.html.

④ 吴智刚，缪磊磊. 城市生态社区的构建研究［J］. 华南师范大学学报，2005（5）：43-49，54，158.

⑤ 冯罗容. 论可持续发展生态社区的建设［J］. 科学技术创新，2018（5）：18-19.

最大的特点是低投入、低排放以及低能耗[①]。

　　养老社区是一种复合式的老年社区，指在同一个社区中，为老年人提供多种选择的生活方式，包括独立生活、协助生活和专业护理等，并为老人提供一系列的配套服务。使老年人在健康状况和自理能力变化时，依然可以在熟悉的环境中继续居住，并获得与身体状况相对应的照料服务。此类社区一般拥有独立的生活单元、协助生活单元与专业护理单元，同时，按照老年人的人体尺度和心理、生理特点进行配置，充分考虑采光、日照、通风、照明等物理环境因素，采用现代网络技术、信息技术和集成技术，提高养老社区的居住环境水平。其根本理念是从被动型、托管式养老向自主型、享老式养老观念转变，让老年养老从"安身养老"变为"活力养生、健康享老"，颠覆并革新原有养老原生态的生活方式[②]。

　　智慧社区、生态社区、低碳社区和养老社区等新模式推进了我国社区建设进程，但社区建设导向较为片面化等因素，也阻碍了这类社区的发展。如低碳社区的发展过度强调了碳排放，缺乏对于社区景观、文化保护等方面的建设，导致建设的效果并不理想。而智慧社区在创建时居民往往被规划和效果所吸引，但是在建设过程中更注重政府的主导地位，却忽视了自身作为社区的自治主体的事实，常常缺乏积极性、主动性。

　　"未来社区"是在智慧社区、生态社区、低碳社区和养老社区等社区创建模式的基础上提出的社区创建新模式，整合了以上社区创建模式的优点。

　　关于"未来社区"的概念，学者柴贤龙、徐呈程认为，"和合文化"指引的社区文化价值是未来社区的首要内容，浙江省建设未来社区注重体现人文多样性、包容性和差异性，把未来社区打造成"宜居宜游宜业"的生活共同体和心灵之家[③]；有学者对未来社区建设的意义展开了研究，学者刘晶晶、施楚凡认为，浙江在全国率先提出"未来社区"理念，并着手展开试点实践，这被视为推动浙江经济高质量发展的又一项重大创新[④]。而如今看来，未来社区的建设是实现社

① 董楷，侯光辉. 城市低碳社区评价指标体系及实证研究——以万科假日风景社区为例［J］. 生态经济，2013（3）：56-59，76.
② 养老社区概念及分类［EB/OL］. https://wenku.baidu.com/view/9d6adef86bec0975f465e293.html.
③ 柴贤龙，徐呈程. 关于浙江未来社区建设若干重大问题的对策建议［J］. 决策咨询，2019（3）：65-67.
④ 刘晶晶，施楚凡. 未来社区在浙江的实践与启示［J］. 现代管理科学，2019（11）：72-74.

会共同富裕、人民美好生活这一目标的有效实践。

随着 5G 时代的到来，人工智能、物联网和云计算等一系列可见的智慧技术革命正逐步改变人们的生活方式。早在 2014 年，住房和城乡建设部就印发了《智慧社区建设指南（试行）》（建办科〔2014〕22 号），旨在利用物联网等现代技术，构建智慧社区综合信息服务平台，整合既有的医疗、养老、文化和物流等社区服务设施资源，实现社区的智慧管理。

此外，国家相继提出了《低碳社区试点建设指南》（发改办气候〔2015〕362 号）、《绿色社区创建行动方案》（建城〔2020〕68 号）等建设指南和行动方案。低碳社区被认为是实现可持续发展的具体形式，其核心是零能耗或低能耗系统，旨在通过能源、资源、交通、用地等综合手段来减少建设和使用管理过程中的碳排放，然而，这些概念都是依托某个单一技术进步而提出的，分别对应社区治理、服务、能源等单一问题，未能从总体上对未来的居住社区做一个相对完整的统筹和谋划，未来社区则是未来居住建设多目标的集成[1]。

关于未来社区的建设，有学者着重从未来社区建设中的智慧建设方面进行了深入研究，并做出阐述，许凤等学者详细阐述了智慧化建设的内涵：以数字、信息、网络、传感、人工智能等技术为核心，构造现代一体化建筑体系的建设模式[2]；学者卓么措指出：智慧化建设是支撑未来社区建设的核心技术，它将从教育、健康、创业、交通、建筑、低碳、服务、治理和邻里等多个场景提供未来社区构造的核心工艺[3]。也有学者对未来社区建设中的数字化建设深入研究，柴贤龙、徐呈程[4]认为：通过项目试点稳妥推进，通过创新基于道路公交集散或轨道交通站点的 TOD 模式，推动土地集约开发利用，是未来社区建设的突破口；推进数字化，实现社区科技变革，是未来社区建设的主引擎；营造系统创新，是未来社区生态价值实现的新机制。通过明确建设背景，借鉴国外经验、国内创新，实现未来社区未来治理的目的。

---

① 袁奇峰，钟碧珠，贾姗，等. 未来社区：城市居住区建设的有益探索 [J]. 规划师，2020，36（21）：27-34.

② 许凤，谢东升，肖一羽. 关于智慧建设相关概念和内涵的探讨 [J]. 建设监理，2019（1）：56-58.

③ 卓么措. 政府职能视角下的未来社区——未来社区的内涵、意义及建设对策 [J]. 浙江经济，2019（4）：26-28.

④ 柴贤龙，徐呈程，靳丽芳，等. 关于浙江未来社区建设若干重大问题的对策建议 [J]. 决策咨询，2019（3）：65-67.

第三节 基本特征

未来社区应坚持党建引领，以人民美好生活为目标追求，集中人本化、生态化、数字化的价值指引，打造以未来邻里、教育、健康、创业、建筑、交通、低碳、服务和治理等九大场景创新为重点的集成系统。

一、未来社区三化

未来社区的三化，即三个价值坐标：人本化、数字化、生态化。其中未来社区的人本化强调以人民为中心，注重未来社区中共同价值观、邻里文化的形成，营造互助的邻里氛围。未来社区的数字化则注重以数字化应用场景为载体，充分利用数字化模型、社区智慧服务平台、智能设备和物联网数据、人工智能等提升生活品质，方便居民生活。未来社区的生态化则注重资源的整合、共享及价值的交换，从而提高政务服务及社区管理水平，动员和凝聚社会力量，营造开放、共享的社区环境。

二、未来社区九大场景

《浙江省未来社区建设试点工作方案》中提出了未来社区建设的主要任务为以下九个方面：① 打造未来邻里场景，营造特色邻里文化，构建邻里贡献积分机制，建立信用评价体系，打造邻里互助生活共同体，制定邻里公约，形成远亲不如近邻的邻里氛围。② 打造未来教育场景，高质量配置托儿服务设施，重点发展普惠性公办托育机构，造"名师名校在身边"青少年教育平台，搭建"人人为师"共享学习平台，建设社区邻里共享学堂、共享图书馆等，倡导终身学习新风尚。③ 打造未来健康场景，促进基本健康服务全覆盖，建立全生命周期健康电子档案系统，完善家庭医生签约服务机制，构建名医名院零距离服务机制，探索城市医院与社区医院合作合营，通过远程诊疗、人工智能（AI）诊断等方式，促进优质医疗资源普惠共享。④ 打造未来创业场景，搭建社区"双创"空间，结合地方主导产业培育，配置孵化用房、共享办公、家居办公（SOHO）等"双创"空间，配套共享厨房、共享餐厅、共享书吧、共享健身房等生活空间，健全特色人才落户机制，推出多类型人才公寓，打造各类特色人才社区。⑤ 打造未来建筑场景，推广集约高效公共交通导向开发（TOD）布局模式，探索容积率弹性管理机制，推动地上地下空间高强度复合开发，统筹做好地下综合管廊建设衔接。打造绿色宜居宜业空间，优化青年创业公寓、新型养老公寓等配比，推广智慧家居系统应用。建设个性化、泛在化绿色公共空间，依托阳台绿槽、社区公园、屋顶花园等，完善配备服务设施，打造艺术与风貌交融的未来建筑场景。⑥ 打造未来交通场景，构建"5分钟、10分钟、30分钟出行圈"，推广应用自动导引设备（AGV）等智能停车技术，完善社区新能源汽车充电设施供给，通过信息服务实现一键导航、交通无缝衔接，打造居民便捷交通站点出行圈，运用智慧数据技术，打造"社区—家庭"智慧物流服务集成系统。⑦ 打造未来低碳场景，打造多功能协同低碳能源体系，构建社区综合能源系统，推广近零能耗建筑，建设"光伏建筑一体化＋储能"的供电系统、"热泵＋蓄冷储热"的集中供热（冷）系统，构建分类分级资源循环利用系统，完善社区垃圾分类体系，提升垃圾收运系统功能，打造花园式无废社区。⑧ 打造未来服务场景，推广"平台＋管家"物业服务模式，建立便民惠民社区商业服务圈，建设无盲区安全防护网，实现零延时数字预警和应急救援。⑨ 打造未来治理场景。构建党组织统一领导的基层治理体系，完善党建带群建制度，健全民意表达、志愿参与、协商议事等机制，采用居民志愿参与的自治方式，推行社区闭环管理和贡献积分制，搭建数字化精益管理平台，依托浙江政务服务网和"浙政钉"平台，促进"基层治理四平台"的融合优化提升。

三、特色内涵

（一）以美好生活为目标追求

更加注重人的美好生活需要，以功能复合的邻里中心为依托，构建24小时全生活链功能体系，有机叠加教育、健康、商业、文化、体育等高品质公共服务，并合理配建适老化公寓、婴幼儿托育中心，为"一老一幼"提供友好生活环境。

（二）以美丽宜居为环境底色

更加注重社区优美环境打造，充分运用新材料新技术，减少建设过程和建筑本身的环境污染。合理优化社区空间规划，打造多样化、个性化的立体绿化空间，让居民能够遥望星空、看见绿意、闻到花香。

（三）以智慧互联为基本特征

更加注重数字技术在社区建设运营中的应用，利用互联网、物联网、大数据、云计算、人工智能等先进技术为社区赋能。依托智慧社区服务平台，打造现实与数字"孪生"社区，以新技术、新业态、新模式提升社区服务的精准化、精细化水平。

（四）以绿色低碳为核心理念

更加注重低碳生活方式和生产方式，强化 TOD 布局理念，提升绿色低碳出行比例，推广绿色建筑，引导应用新型能源系统，降低社区能耗水平。严格实行垃圾分类，促进生活垃圾源头减量，创建无废社区。

（五）以创新创业为时代风尚

更加注重大众创业、万众创新，建立一批低成本、泛在化、开放式的社区众创空间，为人才提供优质的创新创业环境。依托社区智慧平台，激发共享经济潜能，促进社区资源、技能、知识全面共享，让供给和需求零距离对接。

（六）以和睦共治为治理方式

更加注重多元主体共同参与，构建科学高效的社区治理架构，充分利用好社区议事会、社区客厅等公共平台，加大社区居民参与，提高社区治理的科学化、精细化、智能化水平，营造"共建共治共享、交往交融交心"的良好氛围。

建设战略环境分析

第一节　政策环境

一、我国碳达峰、碳中和目标

迈入"十四五"新时期，我国生态文明建设进入了以降碳为重点战略方向，推动减污降碳协同增效，促进经济社会发展全面绿色转型，实现生态环境质量改善由量变到质变的关键时期，未来社区建设应顺应碳达峰和碳中和目标发展，倡导绿色理念，发展绿色建筑。

2020年9月22日，中国政府在第七十五届联合国大会上提出："中国将提高国家自主贡献力度，采取更加有力的政策和措施，二氧化碳排放力争于2030年前达到峰值，努力争取2060年前实现碳中和。"2021年3月5日，国务院政府工作报告中指出，扎实做好碳达峰和碳中和各项工作，制定2030年前碳排放达峰行动方案，优化产业结构和能源结构。在双碳政策背景下探索未来社区建设主要有以下两条路径：一是立足于能源供给端，大力发展风能、光能、水能等可再生能源，增加绿色能源的供给，尽快减少煤炭和石油等化石能源的消耗；二是能源需求端，广泛推广高效节能减排技术，建造高耐久性建筑，构建碳中和能源供给体系[①]。

（一）我国碳排放交易市场

"碳达峰、碳中和"的落地实施，离不开碳排放交易制度的探索落地和实践完善。国务院新闻办公室于2021年7月14日举行国务院政策例行吹风会。吹风会指出："全国碳排放权交易市场是利用市场机制控制和减少温室气体排放，推动绿色低碳发展的一项制度创新，也是落实我国二氧化碳排放力争于2030年前达到峰值、努力争取2060年前实现碳中和的国家自主贡献目标的重要核心政策工具。"吹风会同时指出："2021年是全国碳市场第一个履约周期，纳入发电行业重点排放单位超过了2000家，测算纳入首批碳市场覆盖的这些企业碳排放量超过40亿t二氧化碳，这意味着我国的碳排放权交易市场一经启动，就将成为全球覆盖温室气体排放量规模最大的碳市场。"

---

① 中国生物多样性保护与绿色发展基金会. 唐元：中国"双碳"目标的政策背景和实现路径［EB/OL］.［2021-09-08］. https://baijiahao.baidu.com/s?id=1710294106785770551&wfr=spider&for=pc.

2011 年 10 月以来，在北京、天津、上海、重庆、湖北、广东、深圳两省五市开展了碳排放权交易地方试点工作，地方试点从 2013 年 6 月先后启动了交易。经过多年发展取得了积极进展，为全国碳市场建设积累了经验。几个试点市场覆盖了电力、钢铁、水泥 20 多个行业近 3000 家重点排放单位，到 2021 年 6 月，试点省市碳市场累计配额成交量 4.8 亿 t 二氧化碳当量，成交额约 114 亿元[①]。

（二）推行绿色建筑

根据中国建筑节能协会能耗统计专委会《2020 年中国建筑能耗研究报告》数据，我国建筑全过程碳排放量在 2005～2018 年之间整体呈上升趋势（图 2-1）。

其中，2018 年全国建筑全过程碳排放总量为 49.3 亿 t 二氧化碳，占全国碳排放的比重为 51.3%（图 2-2）。其中：建材生产阶段碳排放 27.2 亿 t 二氧化碳，占全国碳排放的比重为 28.3%；建筑施工阶段碳排放 1 亿 t 二氧化碳，占全国碳排放的比重为 1%；建筑运行阶段碳排放 21.1 亿 t 二氧化碳，占全国碳排放的比重为 21.9%。

注：建筑全过程碳排放包括建筑业（含基础设施）消耗主要建材的生产碳排放、建筑业施工碳排放，以及存量建筑运行碳排放[②]。

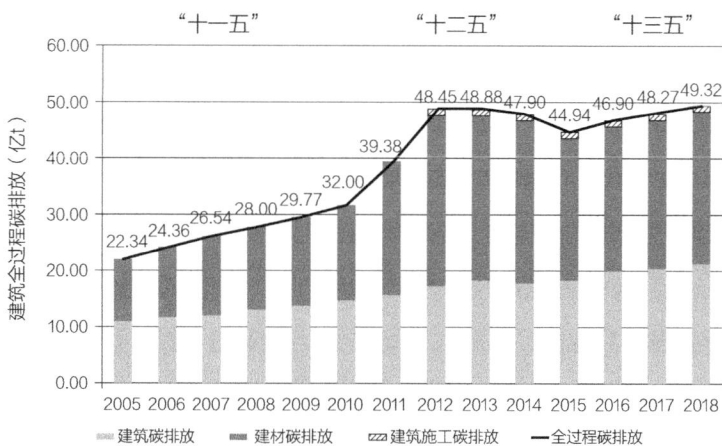

图 2-1 我国建筑全过程碳排放变化趋势（2005～2018）
（来源：中国建筑节能协会）

① 国务院政策例行吹风会［EB/OL］.［2021-07-14］. http://www.gov.cn/xinwen/2021zccfh/30/index.htm.
② 中国建筑节能协会能耗统计专委会. 2020 年中国建筑能耗研究报告［EB/OL］.［2020-12-31］. https://www.cabee.org/site/content/24021.html.

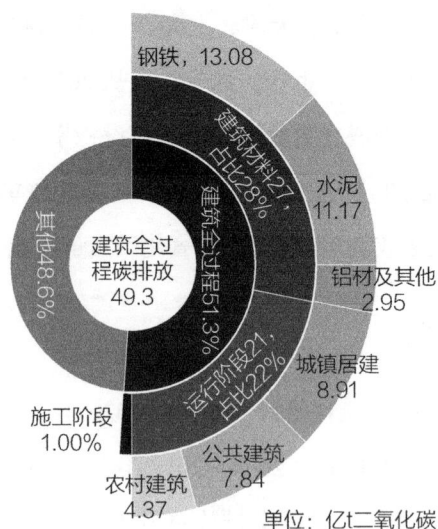

钢铁，13.08

建筑材料占比27.

占比28%

水泥
11.17

建筑全过程碳排放
49.3

其他48.6%

铝材及其他
2.95

城镇居建
8.91

施工阶段
1.00%

公共建筑
7.84

农村建筑
4.37

单位：亿t二氧化碳

图 2-2　建筑全过程碳排放

由于建筑行业碳排放占全国总碳排放比例相对较高，在我国对世界做出的"碳达峰、碳中和"承诺下和碳市场发展的必然趋势下，房地产建筑行业也将会在实现这个目标的进程中扮演极其重要的角色。

2021 年 3 月 16 日，住房和城乡建设部办公厅发布了《绿色建造技术导则（试行）》，明确了绿色建造的总体要求、主要目标和技术措施。住房和城乡建设部工程质量安全监管司指出："建筑业是国民经济的支柱产业，为我国经济社会发展和民生改善作出了重要贡献。但同时，建筑业仍然存在资源消耗大、污染排放高、建造方式粗放等问题，与'创新、协调、绿色、开放、共享'的新发展理念要求还存在一定差距。在 2020 年联合国大会上，我国承诺力争在 2030 年前实现碳达峰，2060 年前实现碳中和。建筑业面临的转型发展任务十分艰巨。"

针对碳减排，《绿色建造技术导则（试行）》作出了以下三个规定：一是规定优先选用高强、高性能、高耐久、耐腐蚀、抗老化材料，延长建筑使用寿命，降低部件更换频次，从长远角度降低原材料消耗，实现源头减排。二是规定应建立涵盖设计、生产、施工等不同阶段的协同设计机制，按照标准化、模块化原则对空间、构件和部品进行协同深化设计。通过生产、施工各方的前置参与，避免设计中的错漏碰缺，提高部品部件适配性，提高工程易造性，减少返工浪费。三是规定应充分考虑施工临时设施与永久设施的结合利用，实现"永临"结合，减少重复建设；应采用适用的安装工法，制定合理的安装工序，减少现场支模和脚手架搭建；应积极推广材料工厂化加工，实现精准下料、精细管理，降低建筑材料损耗率；应监控重点能耗设备的耗能；应加强施工设备的进场、安装、使用、维护保养、拆除及退场管理，减少过程中的资源消耗。

2021 年 9 月，住房和城乡建设部发布国家标准《建筑节能与可再生能源利用通用规范》GB 55015—2021，适用于"新建、扩建和改建建筑以及既有建筑节能改造工程的建筑节能与可再生能源建筑应用系统的设计、施工、验收及运行管理"，涉及新建建筑、既有建筑、可再生能源系统、施工调试验收与运行管理等方方面面的内容，贯彻了改革和完善工程建设标准体系精神，对提升建筑品质、促进建筑行业高质量发展和绿色发展具有重要作用。突出了技术法规性质，从新建建筑节能设计、既有建筑节能、可再生能源利用三个方面，明确了设计、施工、调试、验收、运行管理的强制性指标及基本要求。内容架构、要素构成、主要技术指标等与发达国家相关技术法规和标准接轨，总体上达到国际先进水平。

二、浙江数字化改革

（一）浙江数字化改革

2021 年 2 月 18 日，在浙江省委召开的全省数字化改革大会上，省委省政府决定把数字化改革作为 2021 年牵一发动全身的总任务。同时会议指出，"数字化改革"就是围绕建设数字浙江目标，统筹运用数字化技术、数字化思维、数字化认知，把数字化、一体化、现代化贯穿到党的领导和经济、政治、文化、社会、生态文明建设五位一体的全过程各方面，对省域治理的体制机制、组织架构、方式流程、工具手段进行全方位、系统性重塑的过程。这是一个硬核的改革，也是一个重大的集成创新，希望全省能够努力打造重大改革、创新的最佳实践，努力成为"重要窗口"的标志性成果。

2021 年 3 月 1 日，中共浙江省委全面深化改革委员会发布《浙江省数字化改革总体方案》（浙委改发〔2021〕2 号）。方案按重点任务分，可以概括为"152"体系：

"1"就是建设1个一体化智能化公共数据平台（图2-3）。平台架构包括"两掌"和"四横四纵"。"两掌"分别是"浙里办"群众企业掌上办事和"浙政钉"机关干部掌上办公两个入口；"四横"分别是基础设施体系、数据资源体系、应用支撑体系、业务应用体系；"四纵"分别是政策制度体系、标准规范体系、组织保障体系、网络安全体系。

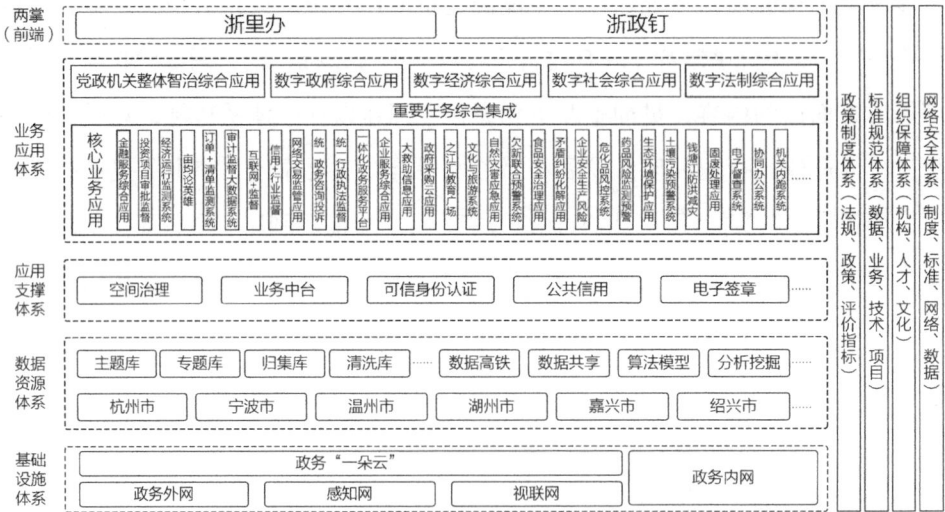

图 2-3　一体化智能化公共数据平台框架图

"5"就是运行党政机关整体智治综合应用、数字政府综合应用、数字经济综合应用、数字社会综合应用、数字法治综合应用。其中，数字经济综合应用以"产业大脑＋未来工厂"为核心业务场景，推进数字产业化和产业数字化；数字社会综合应用以"未来社区＋乡村服务"为核心业务场景，建设场景化、人本化、绿色化、智能化的美好数字社会。

"2"就是构建理论和制度两套体系，推动改革实践上升为理论成果、固化为制度成果。

2021年8月24日，浙江省召开全省数字化改革工作推进会，充分肯定阶段性工作进展的同时，明确了数字社会系统建设的总目标、核心任务和节点任务。总目标是聚焦共同富裕示范区建设，从解决人的高频需求和关键问题入手，以"城市大脑＋未来社区＋未来乡村"为核心场景，推动社会事业领域改革，实现社会空间数字化、社会服务共享化、社会政策精准化，持续缩小"三大差距"，满足群众高品质生活需求，打造更公平、更安全、更和谐、更有温度的美好社会。核心任务是把落地社会事业 12 个 "有" 多跨场景应用和打造民生 "七优享" 金名片相结合，全力擦亮 "浙系列" "邻系列" "享系列" 三大服务品牌，推动数字社会成为共同富裕现代化基本党员的显著特征和鲜明标志；重点打造浙里民生 "关键小事智能速办"、浙里智慧基本·公共服务两个重大应用，使之成为数字社会标志性成果①。

（二）浙江省数字政府建设 "十四五" 规划

2021 年 6 月 4 日，发布《浙江省数字政府建设 "十四五" 规划》（浙政发〔2021〕13 号）指出，浙江省数字政府的建设坚持 5 个高质量：高质量建成机关效能最强省、高质量建成政务服务满意省、高质量建成数智治理先行省、高质量建成智慧监管引领省、高质量建成数字生态示范省。主要任务共 6 项（包括 10 个专栏）：建立整体高效的运行管理体系；构建优质便捷的普惠服务体系；创新全域智慧的协同治理体系；打造公平公正的执法监管体系；完善开放共享的数据治理体系；提升智能安全的技术支撑体系（图 2-4）。

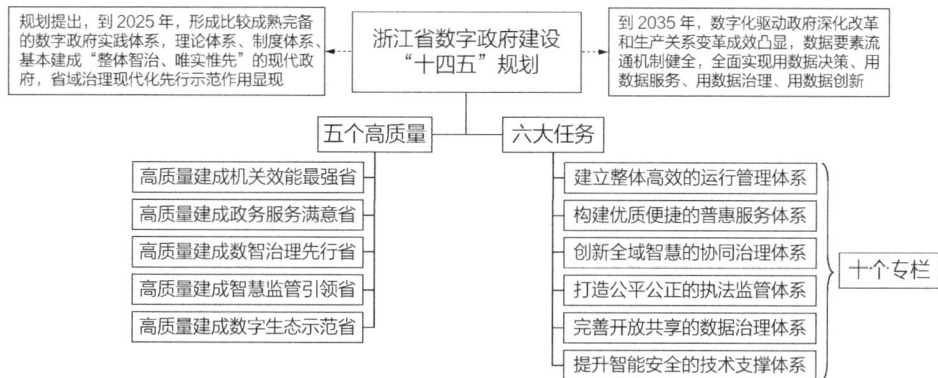

图 2-4 浙江省数字政府建设 "十四五" 规划

六大任务中指出要加快未来社区建设，构建未来邻里、教育、健康、创业等数字化创新场景。推出适应老年人、残疾人等特殊人群需求的智能化服务。专栏 5 社会治理类重点应用中提及，打造全量指标化和时空化农业农村数据仓，完善数字 "三农" 协同应用平台，建设未来村庄、乡村未来社区，形成天空地一体化

① 浙江省发展和改革委员会. 全省召开数字化改革工作推进会［EB/OL］.［2021-08-31］. http://fzggw. zj.gov.cn/art/2021/8/31/art_1229534816_58930327.html.

数据"一张图"管理模式①。可见，浙江省政府对未来社区、未来村庄和乡村未来社区的数字化建设高度重视。

三、其他相关政策

（一）我国社会主要矛盾的转化

党的十九大报告提出，中国特色社会主义进入新时代，我国社会主要矛盾已经转化为人民日益增长的美好生活需要和不平衡不充分发展之间的矛盾。习近平总书记指出："人民对美好生活的向往就是我们的奋斗目标，城市治理要像绣花一样，要注重在科学化、精细化、智能化上下功夫。"十九届五中全会提出，要以满足人民日益增长的美好生活为根本目的，推动高质量发展，创造高品质生活。国务院总理李克强在 2019 年召开的国务院常务会议上部署推进城镇老旧小区改造，顺应群众期盼改善居住条件，会议认为，加快改造城镇老旧小区，群众愿望强烈，是重大民生工程和发展工程。

（二）未来社区建设政策

浙江省的民生工程和发展工程一直走在国家的前列，"未来社区"是继"千万工程""特色小镇"和"最多跑一次"之后，浙江省推动高质量发展的又一张金名片。2019 年 2 月，"未来社区"的概念被写入浙江省政府工作报告中。3 月，浙江省政府发布《关于印发浙江省未来社区建设试点工作方案的通知》（浙政发〔2019〕8 号），明确了未来社区"1 个中心，3 维价值坐标，9 大场景"的顶层设计，即以人民对美好生活的向往为中心，以人本化、生态化、数字化为价值坐标，构建以未来邻里、教育、健康、创业、建筑、交通、低碳、服务和治理等九大场景创新为重点的集成系统，打造有归属感、舒适感和未来感的新型城市功能单元，并提出了确保 2021 年底，培育建设 100 个左右省级试点项目，建立未来社区建设运营标准体系；到 2022 年底，全面复制推广未来社区的工作目标。同

---

① 浙江省政府办公厅. 浙江省人民政府关于印发浙江省数字政府建设"十四五"规划的通知［EB/OL］.［2021-06-04］. http://www.zj.gov.cn/art/2021/6/18/art_1229019364_2305064.html.

月，浙江省发展改革委印发《关于开展浙江省未来社区建设试点申报工作的通知》（浙发改基综〔2019〕138号），对未来社区项目的申报条件和申报要求做了明确规定，并提出了《浙江省未来社区建设试点实施方案参考大纲》和《浙江省未来社区试点创建评价指标体系（试行）》，自此浙江省未来社区建设试点落地全面启动。

2019年11月，浙江省政府再次聚焦未来社区，发布了《关于高质量加快推进未来社区试点建设工作的意见》（浙政办发〔2019〕60号），提出突出群众满意导向、坚持分类统筹实施、注重科学规划引领、集约高效利用空间、加大资金保障力度、畅通金融支持渠道、加强人才创业支持、创新服务集成供给、优化社区治理模式、大力促进数字转型、不断深化改革探索的工作意见；12月，浙江省发展改革委印发《关于开展浙江未来社区建设第二批试点申报工作的通知》（浙发改基综〔2019〕183号），对第二批未来社区项目的申报条件和申报要求做了明确规定，在第一批指标内容的基础上进行迭代更新。

2020年初，未来社区试点再次被写入政府工作报告，提出推动未来社区增点扩面，培育60个省级试点。

2020年3月，浙江省文化和旅游厅发布了《高质量打造未来社区公共文化空间的实施意见》（浙江省文化和旅游厅、浙江省发展和改革委员会，浙文旅公共〔2020〕1号），提出聚焦未来社区三维价值坐标和九大创新场景建设，充分挖掘梳理城市乡愁记忆和社区历史文化脉络，精心打造"记得住过去，看得见未来"的公共文化空间，使之成为弘扬主流价值、展示特色文化、凝聚社区居民、引领时代风尚的社区文化平台，助推未来社区试点高标准高质量建设，并明确了未来社区的公共文化空间的空间形式、建设要求和管理运行方式。

2020年6～8月期间，未来社区项目系列配套政策的出台，为未来社区项目试点工作的实际开展提供了保障。浙江省发展和改革委员会于2020年6月发布《浙江省未来社区试点建设管理办法（试行）》（浙发改基综〔2020〕195号），明确了试点创建的总体流程，为未来社区建设做出指导、规范和保障。

2020年8月，浙江省发展改革委印发《浙江省未来社区试点建设全过程工程咨询服务指南（试行）》（省发展改革委，浙发改办基综〔2020〕30号），明确了未来社区试点建设项目开展全过程工程咨询服务的内容和要求，充分发挥全过程工程咨询服务对未来社区试点建设的支撑作用；《关于进一步加强财政金融支持未来社区试点建设的意见》（省发展改革委、省财政厅、人行杭州中心支行、浙江银保监局、浙发改基综〔2020〕297号），提出要积极引导财政金融支持未来社区试点建设可持续推进、加大银行信贷支持力度、精准授信加强还贷保、畅通金融多元支持渠道等多种方式，来加强财政金融对未来社区试点建设的支持力度。

2021年3月，省发展改革委、省住房和城乡建设厅发布《关于开展2021年度未来社区创建的通知》（浙发改基综〔2021〕228号），坚持四个属性、防止四种倾向，科学有序推进未来社区创建。

第二节　经济环境

改革开放以来，我国经济发展进入新常态，由经济高速发展转为经济中高速发展。习近平总书记在党的十九大报告中指出："我国经济已由高速增长阶段转向高质量发展阶段，正处在转变发展方式、优化经济结构、转换增长动力的攻关期，建设现代化经济体系是跨越关口的迫切要求和我国发展的战略目标。"

在经济转型的时代背景下，创新成为城市经济发展的新动能。自2019年，"未来社区"在浙江省政府工作报告中首次提及，随后出台了《关于印发浙江省未来社区建设试点工作方案的通知》等系列文件以推进未来社区试点的创建，旨在构建以未来邻里、教育、健康、创业、建筑、交通、低碳、服务和治理等九大场景创新为重点的集成系统，打造有归属感、舒适感和未来感的新型城市功能单元，促进人的全面发展和社会进步，打响浙江省"两个高水平"建设新名片。未来社区深度融合数字经济、创新创业，是多种经济形式的聚合，是整体产业链、各种创新要素融合的产业升级和经济结构调整的平台。

作为我国的经济大省，浙江的生产总值、人均生产总值和财政总收入均居我国前列，2020年全省生产总值（GDP）为64613亿元，浙江省相对发达的省域经济发展水平为未来社区的建设提供了经济基础。

2021年，浙江省统计局发布的《2020年浙江经济运行情况》显示浙江省的新产业新动能释放活力，数字经济引领发展，高技术产业贡献较大，"2020年，数字经济核心产业增加值比上年增长13.0%，增速比GDP高9.4个百分点，占比为10.9%，比上年提高0.9个百分点。规模以上工业中，人工智能、高技术、装备、高新技术、战略性新兴、节能环保等产业增加值分别增长16.6%、15.6%、10.8%、9.7%、10.2%和8.7%，增速均高于规模以上工业"。数字经济的蓬勃发展使得浙江省多地形成了以数字内容、信息软件、移动互联网、电子商务、云计算与大数据等为主的产业体系，成为运用数字技术为未来社区赋能的优势所在。

近年来，浙江省持续打造数字经济高地，支持人工智能、物联网、新一代信息技术等数字经济新兴产业及前沿产业发展，着力打造"数字产业化创新核心引领区"和"全国数字经济先行区"。2019年，余杭区数字经济核心产业增加值总量、增速均位居全市第一，GDP占比达58.4%，全区汇聚330家核心产业规模以上企业[1]，集聚优势不断凸显，形成了以信息软件、数字内容、电子商务、移动互联网、云计算与大数据等为主的产业体系，在数字经济和数字产业发展、运用数字技术为未来社区赋能等方面累积了自身优势[2]。

第三节　生态环境

面对严峻的生态问题，各国积极寻找探索生态问题的解决之道，在此背景下，我国将碳达峰和碳中和列入国家发展战略，促进经济社会发展全面绿色转型。

2021年11月7日，中国科协、中国科学院和中国工程院共同主办的第三届世界科技与发展论坛发布"2021年度人类社会发展十大科学问题"。这些问题主要围绕联合国2030年可持续发展议程提出的17个发展目标，内容涉及生态、医疗、信息三大领域[3]。会上，英国工程技术学会主席、英国皇家工程院院士朱利

---

[1] 陈莺，李良邑，徐赣鹰. 余杭打好产业改造升级"组合拳"[N]. 余杭晨报，2019-06-13.

[2] 方彬，吴靓星. 人本视角下未来社区创建路径探讨——以杭州市余杭区为例. 城市观察，2021（1）：140-151.

[3] 张启东. 聚焦生态、医疗、信息 2021年度人类社会发展十大科学问题发布[EB/OL].［2021-11-08］. https://3g.163.com/gov/article/GO99L27T002398HK.html.

安·杨就生态领域三个科学问题提出了看法，"全球变暖和其他生态问题需要紧急和有效应对，如何找到最好的解决方法，是这个时代最大的挑战，没有一个国家和社会能够单独实现。我们希望全球科学家①能够相互信任合作，找到世界各地发展目标的最佳解决方案。"

生态环境强调人与自然的和谐共处、良性互动和可持续发展。生态环境要求未来社区建设一是尊重自然和保护自然，对自然要有敬畏之心、感恩之心；二是在环境保护和资源利用等方面做到环境保护第一，资源利用第二；三是从一个区域整体的角度考虑人与自然的平衡，强调未来社区内部之间的功能协调互补，注重九大场景的功能发挥；四是将生态环境融入空间规划，按照生活富裕、生态良好的要求，完善绿色生态空间；五是未来社区建设和运营中应培育生态文化，生态文明理念应通过生态文化这个载体在人类社会中传承和发展。

一、全球气温升高

巴黎气候峰会——《联合国气候变化框架公约》第 21 次缔约方大会暨《京都议定书》第 11 次缔约方大会于 2015 年 11 月 30 日～12 月 11 日在巴黎北郊的布尔歇展览中心举行，195 个国家在会上通过了《巴黎协定》，旨在通过"将全球平均气温升幅控制在工业化前水平以上低于 2℃之内，并努力将气温升幅限制在工业化前水平以上 1.5℃之内"加强全球应对气候变化的威胁。

2021 年 8 月 9 日，联合国政府间气候变化专门委员会（IPCC）举行新闻发布会，正式发布了 IPCC 第六次评估报告第一工作组报告《气候变化 2021：自然科学基础》。报告指出，科学家们一直在观测全球各个区域和整个气候系统的变化，观测到的许多变化为几千年来甚至几十万年来前所未有，一些已经开始的变化（如持续的海平面上升）在数百到数千年内不可逆转。报告显示，自 1850～1900 年以来，全球地表平均温度已上升约 1℃，并指出从未来 20 年的平均温度变化来看，全球温升预计将达到或超过 1.5℃。气候变化的许多特征直接取决于全球升温的水平，但人们所经历的情况往往与全球平均状况有很大不同。

---

① 张启东. 聚焦生态、医疗、信息 2021 年度人类社会发展十大科学问题发布［EB/OL］.［2021-11-08］. https://3g.163.com/gov/article/GO99L27T002398HK.html.

报告预估，在未来几十年里，所有地区的气候变化都将加剧。

2021 年 8 月 4 日，中国气象局气候变化中心发布 2021 年《中国气候变化蓝皮书》，从大气圈、水圈、冰冻圈、生物圈和气候变化驱动因子等方面，公布中国、亚洲和全球气候变化的最新监测信息。书中指出，气候系统变暖仍在持续，极端天气气候事件风险进一步加剧。

二、全球变暖的危害

当前全球异常天气气候事件频频发生。2021 年夏季，北半球极端天气频发，东亚、欧洲和北美出现暴雨和高温：美国西北部和加拿大西南部出现高温天气；7 月，日本太平洋沿岸部分地区出现暴雨。位于日本中部的静冈县降水量创下最高纪录，局部地区土壤松动，静冈县热海市发生大规模泥石流灾害。我国河南省中北部地区降暴雨或大暴雨，郑州市连续两天降大暴雨到特大暴雨，部分地区累计降雨量超当地年平均降雨量[①]。

全球气温升高是导致极端天气愈演愈烈的重要原因。世界气象组织秘书长彼得里·塔拉斯于 2021 年 7 月 19 日在日内瓦接受新华社记者专访时表示，气候变化是今夏席卷西欧地区的暴雨和洪水的根本原因，在减缓气候变化取得成效之前，极端天气事件和自然灾害将越来越多。他说："人类对极端天气并不陌生，但是气候变化无疑增加了极端天气的发生频率和严重程度。"[②]

三、气候变暖亟须全球应对

全球气温升高现象与人类行为密不可分，复旦大学大气与海洋科学系吴其冈教授在其文章《人类活动和全球增暖》中写到："工业化时代以来燃烧化石燃料和毁林等人类活动，大大地加强了自然温室效应，主导了全球变暖，而太阳和地球轨道因素影响很小。目前二氧化碳排放加速，同时二氧化碳在大气中的滞留时

---

① 刘兰. 全球极端天气走向常态. 生态经济，2021，37（9）：5-8.
② 苏杰西. 专访：气候变化将导致越来越多的极端天气和自然灾害——访世界气象组织秘书长塔拉斯 ［EB/OL］. ［2021-07-21］. http://www.cma.gov.cn/2011xwzx/2011xmtjj/202107/t20210721581233.htm.

间可以超过 50 年，按照目前的升温速率，全球平均温度将会在 2030～2050 年再升高 0.4℃。全球快速增暖和海平面上升将影响每个人的生活质量，各国政府需要强有力的国际合作，采取行动减少温室气体排放，增强对气候变化的应对能力。^①"

在这样的生态环境背景下，各国携手推进碳中和。已有多个国家把碳中和提上议事日程，经济去碳化转型已经成为全球发展趋势。在此背景下，"不少经济体都制定了碳减排目标，经济去碳化转型成为重要发展趋势。全球已有 28 个国家公布碳中和目标，另有近 100 个国家把碳中和提上议事日程。不少国家在加快能源转型，引导资金流向气候领域。^②"

未来社区在场景建设中，应把生态环境的保护放在重要位置。从资源的循环再生、自然环境合理利用、人的生态文化等方面下足功夫，引领未来社区建设。

第四节　人文环境

相对于地理环境、自然环境等有形环境而言，人文环境是一种无形的环境。人文环境一般是指："一定社会系统内外文化变量的函数，文化变量包括共同体的态度、观念、信仰系统、认知环境等"^③。人文环境受到多方面因素的影响，浙江省独特的地域特点与历史文化是形成浙江省人文环境的重要因素。

浙江省地处中国东南沿海长江三角洲南翼，东临东海，南接福建，西与江西、安徽相连，北与上海、江苏接壤。境内最大的河流钱塘江，因江流曲折，称之江，又称浙江，省以江名，简称"浙"。

浙江自然风光与人文景观交相辉映。杭州是 2016 年 G20 峰会举办地，具有历史和现实交汇的独特韵味。以杭州西湖为中心，纵横交错的风景名胜遍布全省，有 22 个国家级风景名胜区、4 个国家级旅游度假区、10 个国家级自然保护

---

① 复旦大学通识教育中心. 复旦通识·全球变暖｜吴其冈：人类活动和全球增暖［EB/OL］.［2020-07-09］. https://www.thepaper.cn/newsDetail_forward_8105039.

② 杨光宇，杨牧. 积极采取行动 应对气候变化（国际视点）［EB/OL］.［2021-07-28］. http://world.people.com.cn/gb/n1/2021/0728/c1002-32172170.html.

③ 百度百科. 人文环境［EB/OL］. https://baike.baidu.com/item/%E4%BA%BA%E6%96%87%E7%8E%AF%E5%A2%83/8739923?fr=aladdin.

区、30 个国家园林城市、11 个国家级湿地公园、39 个国家森林公园，5 个国家级城市湿地公园。全省有杭州、宁波、绍兴、衢州、金华、临海、嘉兴、湖州、温州等 9 座国家历史文化名城，20 个中国历史文化名镇，28 个中国历史文化名村，名镇、名村总数全国第一。在国务院公布的四批国家级非物质文化遗产名录中，浙江每一批入选数量均居全国第一，现总入选数已达 217 项。杭州西湖、京杭大运河浙江段和浙东运河入选世界文化遗产，江郎山入选世界自然遗产。浙江旅游资源非常丰富，自然风光与人文景观交相辉映，全省有重要地貌景观 800 多处、水域景观 200 多处、生物景观 100 多处、人文景观 100 多处，还有可供旅游开发的主要海岛景区（点）450 余处。现有国家级风景名胜区 22 个，国家级旅游度假区 4 个，4A 级以上高等级景区 197 家，数量分别居全国首位和第二位，其中国家 5A 级旅游景区有杭州西湖、千岛湖、普陀山、雁荡山、乌镇古镇、奉化溪口—滕头、东阳横店影视城、西溪湿地、嘉兴南湖、绍兴鲁迅故居·沈园景区、开化根宫佛国、南浔古镇、天台山、神仙居等 14 家。

以浙江省会城市杭州为例，杭州历史文化内涵博大精深。几千年来，以西湖文化、运河文化、钱塘江文化为代表的杭州文化，在开放中融合，在创新中发展。西湖文化采跨湖桥文化、良渚文化、吴越文化、南宋文化、明清文化、民国文化等各个时期文化之精华，集山水文化、园林文化、宗教文化、建筑文化、名人文化、民俗文化、丝绸文化、茶文化、饮食文化之广博，体现了西湖文化精致、和谐、典雅的特色；运河文化集水利文化、商贸文化、物产文化、水景文化、戏曲文化、庙会集市文化于一身，体现了杭州文化开放、兼容、庶俗的特色；钱塘江文化犹如滚滚钱塘潮，是杭州人大气开放的象征和标志。

人类文明在人与人亲密的交流与互动中发展与传播。信息化时代的到来，加快了人们的生活节奏，生活方式趋于多样化，人与人的交流从以往的热切逐渐变为淡漠，邻里双方"相见不相识"。通过未来社区建设路径的探索，溯源人与人亲密热切的生活方式，在人类精神文明高度发达的同时，重拾邻里氛围浓厚、关系融洽的社群生活。以尊重历史肌理和文化传承为基础，营造承载民俗节庆、文艺表演、邻里互动等活动的邻里交往空间。

浙江地处长三角地区，独特的生态、人文和经济环境是浙江探索未来社区的天然优势，敢于创新实践的政策又为未来社区建设与发展提供了有力保障和支持。在新时代背景下，浙江省未来社区的建设既依托于政治、经济、生态、文化环境等，又对这些环境因素产生积极的推动作用。可以预见，在此良性循环下，未来社区建设的探索之路将越走越宽广。

第三章

未来社区顶层设计

第一节 框架组成

浙江所提的"未来社区",是基于10～15分钟社区生活圈,按照"139"建设理念营建,立足追求美好生活宗旨,以美丽宜居、智慧互联、绿色低碳、创新创业、和睦共治为特征,具有归属感、舒适感、未来感的新型城市功能单元。是以人为核心的城市现代化、高质量发展、高品质生活的新平台,是"让老百姓幸福"的"美好家园"。

浙江未来社区建设理念的总体框架,可概括为"139",其中:"1"指"以人民对美好生活的向往为中心",是根本的目标导向;"3"指人本化、生态化、数字化三维价值坐标,是基本的行动指引。"9"指未来邻里、教育、健康、创业、建筑、交通、低碳、服务和治理九大场景系统,是显性的实践载体。

"139"建设理念的内核是"以人为本",遵循"人的需求—人的体验—人的感受"的闭环逻辑而实现体系建构。一是基于"人的需求",设置九大场景系统。其从生活方式、社会关系、人居环境三个维度,可展开为人的生活需求、人的社交需求和人的安居需求三种类型。其中:① 人的生活需求,以当前对婴幼儿的教育、老年人的康养、青年人的创业、家庭的生活服务等关注热点为出发点,延伸形成适宜于社区层面全龄段人群的教育、健康、创业和服务四种场景。② 人的社交需求,围绕社区中促进人与人之间的关系,建构了邻里场景;同时,为处理好社区层面需解决的人与政府的关系,建构了治理场景。③ 人的安居需求,围绕人对居住环境的品质要求,设定了建筑、交通、低碳三种场景。二是立足"人的体验",设定三大基本原则。人的需求满足,需要通过其亲身体验来转化为感受,人的体验正是最终成效实现的中枢环节。未来社区在九大场景系统建构整合中,遵循了"人本化、生态化、数字化"三大原则:"人本化"强调未来社区更注重个体关怀和人的尺度;"生态化"强调未来社区更注重绿色低碳的生活方式;"数字化"强调未来社区更注重数字技术赋能便捷生活。三是立足"人的感受",实现一个中心目标。未来社区的建设目标,是以人民对美好生活的向往为中心,最终以广大群众在社区中的归属感、舒适感、未来感作为衡量标准。由于感受是动态的、抽象的,因而未来社区建设也没有一个固定的终极目标,而是通过不断迭代深化"三化九场景"建设标准,进行阶段性的具象评判。

2021 年 10 月 23 日，浙江省住房和城乡建设厅组织召开第一届"中国浙江'浙里安居 共享美好'论坛"，强调要落实落细"一统三化九场景"，全面推进小区党建，将党的组织嵌入未来社区生产生活全服务链，将未来社区理念贯彻到城乡建设管理的各方面、全过程。近年来，我们不断强化顶层设计、推进试点先行、坚持问题导向、创新政策机制，不断凝聚政府、社会、群众共同推进的强大力量，取得了阶段性成效。

浙江的"未来社区"理念处于更新迭代中。未来社区既是一项改革创新，又是发展目标，更是民生福祉，是改革、发展、民生的高度融合，已经逐步进入顶层设计到操作落地、试点创建到全面推广的新阶段。更加注重人的真实需求和空间实施的优化配置，突出硬件＋软件、制度＋技术，见物＋见人、有形＋有神，最大限度实现共治共享、共生共荣的美好愿景。

第二节　价值坐标

一、未来社区人本化

（一）什么是未来社区人本化

未来社区人本化以人为中心，融合特色文化，形成文化与技术交错共建；打造社区共同价值观，形成邻里文化内核，营造邻里互助氛围。围绕以人为中心，以科技服务生活为理念，通过线上线下打通各类服务，提供与市民生活息息相关的新教育、新医疗、新交通、新物流、新零售等创新服务模式，以科技重新诠释人文关怀[①]。

（二）如何实现未来社区人本化

未来社区的规划与建设应坚持一切以人为中心，以人的权利为根本，强调人的主观能动性，力求实现人的全面、自由发展。注重于充分肯定人在管理活动中

---

① 兴火源科技. 深度｜兴火源科技解读什么是"未来社区"？［EB/OL］.［2020-06-08］. https://www.smartcn.cn/222913.html.

的主体地位和作用。人是未来社区、未来城市重要的参与主体，人是可以应对未来不确定性的唯一因素。更多感知力都要落在人的身上，回归人的需求，激发居民参与社区建设治理的主观能动性，以服务人的全面发展为核心。在数字底盘下，应以"人本化"为初心，创建更好的城市生态，建设更美好的人居环境。

未来社区文化建设要依附浙江省独特的人文环境。认真分析城市历史脉络、社区文化肌理和社区居民构成及需求，从历史背景、文化传承、精神实质、表现形式等方面，进行文化要素分析和当代价值提炼，形成能让社区居民切身感受和体验到的文化元素及内容。推动文化和旅游的融合发展，把体现地方特色的文化基因以邻里公约、社区博物馆、文化体验点、社区微景观等形式展示出来，成为社区居民浸润地方文化、提升个人素养的重要平台。将公共文化空间作为标准配置，纳入未来社区建设整体规划，落实到申报方案、实施方案之中，同步规划、同步设计、同步施工、同步投用。公共文化空间规划要体现便捷便利、功能优先、统筹共享、融合发展的思路，可采取盘活存量、调整置换等方式，合理利用社区原有文化设施、公共用房、历史建筑等空间，推动公共文化空间和社区居民生活有机融合。推动公共文化空间与未来教育、健康、创业、服务等其他场景资源叠加，鼓励空间功能复合利用，着力打造环境幽雅、富有人文气息的精神家园，打响未来社区公共文化空间品牌[1]。

二、未来社区数字化

（一）什么是未来社区数字化

未来社区数字化是以数字化应用场景为载体，以数字化模型、社区智慧服务平台、智能设备和物联网数据为媒介，除了对工业进行数字化改造，还通过人工智能、物联网等实现万物互联，提升生活的便捷性与品质，推动人和能源、交通、物流、医疗、教育等相关数据的智能融合，普及无人驾驶系统和共享经济，

---

[1] 浙江省文化和旅游厅. 浙江省文化和旅游厅 浙江省发展和改革委员会关于印发《高质量打造未来社区公共文化空间的实施意见》的通知［EB/OL］.［2020-03-26］. http://ct.zj.gov.cn/art/2020/3/26/art_1228998534_40698.html.

减少环境负荷，实现未来社区建设管理数字化、运营管理数字化、设施资源数字化。

浙江未来社区将数字化作为社区建设的价值坐标取向，突破了以往科技和人文历史的局限性，提出城市物理空间系统的规划、建设和运营必须与数字空间系统的规划、建设和运营同步、匹配和融通，明确通过数据和数字技术赋能物理空间；通过政府主导、市场运作建立完善的未来社区全过程体系，促进未来社区试点建设的高品质、高质量发展。

（二）未来社区数字化如何实现

未来社区实现数字化主要依靠未来社区 CIM 平台做好"数字基底"，依靠未来社区智慧服务平台集成"场景应用"，利用未来社区 CIM 平台为数字管理赋能（图 3-1）。

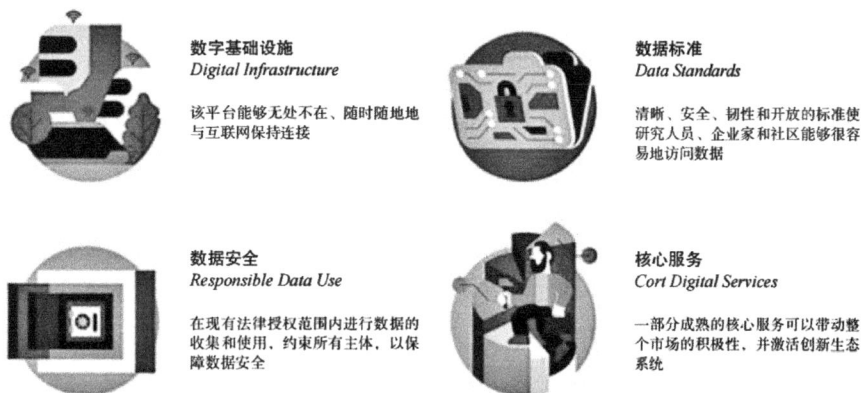

数字基础设施
Digital Infrastructure
该平台能够无处不在、随时随地地与互联网保持连接

数据标准
Data Standards
清晰、安全、韧性和开放的标准使研究人员、企业家和社区能够很容易地访问数据

数据安全
Responsible Data Use
在现有法律授权范围内进行数据的收集和使用，约束所有主体，以保障数据安全

核心服务
Cort Digital Services
一部分成熟的核心服务可以带动整个市场的积极性，并激活创新生态系统

图 3-1　数字化创新的核心内容

第一，搭建"1＋N"总体架构。以一个平台汇聚核心数据，构筑社区数字基底，涵盖社区基底模型、方案申报模型、方案设计模型、设计 BIM 模型、施工 BIM 模型以及竣工 BIM 模型；N 项专题应用，包括数字化规划、数字化设计、数字化征迁安置、数字化施工管理等。第二，实现数字化规划建设。基于建设前实景样貌支撑试点沙盘决策；持续汇聚社区模型，以人本化视角直观呈现建设方案，立体统筹地上地下开发设计，让方案沟通细致入微；集成空间三维分析工具，为规划分析、方案比选提供便捷支持；预演竣工后效果，助力提升居民居住体验；以 BIM 为载体，以业务管控为中心、以移动化应用为重心，实现对施

工现场数字化、可视化、智慧化的高效管控。第三，赋能智慧化运营服务。依托CIM平台汇聚社区数据资产，深度融合智慧服务平台，提升社区管理与服务的科学化、智能化、精细化水平。面向社区物业管理，结合真实BIM及动态IoT数据，实现立体社区运维管理；面向社区居民，3D社区提供便民服务新思路；面向政府治理，数字社区细胞级复刻，赋能新时代社会治理。

（三）数字化赋能未来社区场景

数字化赋能未来邻里场景：目前，"数字化社区""数字化智慧生活""APP服务平台""社区信息网络"等概念已初见雏形，运用IoT设备采集社区数据、整合社区资源、建立社区居民画像等各种信息技术和手段也已初步成熟。随着互联网技术的不断发展及表现方式的多样性，未来社区开发商、政府、社区管理者与社区居民之间可实现实时信息交互[①]。

数字化赋能未来健康场景：充分利用数字化技术，建立全生命周期健康电子档案系统，探索社区健康管理线上到线下（O2O）模式，促进健康大数据互联共享；将数字化赋能社区健身服务模式，配置共享健身仓、虚拟健身设备等运动设施；将数字化赋能场所配置，支持"互联网＋护理服务"等模式应用；将数字化赋能诊疗机制，探索城市医院与社区医院合作合营。

数字化赋能未来教育场景：充分利用数字化技术，打造社区教育平台及社区青少年线上线下联动的学习交流平台。

数字化赋能未来交通场景：充分利用数字化技术，将城市大脑系统应用于社区停车，推动社区停车的智能、高效、便捷。充分利用立体车库、AGV等技术，提高车位机械化率、自动化率，提供停车诱导、一键停车、无感停车、在线支付等便民智能服务。探索利用区块链溯源等技术，强化物流配送安全智慧化管理。加速智能机器人、无人车、无人机等新型配送方式的试点与应用。

数字化赋能未来服务场景：未来社区更加注重数字技术在社区建设运营中的应用，利用BIM技术、互联网、物联网、大数据、云计算、人工智能等先进技术为社区赋能，用现代化的理念升级社区治理和服务系统。要打造后勤保障中

[①] 杭州城研中心. 解密未来社区九大场景及数字化应用路径——未来邻里［EB/OL］.［2020-03-23］. https://mp.weixin.qq.com/s/xGpiyrDYdlUjOmZmqcXZDg.

心、战时的指挥中心、丰富的户外活动空间，要让社区成为融合理发、买菜、运动、娱乐、远程办公等服务为一体的管家平台体系[1]。

数字化赋能未来治理场景：未来社区以居民需求为中心，将技术的智能与治理的智慧高度结合，通过社区治理体制和治理手段创新，实现共建共治共享的社区治理新格局。未来社区治理中，重点围绕党建引领、公民参与、社会协同、智慧治理等途径，发挥基层党组织的引领、宣传、组织的关键作用，鼓励社区居民管理基层公共事务和公益事业，协调各级政府和居委会、业委会、物业关系，将"互联网＋"等信息技术与社区治理深度融合，推进传统社区向未来社区的智慧治理转型[1]。

未来社区是数字社会改革成果最终落地惠民的关键载体之一。按照省委"数字赋能、整体智治、高效协同"的要求，杭州市围绕"三化九场景"，衍生出数字孪生的理念，形成数字社会基本功能单元系统，打造社区数字生活新空间。

建立社区便民服务，集成"城市大脑"便民便企的高频事项以及社区各类商业场景的数字应用，为社区居民、企业提供个性化综合服务。

围绕居民健康生活，打造社区智慧微诊室，通过远程问诊、自助购药、基础医疗检测等，创新社区就医模式。推进"互联网＋护理"模式，通过智能感应、健康监测、一键求助等物联网设备，赋能社区老年人综合照护服务。

围绕社区民主共治，建立"社区在线圆桌会"平台，围绕居民关心的小区环境整治方案评议、业委会选举、物业服务评价等，定期开展居民议事、民主评事，激发多方主体广泛参与社区自治。

围绕社区高效治理，依托"基层治理四平台"＋社区"微脑"，在消防安全、人口管理、治安监管、环境优化、灾害预警、突发事件应急处置等方面，提升社区治理水平。

创造邻里融洽生活，建立社区居民线上互动平台，通过社区活动线上组织报名、居民闲置资源互换、专业技能分享、互助信息发布、兴趣社团组建等，营造"远亲不如近邻"的融洽社区生活氛围。

---

[1] 城市怎么办. 未来社区智治：为传统社区治理插上现代化的翅膀［EB/OL］．［2020-03-23］. http://www.urbanchina.org/content/content_7700178.html.

三、未来社区生态化

未来社区生态化是突破社区数据壁垒，打造社区数字基底，整合社区数字运营资源，以统一信息服务平台为载体，实现资源共享和价值交换，提供高效便捷的政务服务及社区管理；整合社区各类资源，动员和凝聚社会力量，创新基层治理新模式，共同营造开放、共享的社区环境。把社区打造成环境宜人、生态宜居、景色优美的绿色环保生活居住空间，以满足广大人民群众对美好人居环境的渴望，进而满足广大人民群众对美好生活的向往[①]。

未来社区的生态化实现路径应从生态化宜居环境、功能型景观绿化、能源生态化利用与生态物联网监测技术等方面着手。

在城市中，道路、绿化、水体以及建筑等都被称为下垫面，不同的下垫面性质与形态会形成不同的小气候环境。小气候环境主要受到建成区格局的影响，容易形成局地的污染且不易消除。在未来社区规划建设初期，就会通过实地检测和模拟相结合的方式，科学地调整住区形态，改善社区的通风环境，从而改善小气候环境，保障基本的人行活动舒适度。

未来社区景观从生态功能与物质循环的角度来进行植物品种与建筑物之间的选择搭配，同时与小气候环境规划相结合，构建生态廊道，作为具有通风、隔声、降尘、减少污染的功能型景观绿化，不仅起到减缓热岛效应、净化空气、保持水土的作用，还能调节行人环境舒适度。

太阳能的充分利用是未来社区能源生态化利用的主要方式，包括太阳热能应用系统，即用太阳辐射热加热水，以供给建筑生活热水、供暖；太阳能光电系统，将太阳辐射直接转换为电能，为建筑提供供暖、空调、照明等功能。对水资源的合理利用也是未来社区在生态建设方面的重要设计范围，节水的关键措施是开源节流。居民的饮用水消费主要分为饮用和洗涤排污，将饮用水和洗涤用水分开，洗涤用水实现循环使用，将住户洗菜、洗衣、洗澡水以及屋面雨水、地面雨水引入中水系统，进行过滤、净化、去污等物理、化学处理，供给绿化、景观、洗地洗车等。

---

① 兴火源科技. 深度 | 兴火源科技解读什么是 "未来社区"？[EB/OL]. [2020-06-08]. https://www.smartcn.cn/222913.html.

利用物联网的监测技术为社区生态提供持续的保障服务，通过持续监测和听取反馈，给社区居民提供生活上的指导。在未来社区规划设计之初，根据地形及形态设计重点监测点位，监测小气候参数、噪声及空气污染指标，提供移动监测方式，让社区居民参与其中，成为参与未来社区建设的主人。

第三节　场景架构

未来社区建设场景的温度来自人，承载着人与人之间的亲密关系，承载人的记忆、成长及思考，与人共生的场景才是有活力的、健康的和可持续的。

一、未来邻里

古有置业以德为邻，四合院内温馨感人的邻里之情，弄堂里透着人情味的邻里关系，无不反映出邻里关系在人们日常生活中占据着重要地位。随着城市群的不断推进，城市住房条件日益改善，公共空间与私人领域已经划分得日益明晰，生活在城市的人们不得不屈服在钢筋水泥的包裹之下，邻里关系日渐淡漠。根据中国青年报社会调查中心曾发布的一项调查，在参与调查的4509位城市社区居民中，有40.6%的人不熟悉自己的邻居，其中12.7%的人"根本不认识"自己的邻居。根据某城市群中的社区邻里关系研究报告相关数据，在308名调查对象中，认为社区居民邻里之间不太熟悉与非常不熟悉的人数占总调查数的34.7%，认为社区邻里之间有互助行为的人数占总调查数的81.8%，认为社区邻里之间关系很和睦的人数占总调查数的60.4%，而对社区有归属感，认为社区能够带来"家的感觉"的人数仅占总调查数的50.6%。由此可见，该308名调查对象普遍认为邻里间熟识度相对较高，也存在一定的互助行为。但对邻里关系的和谐程度评价还不理想，且对社区的归属感一般[①]。

根据《浙江省未来社区建设试点工作方案》（浙政发〔2019〕8号）的要求，未来邻里场景的打造应营造特色邻里文化，突出社区即城市文化公园的定位，以

[①] 杭州城研中心. 解密未来社区九大场景及数字化应用路径——未来邻里［EB/OL］.［2020-03-23］. https://mp.weixin.qq.com/s/xGpiyrDYdlUjOmZmqcXZDg.

城市乡愁记忆和社区历史文脉为基础，以和合文化为引领，坚持人文多样性、包容性和差异性，营造承载民俗节庆、文艺表演、亲子互动等活动的邻里交往空间。构建邻里贡献积分机制，弘扬诚信守约、共享互助、公益环保社区精神，建立信用评价体系，构建服务换积分、积分换服务激励机制。打造邻里互助生活共同体，制定邻里公约，建立邻里社群，发挥居家办公人员、自由职业者、志愿者及退休专业人员等群体的特长优势，为居民提供放心安全的服务，形成远亲不如近邻的邻里氛围。

未来邻里主要从以下三个方面营造邻里氛围：一是整体空间印象，未来社区居民可享受社区开放的公共空间；无论是生活还是工作中，在你需要帮助的时候邻居都能帮助到你。二是邻里人文内核，塑造邻里公约共识，建立邻里精神标识，促进邻里文化再生，共同打造邻里精神共同体。三是邻里交互路径，建立邻里一站式综合服务体系与运营平台，建立"人人贡献"积分激励，每位社区居民对社区的贡献均按积分激励规则换算成积分，以换取服务。

未来邻里一站式综合服务平台的探索将是未来社区迈向数字化运营的重要路径。以常见的社区运营平台为例，社区运营平台主要的功能是使社会化信息提供者、社区管理者与住户之间可以实时进行各种形式的信息交互，从而实现社区智慧化管理、居民智慧化生活。目前，社区运营平台比较成熟的功能包括无纸化账单、在线支付、网上常规物业服务、社区相关信息推送、在线投诉及报修等。社区居民可登录家庭网站即时查看、查询当月费用及缴费情况，使用账单导出、财务统计分析等功能完成线上支付，免受线下缴费排队之苦。物业可通过数字化社区门户网站，及时发布各类物业管理信息，并推送至小区居民的手机与邮箱，达成社区信息、物业信息零延迟百分百传达。社区门户网站子系统向物业企业、下属社区，甚至每一个居民家庭、小区商家提供集成各类型物业服务功能的交互式网站，让物业管理人员、小区居民、小区商家充分活跃起来。而邻里邦、寻常生活等物业管理类 APP 为社区居民提供了一个集成式邻里交流平台与智能门禁、物业缴费、社区公告等诸多实用的小程序。未来社区的建设是创造人民美好的新尝试，也是集成各种资源满足人民美好生活需要的大胆探索[1]。

---

[1] 杭州城研中心. 解密未来社区九大场景及数字化应用路径——未来邻里 [EB/OL]. [2020-03-23]. https://mp.weixin.qq.com/s/xGpiyrDYdlUjOmZmqcXZDg.

二、未来教育

根据《浙江省未来社区建设试点工作方案》（浙政发〔2019〕8号）的要求，未来教育场景的打造应高质量配置托儿服务设施，重点发展普惠性公办托育机构，探索临时看护、家庭式托育等多元化模式，强化专业托育员培训和监管体系建设，实现3岁以下幼儿托育全覆盖。提升扩容幼小服务设施，扩大优质教育资源供给。打造"名师名校在身边"青少年教育平台，围绕3～15岁年龄段教育需求，打造社区青少年线上线下联动的学习交流平台，打通优质教育资源进社区的渠道，集成素质拓展、兴趣活动等多种类型教育服务。搭建"人人为师"共享学习平台，建设社区邻里共享学堂、共享图书馆等，探索建立社区全民互动的知识技能共享交流机制，丰富教育培训内涵，倡导终身学习新风尚。

根据2016年原国家卫计委在全国十座城市进行的《城市家庭3岁以下婴幼儿托育服务性需求调查》，近80%的3岁以下婴幼儿主要由祖辈参与看护，其中的33.8%家庭仍表示有幼育需求①。此外，76.8%的家长期望孩子能上"公办"的幼儿教育机构，且84.2%的家长希望孩子能上全日制的幼儿教育机构。根据另一份上海市委所做的生育二胎相关调研，数据显示，参与调研的母亲中仅9%愿意生育二胎。其中，不愿意生二胎的最主要理由是"没有时间和精力照顾幼儿"，占比70.59%。0～3岁的婴幼儿教育非常需要社会支持，今天，社会育儿服务已成为家庭的一项基本需求。此前，据权威部门统计，全国婴幼儿在各类幼育机构的入托率仅为4.1%，远低于一些发达国家50%的比例。另一方面，我国的优质教育资源日渐昂贵，虽然显示出了优质教育资源的经济价值，但它更标志着优质教育资源的供需失衡。

如今，让优质教育资源惠及每一个孩子成为广大家庭的普遍诉求。未来教育场景的主要设计思路是通过服务社区全人群的教育需求，构建"终身学习"未来教育场景。致力于有效解决托育难、幼育难，课外教育渠道有限，优质教育资源稀缺，覆盖人群少等痛点。通过提供"家长无忧"托育服务、"优质规范"幼教服务、"儿童友好"社区生活等"保教融合"幼托服务，提升幼托服务标准。统

---

① 南方都市报."托育难"影响生育率，民革中央建议将幼育纳入基本公共服务［EB/OL］.［2019-03-14］. https://page.om.qq.com/page/OxEm3nyypWYGvX7pYyfe2o6g0.

筹优质教育资源，集聚并打造"普惠共享"优质教育资源、"三位一体"社区教育补链、"一站集成"素质拓展教育，形成"名师名校在身边"青少年教育格局。整合"居民之声"学习需求、"梯度进阶"教育资源、"幸福学堂"教学空间，营造"人人为师"共享终身学习的环境①。

教育包括两个主体：教育者与学习者。"教者，上所施下所效也；育者，养子使所善也。"②教育者本身即需要以德服人，言行并重。但从知识的传递与掌握这个角度来说，学习者与知识才是这个过程中的主角。不同的学习者应被施与不同的教育方式，即因材施教，从而使得学习者通过得当的教育习得知识，达到目标效果。在该过程中，学习者、所学知识都具有不确定性，因此教学方式和达到的效果也会有所不同。传统的课堂教学模式以老师为主。但从知识学习的完整过程来看，老师授课只是其中针对某类学习者的特定方式而已。想要全面优化学习体验，提高学习者与知识的匹配程度，就应该在学习者、教学方式、知识、效果四方面齐头并进。在信息化时代下，我们能够很好地借助大数据、人工智能等成熟的信息技术，高效应用在教育领域，更好地实现闭环③。

三、未来健康

根据《浙江省未来社区建设试点工作方案》（浙政发〔2019〕8 号）的要求，未来健康场景的打造应促进基本健康服务全覆盖，围绕实现全民康养目标，建立全生命周期健康电子档案系统，完善家庭医生签约服务机制。推广可穿戴设备等智能终端应用，探索社区健康管理线上到线下（O2O）模式，促进健康大数据互联共享。创新社区健身服务模式，科学配置智能健身绿道、共享健身仓、虚拟健身设备等运动设施。加强社区保健管理，普及营养膳食、保健理疗等养生知识。促进居家养老助残服务全覆盖，创新多元化适老住宅、居家养老服务中心、日间照料中心、嵌入式养老机构、老年之家等场所配置，支持"互联网＋护理服务"

---

① 杭州城研中心. 解密未来社区九大场景及数字化应用路径——未来教育［EB/OL］.［2020-04-28］. https://mp.weixin.qq.com/s/G7VjEUWAGr_oeHDzLtnLZg.

② 姜苏容. 教育之美，美在和谐——基于班主任工作的思考［J］. 资治文摘（管理版),2010（7）：173.

③ 杭州城研中心. 解密未来社区九大场景及数字化应用路径——未来教育［EB/OL］.［2020-04-28］. https://mp.weixin.qq.com/s/G7VjEUWAGr_oeHDzLtnLZg.

等模式应用。构建名医名院零距离服务机制，探索城市医院与社区医院合作合营，通过远程诊疗、人工智能（AI）诊断等方式，促进优质医疗资源普惠共享。

随着"健康中国"建设上升至优先发展的国家战略层面，大健康产业已经成为我国经济转型的新引擎。近年来，我国大健康产业呈现蓬勃发展之势。自2012年起，每年市场规模增长率突破10%，预计至2022年，大健康市场规模将达7.4万亿元。

我国人口老龄化严重。我国年龄在60岁以上人口的比例与世界平均水平差距不大，但据预测，2050年这一比例会上涨至30%，绝对数字将从2000年的1.28亿上升至2050年的4.31亿。随着人口老龄化状况的日益扩大，养老问题得到了我国政府和社会越来越多的重视，这为与养老问题紧密相连的健康产业提供了良好的前景。同时，亚健康人群逐渐增多，据世界卫生组织近年公布的一项全球性调查结果表明，全世界符合真正健康标准的人口仅占总人口5%，医院诊断各种疾病的人占总人口的20%，其余75%的人处于亚健康状态。

在我国，大健康行业高度契合未来我国的发展趋势，在老龄化加速、中产阶级的快速形成等趋势共同聚力之下，健康产业将进入千家万户[1]。

自2009年新医改以来，一系列医改政策旨在加强基层医疗服务建设，我们认为提升基层医疗服务能力更是分级诊疗的关键；过去5年里，医院住院服务占比上升明显，基层医疗服务占比小幅上升，未来5年，医院住院服务占比变动不大，但医院门诊服务将大比例向基层转移，预计成长空间近万亿，增速超20%。

小区医疗有望承接更多的基层诊疗，最具成长性，但同时也存在着医保衔接不力、双向转诊机制尚未流畅、人才结构导致服务能力不足等主要痛点。

社区医疗需要一系列的体制、机制创新。小区诊所民营化、连锁化是关键的第一步。连锁小区诊所是民营小区医疗的先行者，小区医疗民营化是基层医疗社会化的直接落地。2014年，小区医疗民营化率为23%，相比基层医疗46%和医院接近50%民营化率，仍然有不小的提升空间[1]。

---

[1] 杭州城研中心. 解密未来社区九大场景及数字化应用路径——未来教育［EB/OL］.［2020-04-28］. https://mp.weixin.qq.com/s/G7VjEUWAGr_oeHDzLtnLZg.

未来社区应该承担更多的公共卫生服务，建立居民健康大数据平台，为居民提供分级诊疗和系列健康服务。以社区为平台，分阶段推进健康服务：

第一阶段以小区为平台开展预防、首诊、照护、药品服务、健康教育等；

第二阶段可开设口腔、康复等特色专科诊所；

第三阶段可与连锁药店、医疗信息、健康管理协同推进[①]。

根据《浙江省未来社区建设试点工作方案》（浙政发〔2019〕8号）有关"未来健康场景"的描述，未来社区将面向全人群与全生命周期，构建"全民康养"未来健康场景，解决社区医疗"看得起"但"看不好"、养老设施与服务缺失、健康多元化需求难以满足的痛点。社区居民的愿望是拥有一个健康的生活环境和健康的生活方式，这是未来社区必须要满足的基本需求。未来社区健康场景是一个综合性的美好愿景，它将创造一个新式的社区健康生活方式。只有真正将这种生活方式普及，优化完善健康服务保障，并大力发展健康产业，才能有效满足社区居民的健康诉求，保障居民健康[②]。

四、未来创业

根据《浙江省未来社区建设试点工作方案》（浙政发〔2019〕8号）的要求，未来社区创业场景是以"创社区所需，创生活所望"为核心，以更加贴近生活，有烟火味、人情味的社区创业为主题，并支持邻里、教育、健康、服务等其他八大场景的创新理念，以生活、文化、知识为主题进行创业研究。搭建社区"双创"空间，结合地方主导产业培育，按照数字经济、文化创意等领域特色创业需求，配置孵化用房、共享办公、家居办公（SOHO）等"双创"空间，配套共享厨房、共享餐厅、共享书吧、共享健身房等生活空间，营造社区创新创业良好生态。健全特色人才落户机制，推出多类型人才公寓，采用定对象、限价格等方式，建立利于招才引智的出售出租政策机制，吸引更多特色人才安家落户，打造

---

① 探针资本. 危与机并存！中国"中高端"社区医疗现状与趋势分析［EB/OL］.［2021-08-10］. https://new.qq.com/omn/20210810/20210810A001M900html.

② 杭州城研中心. 解密未来社区九大场景及数字化应用路径——未来教育［EB/OL］.［2020-04-28］. https://mp.weixin.qq.com/s/G7VjEUWAGr_oeHDzLtnLZg.

各类特色人才社区。

以钱塘区云帆社区为例，钱塘区是杭州非常重要的一个产业平台，怎么吸引人才？为人才们提供一个优良的创业环境是必须之举[①]。云帆社区专门面向小微企业和初创团队，设置了一个面积约 2 万 m^2 的"共享型"创业空间，满足更多年轻人的创业需求，提供适合年轻人的配套设施，提高共享空间比例，支持移动办公、智慧创业。还为人才们配置了一个可以容纳 5000 人的公寓，实现"双创空间＋低租金"的双创办公空间。

提供拎包入驻办公条件，实现低成本的创业办公；空间内配备弹性共享的办公空间，包括开放式工位、独立办公室、共享会议室等，以及创业咖啡、共享图书等优质服务空间。创业团队可在创客空间内以优惠的价格共享联合办公工位与云平台桌面，各类共享设施包括会议室（可通过 APP 来预定）、路演大厅、企业服务方案中心和文印中心。

另外，创客学院、创客讲堂将定时开设创业课程及讲座，为创业者们提供技术支持。通过一站式办事大厅办妥人才招聘、人才社保、税务登记、银行开户、法律咨询和其他公共事项，并可在工作之余享受共享休闲区的设施，如健身器材、私密书友吧、咖啡水吧等。

五、未来建筑

在九大场景中，建筑场景作为其他场景的"容器"，是基础的物质空间与外在表现。根据《浙江省未来社区建设试点工作方案》（浙政发〔2019〕8 号）的要求，推广集约高效公共交通导向开发（TOD）布局模式，围绕公交枢纽和轨道交通站点，形成大疏大密布局模式，探索容积率弹性管理机制，推动地上地下空间高强度复合开发，统筹做好地下综合管廊建设衔接。打造绿色宜居宜业空间，促进空间集约利用和功能集成，探索弹性功能组合空间模式，优化青年创业公寓、新型养老公寓等配比，推广智慧家居系统应用。建设个性化、泛在化绿色公共空间，依托阳台绿槽、社区公园、屋顶花园等，提高立体复合绿地率，完善配

[①] 都市快报.【江干】走向我们的小康生活·寻找城市社区智慧治理案例［EB/OL］.［2020-09-08］. http://www.pahz.gov.cn/qxdt/202009/t20200908_21362780.shtml.

备服务设施，打造艺术与风貌交融的未来建筑场景。应用推广装配式建筑、室内装修工业化集成技术。

以新加坡立体绿化系统为例，新加坡国土狭小、建设密集、人口密度高，但它的社区却是非常有活力。这也体现在各种建筑的绿化中。

（一）建筑模式

创新绿化空间复合利用：在立体绿化空间中设置步行设施、休憩设施等，打造垂直活动场所，增加空间利用率。

为应对社会老龄化的海军部村庄项目（Kampung Admiralty）是新加坡首个综合公共开发项目，将公共设施和服务融为一体。项目中100%返还绿地率及1.2英亩的软景观设计为整个社区带来了生机勃勃的生态感官体验。海军部村庄位于一个高度限制在45m、面积为0.9hm²的紧凑场地上，但其建筑及景观设计却获得多项大奖[1]。

（二）空间特色

建筑三明治式设计：下层为社区广场，中层为医疗中心，上层为老年公寓的社区公园，包括托儿中心、老年活动中心、老年人住宅公寓。运用垂直空间设计解决了空间限制的难题。这三个不同的楼层将不同的建筑组合在一起，通过相互交融带来了功能设施的多样性。并与医疗、社会、商业和其他设施保持紧密的联系，同时也支持两代人之间的联系，积极促进有关老龄化各项工作的开展。此类建筑设计模式，与我国国情相结合，能很好地解决城市人群密度高、土地资源稀缺、人口老龄化严重等问题[2]。

屋顶花园：在总面积为0.36hm²的屋顶上共种植了610棵乔树和80000棵灌木，本土植物占物种总数的55%，为海军部村庄创造了一个较高弹性和较低维护成本的景观环境空间。屋顶花园所形成的具有垂直多样性和连续水平性的郁郁

---

① 世界立体绿化. 未来社区建筑场景——立体绿化新应用［EB/OL］.［2019-12-27］. https://mp.weixin. qq.com/s/9XuIOfffGAOgaFWeTSWz1A.

② AssBook 设计食堂. 新加坡国宝级设计师：永远不做没想象力的事！［EB/OL］.［2018-10-12］. https:// mp.weixin.qq.com/s/RPW8ZswDsYMOv71pCKfD0A.

葱葱的树冠创造了低温小气候条件，消散了城市热岛效应（图 3-2）。

图 3-2　新加坡海军部村庄屋顶花园示意图

　　梯田式景观布置：从中层到上层，采用梯田式的建筑设计，每层楼都可建设屋顶绿化，用建筑垂直绿化的方式，保留了大量绿植（图 3-3）[①]。

图 3-3　海军部村庄梯田式景观布置示意图

---

① 世界立体绿化. 未来社区建筑场景——立体绿化新应用［EB/OL］.［2019-12-27］. https://mp.weixin. qq.com/s/9XuIOfffGAOgaFWeTSWz1A.

47

海绵城市：在梯田绿化景观的每一层都布置了收集雨水用作景观用水的集水系统，中间层设有一个可以净化城市径流的雨水花园（图3-4）。大部分的雨水在从建筑顶端流向下层的过程中被收集和过滤，然后通过重力流向中间层。过滤后的水以及来自两个塔顶的直接径流水量足以维持连续三天的植物灌溉和回补两个生态池。雨水花园，也为医疗中心患者创建了一个身临其境的疗愈景观，在干旱季节也可作为休闲娱乐的小广场供居民嬉戏游乐。无论是在室外还是室内，居民都可以拥有欣赏到生机盎然的绿色景观的舒适体验，与绿色植物的亲密接触，使老年人感到舒适和放松的同时也增加了整体居民对自然环境的归属感[①]。

图3-4　海绵城市示意图

未来社区建筑场景应借鉴新加坡的成果与经验，构建复合多样的立体绿化体系，以"地面、屋顶、空中、立面"全方位绿化为重点，建立包括社区中央公园、口袋公园、天街（High Line）公园、屋顶花园、空中花园等多元化的立体绿化体系。立体绿化，也要因地制宜选择构成形式，强调与其他场景的共享使用，提高空间使用率[②]。

---

① 夏宇，艾芳妮. 浅谈"蓝绿共赢"模式的居住区海绵城市设计——以湖南地区为例 [J]. 建材与装饰，2020（3）.
② 世界立体绿化. 未来社区建筑场景——立体绿化新应用 [EB/OL]. [2019-12-27]. https://mp.weixin.qq.com/s/9XuIOfffGAOgaFWeTSWz1A.

六、未来交通

2019 年浙江省政府正式印发的《浙江省未来社区建设试点工作方案》(浙政发〔2019〕8 号)中提出了"打造未来交通场景"——将构建"5 分钟、10 分钟、30 分钟出行圈"。即以车实现 5 分钟取停为目标,统筹车位资源,创新车位共享停车管理机制,推广应用自动导引设备(AGV)等智能停车技术。完善社区新能源汽车充电设施供给,预留车路协同建设条件,为 5G 环境自动驾驶和智能交通运行留白空间。以人实现 10 分钟到达对外交通站点为目标,创新街区道路分级、慢行交通便利化设计,倡导居民低碳出行,通过信息服务实现一键导航、交通无缝衔接,打造居民便捷交通站点出行圈。以物实现 30 分钟配送入户为目标,运用智慧数据技术,集成社区快递、零售及餐饮配送,打造"社区—家庭"智慧物流服务集成系统。

未来交通旨在解决社区居民"衣食住行"四大根本性需求中的出行问题,因此,是衡量"未来社区"建设成效最有效的四大标尺之一[①]。作为串联其他场景的关键环节,是实施其他场景的基本保障。

对于社区而言,交通出行面向的主体即是人、车和物,必须以"人畅其行、车畅其道、物畅其流"作为目标,才能让居民满意。建设未来社区,应该紧紧围绕"以人为本"的核心,结合 TOD(Transit-Oriented Development)、MaaS(Mobility as a Service)、智慧交通等发展理念,瞄准人、车、物的个性化交通需求,实现公共交通一体化、慢行交通便利化、智慧交通集成化、社区交通分级化和出行服务人性化,打造"5 分钟、10 分钟、30 分钟生活圈",构建一个"全对象、全过程、全覆盖"的可持续未来交通场景。

未来社区居民出行场景繁多,最为关键的环节便是解决便利性问题。出行的便利化程度直接反映了出行的效率与体验。未来社区以居民慢行顺畅、10 分钟到达公交站点为目标,打造 10 分钟"慢行＋公交"的交通出行链。

[①] 吴德兴. 人畅其行 车畅其道 物畅其流——"未来社区"中的交通场景解读［J］. 浙江经济, 2019, 0 (A01).

一是"公交＋社区"与"TOD"导向的一体化对外交通。在有条件重建或新建的社区，结合社区建设，围绕快速、大运量的轨道交通站点进行综合一体化开发。平面规划上，结合社区特点为社区到公共交通站点间提供便利、舒适的衔接设施服务；立体空间上，将TOD综合体与周边社区紧密结合，合理规划轨道上盖的不同功能的物业综合体。采用多种技术手段（如加强稳静化处理、提供出行服务等）保障10分钟"慢行＋公交"的交通出行链建设。

二是"全天候、无障碍"的便利化慢行交通。统一规划非机动车道和人行道，并接入城市交通干道中，构建内外畅通的非机动车及人行交通系统。街道设计上，充分考虑老人、孕妇、残障人士等特殊群体需求，布置休憩空间和风雨连廊等人性化设施[①]。

三是"小街区、密路网"的"街区制"社区交通。该路网设计能为慢行交通和公共交通提供高密度、低干扰的街道空间。综合考虑街道沿线的用地性质、交通特性、社区经济和街道景观等因素，针对不同类别进行模块化设计。另外，充分考虑城市未来交通发展趋势，布设路测传感器、预留智慧交通设施标准化接口，以满足"共享、无人、电动"的未来交通形态[②]。

四是"一键式、全行程"的人性化出行服务。引入一站集成式出行服务运营商，提供从出发地到目的地的"个性定制化"出行服务，满足社区居民便利多模式出行需求。以社区为单位综合开发"邻里共享出行平台""社区出行仪表盘"等数据产品，引入社区拼车、"社交＋出行"等特色功能，完善社区居民交通出行信息服务。社区公共场所设置居民生活服务信息显示牌，实时播报社区周边干道交通运行状况；社区对外公交站点设置交通信息显示牌，实时提示公交到站时刻信息。

五是打通社区公交微循环，实现行人和私家车"人车分流"。对于公共交通车辆，充分利用社区内部支路密路网体系，完善交通导向设施，优化社区公交车路线，形成社区内部公共交通可持续微循环体系；对于私家车，统一规划管理，引导车辆从小区外部道路直接进入地下车库，避免车辆在地面行驶时对公交和慢

---

① 孙辰. 未来社区健康场景实现路径初探［J］. 建设科技，2020（23）.

② 杭州城研中心. 解密未来社区九大场景及数字化应用路径——未来交通［EB/OL］.［2020-07-21］. https://mp.weixin.qq.com/s/INAKhHbL8kqXyJbxaiLqCg.

行交通的干扰，实现"人车分流"。

六是智慧停车、共享停车、绿色停车。静态交通方面瞄准"5分钟取停车"目标，从新服务、新机制、新设施等三个维度着手，推动社区停车朝着智慧化、便捷化、高效化方向改革[①]。利用立体车库、AGV等技术提高车位机械化率、自动化率，提供停车诱导、一键停车、无感停车、自动结算和在线支付等便民智能服务。统筹社区租售及公共车位资源，创新车位共享管理机制，制度化、常态化更新社区停车配建指标，适应不同发展阶段对车位的需要。配备完善社区停车充电设备，支持鼓励第三方充电桩运营平台入驻社区，打造未来社区智能化便民共享充电服务平台，全天候、全时段满足未来社区新能源汽车充电需求。

七是规模化、品质化的便民集成配送平台。集成配送方面，联合各物流企业及社区零售、餐饮配送企业，对社区物流进行整合和分类，统一管理，实现物联网末端追踪。收集居民对于末端派送的个性化需求以及售后意见和建议，实现配送员灵活排班、配班，统一安排物件派送，并实时监控维护配送设备和智能蜂巢等存储设备的管理使用情况。社区建设中，统一规划物流用房（仓储空间）、社区公共用房与物业用房，每个中转场至少配备一个员工休憩整备场所，完善社区物流技术设施配套。探索利用区块链溯源等技术，强化物流配送安全智慧化管理。

八是精细化、智能化的新型配送手段。提升智能快递柜等社区智能配送终端覆盖率，覆盖半径满足社区居民日常需求，实现"3分钟取货"。加速智能机器人、无人车、无人机等新型配送方式的试点与应用。引入"丰Box"等绿色环保包装应用，针对生鲜等特殊货品，采用前沿冷链技术实施供应链管理。

交通场景作为未来社区建设和发展过程中的一块至关重要的"拼图"，应顺时顺势，不断迭代更新和完善。勇立潮头、积极探索、持续创新，为解决交通出行这一居民本源性需求提供不竭的动力[②]。

---

① 吴德兴. 人畅其行 车畅其道 物畅其流——"未来社区"中的交通场景解读［J］. 浙江经济，2019，0（A01）.

② 杭州城研中心. 解密未来社区九大场景及数字化应用路径——未来交通［EB/OL］. ［2020-07-21］. https://mp.weixin.qq.com/s/INAKhHbL8kqXyJbxaiLqCg.

七、未来低碳

根据《浙江省未来社区建设试点工作方案》（浙政发〔2019〕8号）要求，未来社区低碳场景主要任务包括：打造多功能协同低碳能源体系，构建社区综合能源系统，创新能源互联网、微电网技术利用，推广近零能耗建筑，建设"光伏建筑一体化＋储能"的供电系统、"热泵＋蓄冷储热"的集中供热（冷）系统，优化社区智慧电网、气网、水网和热网布局，实现零碳能源利用比例倍增。构建分类分级资源循环利用系统，打造海绵社区和节水社区，推进雨水和中水资源化利用。完善社区垃圾分类体系，提升垃圾收运系统功能，促进垃圾分类和资源回收体系"两网融合"、建筑垃圾资源化利用，打造花园无废社区。创新互利共赢模式，引进一体化开发、投资、建设和运营的综合能源服务商，搭建综合能源智慧服务平台，实现投资者、用户和开发商互利共赢，有效降低能源使用成本。

光催化等环保技术赋能低碳场景建设。光催化的历史可以追溯到20世纪60年代。自从1972年日本学者Fujishima和Honda在半导体二氧化钛单晶电极上实现了水的光催化分解制氢气以来，光催化技术开始引起世界各行各业科技研究工作者的极大关注（图3-5）。

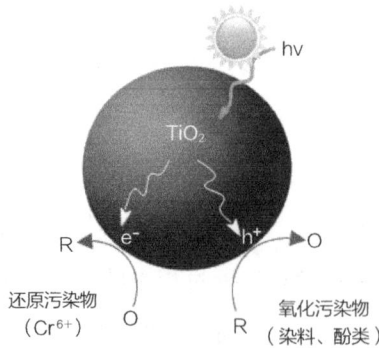

图 3-5　半导体光催化降解污染物示意图

从1976年Carey等人将二氧化钛应用于降解多氯联苯和1977年Frank等人进行的氰化物的光催化降解研究起，光催化技术开始应用于去除有毒物质和有机污染物的降解领域。相比生物化学水处理方法，光催化技术具有无毒、能耗低、反应条件温和、无二次污染等特点，并且能够有效地降解有机污染物，将其完全分解为无污染的小分子，甚至能有效降解如氯仿、多氯联苯和多环芳烃等难降解污染物。该技术的最大优点在于降解反应在常温常压下就可进行，能将有机污染物彻底降解为水和二氧化碳等无毒无害物质，避免了对于环境的二次污染。

在众多的半导体光催化剂中，二氧化钛被公认是环境治污领域最具开发前途的环保型光催化材料。二氧化钛受到研究者们的青睐基于以下几个原因：① 二氧化钛是一种常见的化工产品，合成方法简单。② 二氧化钛的化学性质稳定，光化学稳定性也非常高。具有高熔点（2128K）和很好的抗腐蚀性。③ 二氧化钛无毒，对环境友好，作为催化剂不会对环境造成二次污染。④ 在紫外光照射下，光催化氧化能力强，几乎能够破坏所有的有机污染物。

光催化技术是近年来国际上最活跃的研究领域之一，但是目前光催化技术还存在着如量子效率低、太阳能利用率低等几个关键的科学技术难题，使其在工业上的广泛应用受到极大制约（图 3-6）。但是光催化技术在表面自清洁方面的应用已经取得了巨大的突破。主要应用于建筑外墙表面，主要利用光催化材料吸收太阳能，光催化氧化或还原涂料表面污染物，或（和）利用光催化材料的超亲水性使油污及灰尘等不易在涂层表面附着从而易被水冲刷掉并实现自清洁[1]。

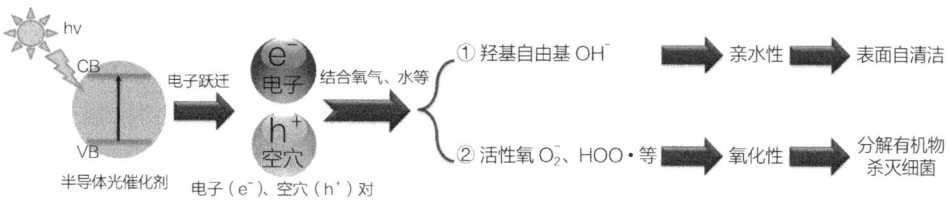

图 3-6　光催化反应基本原理示意图

HPC 光催化外墙自清洁纳米罩面涂料是一种二氧化钛水溶性溶胶喷涂剂，将该喷涂剂常温喷涂于所需防护基材表面，可形成一层具有自清洁和光催化降解有机物及病菌等功能的无机透明膜（以下简称"HPC 光催化涂料"）。

将该喷涂剂在常温下涂覆于所需防护的基材表面，可形成一层坚固耐用的纳米二氧化碳光催化保护薄膜，在太阳光照射下，产生良好的光催化分解有机物、抗菌和超亲水特性。利用这种特性分解附着在基材表面的有机物污染物和空气中的有害气体。其具有的超亲水特性使很小的水滴聚成水膜，将灰尘抬起滑落。同时这层光催化薄膜具有超强的吸收紫外线功能，可以抗菌、防霉，防止基材的老

---

[1] 汤春妮，马喜峰，张桂锋，等. 光催化涂料的研究进展 [J]. 陕西国防职教研究，2020，30（1）：4.

化，延长基材的使用寿命。

光催化溶胶采用的是加压雾化喷涂的方式进行施工，并且施工时严格遵守规范，在基材表面均匀喷涂，这样在表面形成的涂层才会非常均匀，不会产生颜色或者光泽度的变化。能适用于各种颜色、各种材质的外墙建筑材料。甚至能应用到高层玻璃幕墙建筑上，并且不会影响玻璃的透明度，施工前后观感不产生变化。

光催化涂层技术可广泛应用于市政设施和建筑外墙基层，如铝板、彩钢板、真石漆、涂料、玻璃幕墙、花岗石、陶瓷、砂岩、GRC及其他复合材料等基材表面，与常规有机防护材料相比，光催化涂料除了具备上述良好的性能外，还具有耐候性高、附着力强、长期稳定等优点，因为是纳米级无机透明薄膜，故不影响基底材料外观和性能。将光催化高新技术应用到每一幢大楼、每一条道路上，让它们成为固定的"空气净化器"，努力将城市空气质量指数降低到 $30\mu g/cm^3$ 以下，达到并超过欧洲优良空气标准，致力打造"光洁蔚蓝城市"（图3-7）。

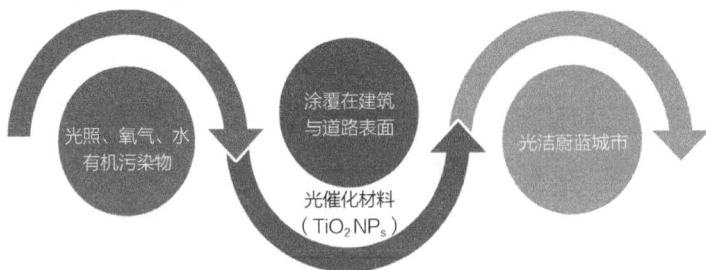

图 3-7　光催化作用原理示意图

八、未来服务

根据《浙江省未来社区建设试点工作方案》（浙政发〔2019〕8号）要求，推广"平台＋管家"物业服务模式，依托社区智慧平台，按照居民基本物业服务免费和增值服务收费的原则，合理确定物业经营用房占比，统筹收支平衡。建立便民惠民社区商业服务圈，完善现代供应服务管理，创新社区商业供给和遴选培育机制，以多层次、高性价比为主要标准，精选各类商业和服务配套最优质供应商并在社区推广，结合O2O模式应用，支持其做大做强，努力催生一批本土品牌。建设无盲区安全防护网，围绕社区治安，构建设界、空格、守点、联户多层防护网，应用人脸识别等技术，推广数字身份识别管理。围绕社区消防和安全生产，应用智能互联技术，实现零延时数字预警和应急救援。

围绕社区居民24小时生活需求，打造"优质生活零距离"未来服务场景。主要通过以下两种模式实现：

（1）"线上"＋"线下"服务：建立便民惠民社区商业服务圈，创新社区商业供给和遴选培育机制，精选各类优质供应商为社区提供全方位服务，并结合O2O模式，孵化催生一批本土品牌。

（2）完善社区安防：建设无盲区安全防护网，采用移动端（无人机、巡航机器人）＋固定端（摄像头、智能门锁、电子围栏），安装各类传感器、流量计等，实现消防预警、地图定位、一键式求助、联动报警等多项功能。

九、未来治理

根据《浙江省未来社区建设试点工作方案》（浙政发〔2019〕8号）要求，构建党组织统一领导的基层治理体系，完善党建带群建制度，健全民意表达、志愿参与、协商议事等机制，推动党的领导更好地嵌入基层治理实践，引领基层各类组织、广大群众积极参与基层治理。采用居民志愿参与的自治方式，构建社区基金会、社区议事会、社区客厅等自治载体和空间，激发多方主体广泛参与社区治理。推行社区闭环管理和贡献积分制，形成社区民情信息库，推举有声望、贡献积分高的居民作为代表共同管理社区事务。搭建数字化精益管理平台，依托浙江政务服务网和"浙政钉"平台，促进"基层治理四平台"的融合优化提升，梳理社区各项任务，强化基层事务统筹管理、流程优化再造、数据智能服务，有效推进基层服务与治理现代化。

以党建引领为抓手。实现三方协同治理，成立社区治理委员会。建立区、街道、社区三级三方协同小区微治理工作领导小组，并成立三方协同治理办公室（简称"三方办"）。"三方办"采取实体化运作，由组织、民政、住建、综治等部门干部专职负责，建立联席会议等制度，将三方协同工作纳入区综合考评，保障有权有作为，解决了物业矛盾"多头管""无人管"问题。同时，组建全区业委会联谊会、物业协会。突出社区党组织在社区管理中的领导、动员监督、指导作用，推行兼职委员会制度，兼职委员会定期参与社区党组织重大决策和重要活动，并通过现场调研、电话咨询等方式参与社区重大决策，完善社区党组织决策机制和监督机制。党组织应从严管党治党、落实党建工作责任，强化思想建设、两学一做学习教育常态化，开展党性实践活动、提高党性修养，应坚持求真务实、认真开展党建工作，党建业务融合发展、稳步推进重点工作，积极参与重大问题决策、提高管理水平。

以公民参与为主要形式。建立社区时间银行，提供统一的时间支付平台，居民通过参加志愿服务，可以获得时间单位和积分，用于兑换物品和服务①。把物业管理、环境卫生、社区安全、违建、群租等社区管理难点问题作为社区居民自治的基本内容，搭建社区议事会、社区客厅等自治载体和空间，形成以社区自治章程为核心、以社区公约为重点，各类决策议事规则相配套的自治规则体系制度。

以社区协同为管理模式。建立未来社区自下而上的考评机制，做得好不好，由社区全体居民来评价，彻底告别社区居委会、业委会、物业公司管理"三张皮"的困扰。定期、不定期召开协调会，解决社区管理、服务问题（表3-1）。以群众满意为目标导向，探索建立未来社区自下而上的考评机制，明确社区协助政务清单和公章使用范围清单②。管理主体应多元化，实现党员、社区管委会、业委会、居民等共治；管理行为与参与行为结合，实现上下互动管理过程；管理者与被管理者互助合作、相互依赖；治理手段和方式应多样化，实现管理＋自治。

公民参与主要类型 表3-1

序号	类型	内容
1	被动参与	动员、要求、组织等
2	志愿参与	公益、义务、互助等
3	权益型参与	诉求表达、利益协调、矛盾调解等
4	组织化参与	社区自组织、伙伴社区等
5	活动参与	互利、兴趣、联谊、文体等
6	第三方参与	公益、慈善机构进入等

---

① 余杭晨报. 余杭将申报未来社区试点建设！实现集中供暖供冷、无人机送快递［EB/OL］.［2019-04-02］. https://www.163.com/dy/article/EBP6MVRJ0512ALVQ.html.

② 宁波市人民政府发展研究中心. 创新全域治理 共建未来社区［EB/OL］.［2019-09-12］. https://www.sohu.com/a/340751719_120206830.

以智慧治理为主要手段。通过未来社区数字中心，建立"采集＋提交办理＋审批对接"一链式的业务流程，提供"一平台、一窗、一人"的全能社工链式服务模式[①]。

搭建数字化精益管理平台，依托社区政务服务网，促进"基层治理四平台"的融合，以社区人口基础信息和条形信息数据为基础建设未来社区数据中心，解决数据孤岛问题。打造可视化"数字孪生社区"，实现 IT 基础设施、地理信息平台、物联监控平台、建造房屋数据库、人口法人数据库、社区服务数据库等互联互通，构建未来社区大数据智能应用可视化平台（图 3-8）。

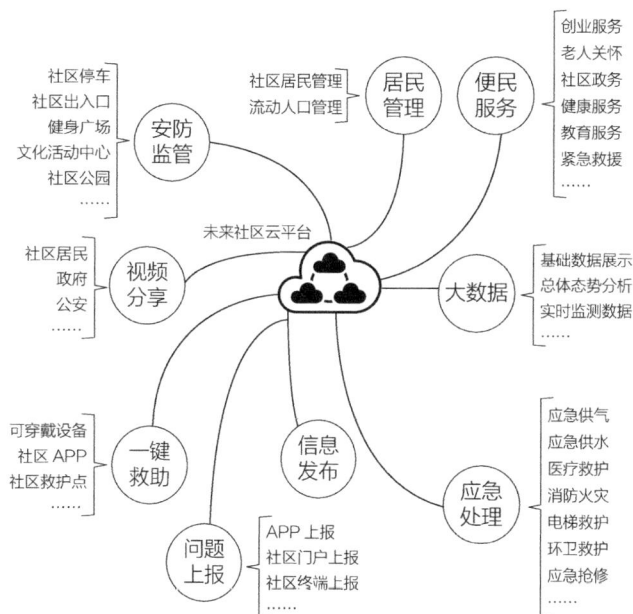

图 3-8 未来社区云平台搭建框架

运用物联网、大数据、云计算、人工智能等前沿技术，对小区进行智慧化升级改造。由周界防护、公共区域安全防范、住户安全防范等功能模块组成，智"眼""鼻""耳"全方位守护小区安全，为小区居民提供安全、舒适、便利的现代化和智慧化的生活环境[②]，通过建立和完善积分机制，实现居民自治（图 3-9）。

---

① 余杭晨报. 余杭将申报未来社区试点建设！实现集中供暖供冷、无人机送快递［EB/OL］.［2019-04-02］. https://www.163.com/dy/article/EBP6MVRJ0512ALVQ.html.
② 湖北政法."智慧小区"开启现代化社区治理新模式［EB/OL］.［2019-06-28］. https://www.sohu.com/a/323554176_120025951.

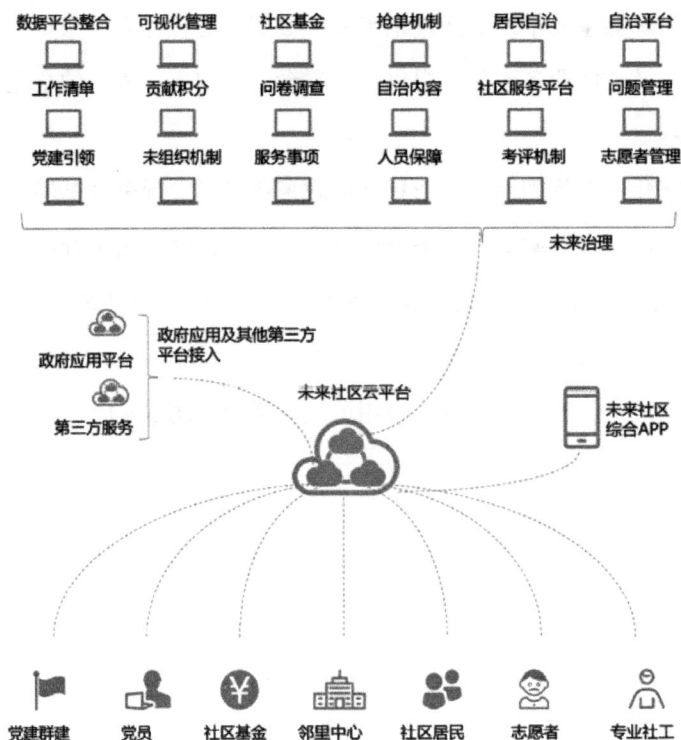

图 3-9　未来社区云平台系统构架示意图

第四节　指标体系

浙江省未来社区创建评价指标体系分为综合指标和 33 项分项指标。

（一）综合指标

综合指标为直接受益居民数（主要指回迁安置人数）加引进各类人才数。

（二）九大场景 33 项约束性和引导性指标

2021 年 3 月，省发展改革委、省建设厅印发《关于开展 2021 年度未来社区创建的通知》，根据未来社区九大场景，设置 33 项指标，每项指标分约束性和引导性两类内容（表 3-2）。坚持"有底线、无上限"的指标内涵和"约束性指标是基本门槛，开放性指标上不封顶"的领跑要求。拆除重建类、规划新建类，以及拆改结合类中新建部分需参照 33 项指标内容，充分响应约束性指标要求、因地制宜落实引导性指标要求；整合提升类和拆改结合类中保留部分，积极响应33项指标内容，全面满足数字化场景应用要求，因地制宜响应邻里、教育、健康、创业、治理、服务等功能与业态要求，灵活开展建筑、低碳、交通等硬件环境提升。落实分项指标遵循如下五个原则：

未来社区指标体系[①]   表 3-2

序号	一级指标	二级指标	指标性质	指标内容
1	未来邻里指标	邻里特色文化	约束性	打造社区特色文化公园；明确社区特色文化主题；丰富社区文化设施，配置不小于 600m² 的社区礼堂；构建社区文化标志
			引导性	改造更新类注重历史记忆的活态保留传承；规划新建类发掘、传承优秀传统文化价值，引入社区新文化等
2		邻里开放共享	约束性	优化设置"平台＋管家"管理单元；打造宜人尺度的邻里共享空间
			引导性	提升"5分钟生活圈"服务配套；建立多形式邻里服务与交往空间，鼓励多主体参与建设共享生活体系
3		邻里互助生活	约束性	构建贡献、声望等积分体系，明确以积分换服务、参与社区治理等机制；制定社区邻里公约
			引导性	引导建立邻里社群社团组织；鼓励居民积极参与邻里活动；促进居民互助资源共享等
4	未来教育指标	托育全覆盖	约束性	配置3岁以下养育托管点，设施完备，安防监控设备全覆盖；专业托育员持证上岗
			引导性	通过公建民营、幼托一体等方式，引入公益性、高端性等多层次托育机构，探索家庭式共享托育等新模式；对社会托育机构给予租金减免等政策支持
5		幼小扩容提质	约束性	做好与社区外义务教育资源的衔接；扩大优质幼小资源覆盖面
			引导性	推行小班化教学；打通社区与中小学近远程交互学习渠道
6		幸福学堂全龄覆盖	约束性	配置不小于1000m² 的功能复合型社区幸福学堂，满足多龄段需求；建立分时段课程制度，提升活跃度、参与度的运营机制
			引导性	社区与兴趣培训机构建立合作；依托社区智慧服务平台建立项目制跨龄互动机制，组织艺术创作、公益帮扶等活动

[①] 浙江省发展改革委，浙江省发展规划研究院. 未来社区：浙江的理论与实践探索［M］. 杭州：浙江大学出版社，2021：145-149.

序号	一级指标	二级指标	指标性质	指标内容
7	未来教育指标	知识在身边	约束性	打造数字化学习平台,设置专业技能等各类社区达人资源库;构建学习积分、授课积分等共享学习机制;配建不小于200m²的社区共享书房;制定城市公共文化资源下沉政策
			引导性	引进大型连锁书店、城市图书馆等资源,合建社区共享书房;依托社区智慧服务平台对接社区周边博物馆、美术馆等场馆资源,拓宽社区学习地图
8		活力运动健身	约束性	15分钟步行圈内配置健身场馆、球类场地等场所设施;5分钟步行圈配置室内、室外健身点
			引导性	慢跑绿道成网成环;配置智能健身绿道、全息互动系统等智能设施;建立运动社群组织、运动积分机制
9		智慧健康管理	约束性	15分钟步行圈内配置社区卫生服务中心"升级版"、5分钟步行圈内打造社区卫生服务站"升级版";建立居民电子健康档案,完善家庭医生服务
			引导性	推广社区健康管理O2O模式,个人或家庭终端与区域智慧健康平台数据互联;提供定制化健康膳食服务
10	未来健康指标	优质医疗服务	约束性	社区卫生服务中心与三级医院合作合营建立医联体,提供远程诊疗、双向转诊等服务;引入中医保健服务
			引导性	鼓励发展社会办全科诊所、智能医务室、医疗商场等;应用人工智能等先进技术
11		社区养老助残	约束性	充分考虑回迁居民意愿,按需配建适老化住宅;15分钟步行圈内集约配置街道级、社区级居家养老服务设施;对社会养老机构给予租金减免等政策支持
			引导性	养老机构对标五星级标准;配置护理型床位;推广适老化智能终端应用;培育乐龄老人自组织;跨代合租、时间银行等新模式落地
12		创新创业空间	约束性	配建300m²以上的社区双创空间,提供弹性共享的办公空间、复合优质的生活服务空间等功能空间
			引导性	因地制宜建设社区双创空间,根据社区布局、业态等条件灵活设计空间产品,打造高性价比办公场所
13	未来创业指标	创业孵化服务及平台	约束性	依托社区智慧服务平台搭建创业者服务中心功能模块,提供全方位的创业指导、咨询服务等;完善创业服务机制
			引导性	搭建社区众筹融资服务平台;建立社区创客学院;促进社区资源、技能、知识等全面共享
14		落户机制	约束性	可售住宅销售价格不高于周边均价;建立住房租售"定对象、限价格"的特色人才落户机制;按需配建人才公寓;制定人才公寓租售同权支持政策
			引导性	建立创新人才落户绿色通道;引进年轻高层次人才落户;打造各类特色人才社区

序号	一级指标	二级指标	指标性质	指标内容
15	未来建筑场景	CIM 数字化建设平台应用	约束性	应用统一的社区信息模型平台,实现社区规划设计、建设施工、运营管理、应急防灾全生命周期智慧管理
			引导性	CIM 平台功能向城区拓展,运用到城区的联片开发建设
16		空间集约开发	约束性	TOD 导向开发强度梯级分布,"高低错落、疏密有致"空间布局,功能复合、地上地下综合利用;与地下管廊集约规划布局建设相衔接;拆除重建类基本实现资金平衡
			引导性	公共服务设施与交通站点无缝衔接;充分开展地下空间开发建设;开展综合管廊建设
17		建筑特色风貌	约束性	建筑风貌体现地域文化特色;采用地面、平台、阳台与屋顶相结合方式,打造立体多层次复合绿化系统;按均好性要求配置空中花园阳台
			引导性	基于地方风貌基底与城市肌理,建立完整风貌控制体系;打造社区文化标志建筑物(含构筑物)
18		绿色建筑与建筑工业化	约束性	应用绿色建筑,新建建筑不低于绿色建筑二星级;应用建筑工业化(含内装),装配率达到地方先进水平;采用标准化设计、工厂化生产、装配化施工、一体化装修、信息化管理,提供模块化户型组合和菜单式个性装修等定制服务
			引导性	单体新建建筑绿色建材应用比例高于70%;新建建筑应用光催化技术等建筑新材料新技术;鼓励对标健康建筑标准
19		公共空间与建筑	约束性	建设综合型社区邻里中心;利用新建建筑底层架空、保留建筑功能改造、各类户外场所复合利用等方式,合理配置社区共享空间
			引导性	采用套内建筑面积计算方法;推广建筑弹性可变房屋空间模式
20	未来交通场景	交通出行	约束性	步行10分钟内到达公交站点;做到"小街区、密路网";打通社区内外道路,提高出行便捷性
			引导性	社区路网空间全支路可达;社区对外公交站点慢行交通换乘设施全覆盖;建立交通信息发布系统和平台;提供定制公交等个性化出行服务
21		智能共享停车	约束性	建立智能停车系统,提供车位管理、停车引导等功能;通过共享停车提高车位利用率,实现5分钟内取停车
			引导性	应用自动导引设备(AGV)智能停车技术等

续表

序号	一级指标	二级指标	指标性质	指标内容
22	未来交通场景	功能保障与接口预留	约束性	新建车位预留充电设施安装条件
			引导性	鼓励开展停车位充电设施改造；预留车路协同建设条件，如无人驾驶、智能交通运行等
23		社区慢行交通	约束性	社区内部实现人车分流
			引导性	提高社区慢行交通网络密度；配置社区风雨连廊等
24		物流配送服务	约束性	设立智能快递柜、物流服务集成平台等智能物流设施；实现30分钟内包裹由社区配送到户；配置物流收配分拣和休憩空间
			引导性	采用智能配送模式，如末端配送机器人等
25	未来低碳场景	多元能源协同供应	约束性	建设"光伏建筑一体化＋储能"的供电系统；新建建筑实现超低能耗建筑要求或集中供热（暖）供冷
			引导性	改造建筑进行集中供热（暖）供冷改造；采用"热泵＋蓄冷储热"技术；提高可再生能源利用比重；预留氢能和燃料电池技术应用接口；构建近零碳能源利用体系
26		社区综合节能	约束性	进行互利共赢能源供给模式改革，引入综合能源资源服务商；搭建智慧集成的能源管理及服务平台；提高社区综合节能率
			引导性	创新能源互联网、微电网技术利用；布局智慧互动能源网；推广应用近零能耗建筑
27		资源循环利用	约束性	生活垃圾源头减量；生活垃圾分类全覆盖；绿化用水等公共用水采用非传统水源；采用节水型洁具
			引导性	促进垃圾分类和资源回收体系"两网融合"；提高垃圾资源化利用率；促进分质供水；提高雨水和中水资源化利用
28	未来服务场景	物业可持续运营	约束性	依托社区智慧服务平台构建"平台＋管家"物业服务模式；合理配置经营用房，用于保障全生命周期物业运营资金平衡；综合提升模式需灵活利用空间资源增加公共服务经营拓展，提出物业服务降本增效方案
			引导性	除基本物业服务外，提供房屋增值服务、O2O服务等增值物业服务
29		社区商业服务供给	约束性	引入优质生活服务供应商，发展社区商业O2O模式，建立社区商业服务供应商遴选培育机制；配置与居民日常生活密切相关的品质服务功能
			引导性	注重创新型生活服务，引入专业化物业服务供应商，提供定制化、高性价比的生活服务

续表

序号	一级指标	二级指标	指标性质	指标内容
30	未来服务场景	社区应急与安全防护	约束性	建立完善的社区消防、安保等预警预防体系及应急机制；构建无盲区安全防护网，应用人脸识别等技术，推广数字身份识别管理，建设智安社区
			引导性	通过社区智慧服务平台预警救援、地图定位、一键式求助、联动报警等功能，实现突发事件零延时预警和应急救援
31		社区治理体制机制	约束性	建立社区党建引领的治理机制；深化社区治理体制改革，构建社区综合运营体系；居委会、社区边界统一
			引导性	社区各单位权责明晰、服务优良、管理优化、群众满意度高；吸引社会力量参与社区事务，社区事务多元化参与治理体系健全
32	未来治理场景	社区居民参与	约束性	建立有效可行的社区居民自治机制；配置社区议事会、社区客厅等空间载体，建设服务性、公益性、互助性社区社会组织和志愿者队伍；建立联合调解机制
			引导性	社会组织活跃，居民参与踊跃，居民社区认同感、归属感强；因地制宜创新社区参事议事模式，建设线上线下结合的参事议事模式
33		精益化数字管理平台	约束性	依托社区智慧服务平台，促进"基层治理四平台"整合优化提升，配置一定规模的社区服务大厅，设置无差别受理窗口
			引导性	推进精益化政务流程，实现社工任务清单化

注：该指标体系出自浙江省发展和改革委员会与浙江省发展规划研究院联合编制的《未来社区：浙江的理论与实践探索》一书的第145~149页。由浙江省发展和改革委员会统筹指导，浙江省发展规划研究院课题组研究制定。已被吸纳到浙发改基综〔2019〕138号、浙发改基综〔2019〕183号、浙发改基综函〔2021〕228号等文件中，指导全省第一批、第二批试点以及2021年度创建项目。

一是突出以人为本。坚持问需于民，以居民意愿为依据，兼顾美好生活需要与问题导向，开展空间设计、功能配置、技术应用和机制创新等。

二是突出绿色低碳。倡导将绿色低碳理念应用到规划、设计、建造、运营全生命周期，加强新技术新模式应用，构建绿色低碳的生活生产方式。

三是突出智慧互联。注重数字技术在社区建设运营中的应用，利用物联网、大数据、人工智能等先进技术赋能九大场景创新集成落地，依托社区信息模型（CIM）平台和智慧服务平台，打造数字孪生社区。

四是突出统分结合。鼓励以功能复合、分时共享理念，推进硬件指标要求集成合并，实现土地集约利用；同时落实好各场景关键指标要求。

五是突出场景营造。挖掘在地文化特色和资源禀赋，因地制宜落实定性指标要求，鼓励创新打造九大场景基础上的"X场景"，彰显社区特色主题。

（三）33项指标演变

浙江省发展改革委牵头第一批至第三批未来社区试点的建设，其中指导建设的创建指标体系33项指标在不断的实践探索和经验总结下"螺旋式"迭代更新。

第一批未来社区的"未来建筑场景"中提出："采用地面平台和屋顶、垂直绿化相结合的方式，打造立体多层次复合绿化系统。"对应于地面绿化，绿化立体空间的设计手法，不仅可以提高结构的艺术效果，使环境更加整洁、美丽、活泼，而且具有占地面积少、见效快、效率高等优势。但在具体实施过程中，各地未来社区也根据自身情况结合实际调研，反馈出了落地立体绿化过程中可能存在的问题。比如，以温州的未来社区为例，温州地处东南季风地区，易滋生蚊虫，人群租赁比例较高，且缺乏配套政策及相关规章制度，这些因素使垂直绿化可能产生卫生及养护的问题。而温州又是台风的多发地区，垂直绿化可能增加台风天高空坠物的使用安全问题。最终，第三批未来社区的创建指标对于立体绿化的要求做出了更新，"采用地面、平台和屋顶相结合的方式，创新配置空中花园，打造立体多层次复合绿化系统"，垂直绿化不再作为约束性指标，从立体绿化中去除。在第一批未来社区的"未来低碳场景"中提出"实现集中供热（暖）供冷"。集中供暖在浙北区域的嘉兴、绍兴、杭州等地已进入了实质性的建设阶段，但地处浙南区域的城市，如温州，属于温湿气候区。参考北方地区集中供暖的气温阈值（日平均气温稳定低于或者等于5℃），温州每年需供暖的天数基本为10天以内[①]。这导致了集中供暖供冷在温州未必能达到一定规模，因此，可能产生经济效益问题，影响项目的资金平衡。在第三批未来社区的未来建筑场景中，原为约束性指标的"集中供热（暖）供冷"被调整至引导性指标。此外，第三批未来社区为了突出因地制宜的建设原则，将未来邻里指标的"社区封闭式管理空间单元不大于80m×80m"提升成了"打造宜人尺度的邻里共享空间"。

第四批未来社区建设由浙江省住房和城乡建设厅牵头，省住房和城乡建设厅根据自身对于城乡风貌的理解作出了相应的理念迭代，其中最重要的是在浙江省

---

① 数据来源于中国气象网相关统计。

委书记袁家军的多次批示下，明确了"一统三化九场景"的未来社区理念，助力全面推进未来社区党建，将党的组织嵌入未来社区生产生活全服务链，将未来社区理念贯彻到城乡建设管理的各方面、全过程。

第四批未来社区的建设在考虑建设资金成本和保持各个未来社区多样性的同时，更加注重公共服务设施配套的建造和"因地制宜"，去掉对于公共配套空间大小的明确要求，比如功能复合型社区幸福学堂和社区共享书房不再设置硬性指标，而是本着落实健全长效机制的理念，将运营思维贯穿到规划、设计、建设全过程。未来社区创建指标体系的迭代更新，是其成为浙江又一张"金名片"的有力保障。

未来社区主要建设路径

第一节　需求导向

一、需求内涵的理解

（一）人民的美好生活

中国自古以来就有和谐与美的社会理念，这个理念是《礼记》中"老有所依、幼有所养"的大同社会，也是《桃花源记》中"阡陌交通、鸡犬相闻"的世外桃源。正如费孝通先生所说："各美其美，美人之美，美美与共，天下大同"，关于美好的具体定义并不唯一，但大家对美好的向往是相同的，社会和谐也由此而生。

人民群众是城市发展的建设者，也是检验城市建设的裁判员，更是城市文明的享有者，这多重角色决定了"美好生活"这一概念的复杂性与多元性。未来社区的场景设置要考虑到人民群众日益丰富的需求，兼顾前瞻视野与服务全面；同时，人民群众也是场景构造整个周期内不可缺失的一环，鼓励、发展、联动人民群众的力量，也是建设美好生活的题中之义。

因此，当我们真正深入探索未来社区的场景落地时，这中间需要思考的问题也很多，例如：规划理念的超前性与居民的接受度之间的矛盾；设计使用功能与居民使用功能的错位；社区场景的前期规划与后期实际运营如何承接；街坊里巷的烟火人情如何延续到未来社区的立体空间中……

这些问题不会有一个统一答案，只有不断积累建设实践，才能深化对于美好生活的理解，才能更好满足最广大人民群众的利益与诉求。

（二）党建引领的理解

未来社区从规划、建设到运营的全发展周期，坚持党建引领，就是坚持以人民美好生活向往为中心，把未来社区规划好、建设好、治理好。

坚持未来社区的党建引领，必须做到以党建引领各项工作，以党建服务中心工作，尤其是攻坚克难，以党建体现党组织的战斗堡垒作用和党员干部的先锋模范作用。党建工作必须与未来社区发展工作紧密结合，工作成果互相检验和支撑，必须是"一张皮"。

未来社区规划建设阶段，就要坚持"把支部建在工地，让党建深入现场"的基层党建思想，通过党建引领，凝聚项目建设各方力量，联系社区属地居民群众，助力项目建设经营，切实做好"党建＋业务、党建＋廉政、党建＋工建、党建＋公益"等党建引领四大方面工作，建设精品项目、打造清廉工地、凝聚项目职工、服务社区群众，打造让人民群众满意、让政府部门放心的未来社区项目。

未来社区运营服务阶段，也要坚持党建引领社区治理和居民服务的基层党建原则，以专业社区服务为抓手，以服务居民群众为重点，创新社区运营服务模式，夯实社区党群基础，紧紧依靠居民群众，最终打造服务完善、环境优美、文明和谐的"一统三化九场景"浙江未来社区。

（三）以共同富裕为原则

党的十九届五中全会通过的《中共中央关于制定国民经济和社会发展第十四个五年规划和二〇三五年远景目标的建议》将"人民生活更加美好，人的全面发展、全体人民共同富裕取得更为明显的实质性进展"作为二〇三五年基本实现社会主义现代化远景目标之一。

浙江省作为共同富裕的先行者，率先提出《浙江高质量发展建设共同富裕示范区实施方案（2021—2025年）》，随后，浙江省城乡住房工作协调委员会发布《关于推进高质量发展建设共同富裕示范区 打造"浙里安居"品牌的实施意见》，提出到2035年，住房的居住属性更加突显，住房供需实现动态平衡，房地产市场发展健康，住房保障体系成熟定型，居民住房更加健康舒适，配套设施更加安全智能，基本实现"住有所居"现代化。实施未来社区和未来乡村，落地三化九场景，无疑是实现共同富裕的有效路径。

因此，在理解规划未来社区的需求时，必须把共同富裕嵌入整个社区的大体系设计中，明确共同富裕作为需求的优先级与必要性，作为工作开展的关键抓手。要理解需求不是个别的、当下的需求，而是集体的、未来的需求，既要有全局一盘棋的大局意识，也要有高瞻远瞩的战略眼光，这是理解未来社区需求内涵的钥匙之一。

二、需求调研的原则

对于什么才是人民群众对美好生活向往的具体要求，不能只靠揣度与猜想，也不能全靠样本案例，每个未来社区的定位、区位、条件、人员构成均有所不同，必须对人民群众的具体需求有着准确和广泛的认识，同时理解需求背后深层次的矛盾和联系，才能走好第一步路。浙江省发展改革委印发了《关于开展浙江省未来社区建设试点申报工作的通知》，在建设内容上明确分析提出服务人群状况、需求特点，明确社区建设需求。

结合目前相关未来社区建设中的实践探索，我们尝试提供更多让人民群众表达诉求的途径与方式，并且对这种需求如何融入建设中提出了一些思考。

（一）质化研究与量化研究结合

质化研究是社会学、哲学等人文学科强调的研究方法，偏重以田野调查、文献检索、案例考察等方式，以观察、访谈、走访记录等方法对社会进行整体性探究，并且常常通过与研究对象互动来理解和解释他们的行为。

量化研究则是自然科学、经济学、统计学等学科的基本方法，通过实验设计、数据分析、假设检验等方式，对某一问题进行可重复的深入研究，通过归纳分析从特殊到一般概括出现象下的规律。

在美好生活的需求调研中，不只是采用问卷走访、访谈的方法，更要能应用多种研究方法，把问题研究透彻，有学术性的专业度，又有创新性的包容度。比如对社区居民组成进行预先模拟，利用大数据进行人像侧写，拟合5～15分钟出行圈；对居民需求进行量化分析，通过随机检测与赋值均衡原理等，细化需求指标的优先级；针对原住居民开展长期跟踪走访，深入了解区域内街坊文化，结合古籍县志等资料寻根溯源，给予文化传承方面充分而恰当的历史依据。

（二）场景广度与周期长度结合

未来社区所包含的九大场景中，除了满足场景本身设置的初衷，还要思考场景设置是否能够满足大众需求与小众爱好，以及场景能否适应居民生活的全周期链条。

由此在前期需求调研中，我们要考虑到同种需求的多样性，并构筑起需求的周期闭环。比如未来健康场景，儿童活动室、老年健身室、瑜伽室等场景的规划设计是有细微差别的；居民在未来社区生活过程中，其足迹也非两点一线。总之，能够持续满足居民未来潜在需求，是保持未来社区活跃度与成长性的关键所在，这也需要我们在需求端充分以场景广度与周期长度进行通盘考量。

（三）广开言路与深度调研结合

《浙江省人民政府办公厅关于高质量加快推进未来社区试点建设工作的意见》（浙政办发〔2019〕60号）明确，要广泛征求群众意愿，充分吸纳群众诉求，在建设导向上明确要融入群众意见。通过广开言路、广纳谏言，不仅能够帮助我们更深一步理解美好生活的场景应该具有什么样的内涵，也能使场景设计更接地气、更有生气。

未来社区的场景搭设是一个长期性、系统性、探索性的工程，不仅需要多部门协同合作，也需要不同视角、背景的参与者能够有独到的创见。因此，在广泛吸取需求意见后，就要针对性地展开深入调研，联合高等院校和专业研究院形成专题成果，以研究促发展，以发展推改革，以改革创新局。

三、创新型需求调研的方法

在梳理创新型需求调研的原则后，我们的目的是以此建立更多实际有效、成果突出的创新性需求调研方法。

在浙江省目前未来社区的实际建设管理中，出现了不少立意明确、反响强烈、结果匹配的需求调研方法，我们概括为以下三种主要形式：

（一）政府主导型接洽会

以政府部门作为主导，以不同场景的维度出发，强调需求的保障与公平性，以不断完善未来社区建设为宗旨，以人民群众为最广大依靠，不设限制、不设门槛，参与人数多，覆盖范围广，主要是为了使更多群众和企业可以参与到未来社区的建设中。

比如 2021 年 3 月，发展改革部门组织"集众智·慧大家——未来社区数字社会大家谈"系列活动，征集群众"金点子"共计 20 多万人参与，并邀请到不少企业现场对接。

（二）社区组织型恳谈会

以社区街道等未来社区建设的基层自治组织为单位，邀请原住居民与各方代表深入探讨，切实了解原住居民有着怎样的期望，方便后续整合意见、统一表述、向上传达。比如 2020 年 8 月，杭州市上城始版桥社区组织望江地区的"两代表一委员"、统战人士、新乡贤和居民代表，围绕未来社区建设诸多细节进行交流，并提交给建设方。其中上城区人大代表、望江街道新乡贤联谊会会长、蓝城乐居总裁裘黎明作为专家发言，就户型与采光问题提出建议，赢得了居民代表的一片掌声[①]。

（三）高校联动式专题调研

以政府相关决策机构牵头，联动高校各学科部门，将需求调研做细做实，形成专项课题，通过国内外优秀案例的比较研究，对相关居民群众需求进行综述，描绘相应人群画像，为后续场景设计奠定理论与实际基础。

四、需求评议机制的探讨

（一）需求评议的开展

需求理清或了解后，更重要的环节在于如何评议需求。有些需求可能有意义但实际操作难度过大，比如月子中心的配置、优质教育资源的到位等；有些需求过于琐碎，想要统筹安排有困难，比如不同居民的户型需求、南北朝向、梯户配比等；有些需求需要后端运营支持，前期规划下难以保证，比如社区内儿童培训与文体服务、志愿者活动的丰富开展等。

---

① 听居民心声，聚群众之力 | 上城始版桥未来社区探索群众参与新模式. 杭州日报. 2020 年 8 月 25 日.

简而言之，需要对需求"取其精华"，详细讨论后充分完善，使其具有可实施性、可评价性、可复制性。为了达到这一目的，有以下举措可供参考：

（1）事前论证：邀请居民代表、专家评委、政府部门等多方人员对需求进行论证，通过需求分解、方案评定、民主决策等方式将需求解读透彻，并赋予其实施层面的意义。

（2）复盘借鉴：通过类比同类需求的实操案例，总结实际运用中可能出现的问题或不合理之处，发现需求潜在的风险点与矛盾点。比如在社区内设置红白喜事馆，要考虑到社区整体氛围及其对居民日常生活的影响，避免后期因运营不当导致纠纷。

（3）适当留白：在需求无法评判准确时，应在前期规划中适当留下空白空间，方便后期进行填补，不能在前期规划上求全责备，一味做加法，意图一劳永逸。

（二）需求如何进入决策

在完成需求的调研与评议后，最后也是最重要的一个环节就是推进需求如何进入决策端口，但是如何将群众意见进入政策层面仍存在着一些困难，尤丽君在文章中指出[①]，"群众的意见作为一种类型的'建议'提供给职能部门参考，但缺乏如何采纳的硬性要求，导致群众参与容易浮于表面。"因此，要研究需求向上渠道，形成明确的反馈机制；另外，从服务供应主体角度来说，考虑社区作为基层服务单位，如何像乡村一样，研究激励共享的制度，使社区居民有更加强烈的动力参与社区建设。

五、浙江省问卷调查的需求民意及突出问题

2018年5月21日，浙江省委在发布的《浙江省大湾区建设行动计划》（浙委发〔2018〕23号）中首次提出创建未来社区的理念。同年10月，浙江省发展规划研究院联合省内十余家研究设计机构，迅速启动了1个总报告、12个专题、

---

① 尤丽君. 未来社区建设的群众参与问题探析. 杭州（下半月），2021（6）.

1个建设导则和1个三年行动计划组成的"1＋12＋1＋1"的专项课题研究。随后为了更有效地推进未来社区的建设以及更准确地掌握社区居民的生活诉求，由浙江省发展改革委牵头，在省教育厅的配合下，于2018年11～12月上旬组织展开了关于未来社区研究课题的问卷调查。总计回收有效问卷3万份，除杭州地区采用线上问卷和线下调研相结合的方式进行以外，省内其他各地均采用线上问卷抽样调查的形式。样本覆盖了各地不同职业、不同收入水平、各年龄段人群，具有普遍代表性。

问卷结果反映出浙江省社区居民在老旧小区改造、交通出行改善、生活智慧化和养老文化设施改善等方面的刚性需求较迫切。基于此次样本涉及部分20世纪70～90年代建造的老旧小区，早期的设计规划并未考虑各年龄段人群的特殊需求，小区内部交通无法满足激增的私家车数量，智能化、服务性配套设施不全等因素制约，约70%的老旧小区受访居民对小区更新改造的意愿强烈，且集中反映小区智能化不足、建筑老旧、缺乏文化特色和缺乏电梯等方面，占比分别达到48%、41%、32%和30%（图4-1）。社区的交通出行问题突出表现在社区内部停车问题、道路拥堵、公共交通不便等方面，分别占48%、44%和21%（图4-2），六成以上居民投诉停车遇到的最大问题是小区的车位不足①。

住宅建筑现状及问题

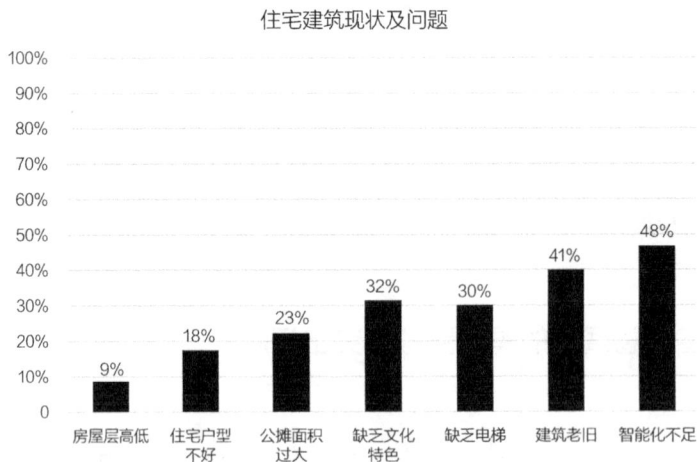

图4-1 样本住宅建筑现状及问题

① 柴贤龙，沈洁莹，侯宇红，等. 浙江省未来社区问卷调查分析报告［J］. 统计科学与实践，2019（5）：42-44.

社区交通现状及问题

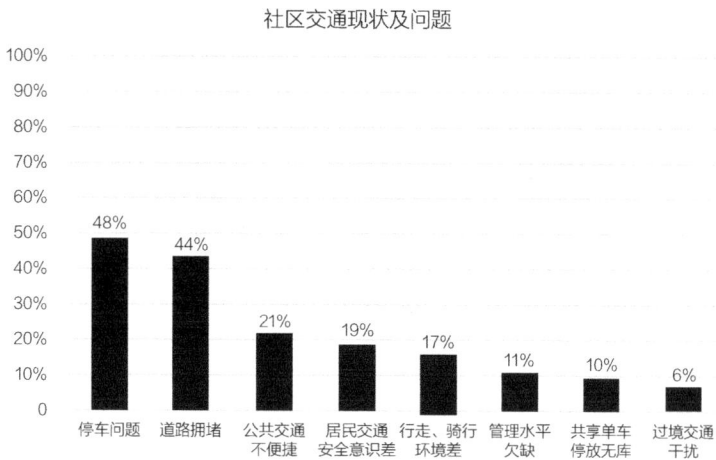

图 4-2 样本社区交通现状及问题

随着互联网、物联网等前沿科技的渗透，人们对于居住环境的智能化需求也越来越强烈。三成的居民期待日常购物、家电维修、水果生鲜等商业活动在未来可以实现网络化，而更多的居民则是希望完善优化现有的通信网络、物流设施和安防设施。

此外，由于老旧小区主要存在辖区内场地资源有限的问题，百姓对于区域内婴幼儿托管、社区医疗、文化活动、养老类设施的满意度较低，现有公共服务设施无法满足多元化需求。即使是已配套的服务设施也还存在设施种类单一、服务水平不高的问题。与此同时，还有住户反映社区内的生态环境不尽如人意，希望通过增加社区公园绿地、增加步行通道绿化来提升生态环境。

问卷调查还发现，百姓对于邻里关系的关注度有所提升。平时我们说的"远亲不如近邻"已成为往事，随着居住条件的提升，都市的邻里交往却更趋于表面化、形式化。三分之一以上的居民呼吁希望通过社区活动改善邻里关系，同时希望社区能重视活动组织的时间安排和针对性。

调查问卷所反馈的群众诉求和暴露出的社区治理短板对未来社区的部署和谋划提供了理论依据。我们不难发现，突出的各类社区治理问题相互牵制，互为因果，亟需依赖政府综合性、系统性地进行考量，引导发挥社会企业的主观能动性，共同解决民生痛点问题。

第二节　建设模式

未来社区自 2019 年试点建设以来，通常采用"全过程工程咨询＋EPC 或施工总包"和"物理＋数字全过程双代建开发"两种建设模式。

一、全过程工程咨询＋（EPC 或施工总包）

《浙江省人民政府关于印发浙江省未来社区建设试点工作方案的通知》（浙政发〔2019〕8 号）文件提出："鼓励和支持优质国资、民资、外资投入未来社区建设运营、管理服务，鼓励优先采取'项目全过程咨询＋工程总承包'管理服务方式。"上虞鸿雁社区和西塘社区等未来社区项目均采用该模式（图 4-3）。

图 4-3　上虞西塘社区效果图

（一）全过程工程咨询＋（EPC 或施工总包）模式概述

EPC 即"设计、采购、施工"。EPC 总承包模式是指建设单位将工程发包给总承包单位，由总承包单位承揽整个建设工程的设计、采购、施工，并对所承包的建设工程的质量、安全、工期、造价等全面负责，最终向建设单位提交一个符合合同约定、满足使用功能、具备使用条件并经竣工验收合格的建设工程承包项目。

全过程工程咨询可包括项目管理、设计、监理、招标代理、工程造价、项目运营等其中几项或全部工程内容。当全过程咨询服务范围的设计包括方案、初步设计及施工图设计时，全过程工程咨询＋EPC模式就变成全过程工程咨询＋总包施工模式。

全过程咨询服务有利于建设单位加强对总承包单位的监管，全过程工程咨询是指项目立项开始，直至项目缺陷责任期结束，项目建设全过程期间为项目业主提供各项工程咨询管理服务，包括前期投资决策咨询、建设准备阶段（勘察设计及招标采购）咨询管理、项目实施阶段咨询管理（含工程监理）、交付使用后的项目后评价等工作。

（二）全过程工程咨询＋（EPC或施工总包）中全过程工程咨询服务内容

国家发展改革委、住房和城乡建设部联合印发《关于推进全过程工程咨询服务发展的指导意见》（发改投资规〔2019〕515号），在房屋建筑和市政基础设施领域推进全过程工程咨询服务发展，提升固定资产投资决策科学化水平，进一步完善工程建设组织模式，推动高质量发展。该指导意见鼓励实施工程建设全过程咨询，由咨询单位提供招标代理、勘察、设计、监理、造价、项目管理等全过程咨询服务。具体工作内容如下：

（1）设计阶段：EPC总承包模式下的设计管理主要体现在进度管理、质量管理、设计接口管理、设计优化管理和设计限额管理五个方面。EPC总承包模式下的设计进度必须配合项目的采购、施工进度计划，并根据项目实际情况实施动态管理。加强设计条件、设计范围的控制，以提高设计质量，保证设计进度。推行限额设计，在满足国家规范、规程和地方标准的前提下，从优化设计角度进行方案论证，以控制成本。审查设计文件，同时在项目实施过程中严格控制设计变更。

（2）采购阶段：工程咨询企业要根据采购要求，协助业主选择合格的供应商，实施采购合同控制，按采购进度计划监控交货时间节点，进行材料、设备等进场验收等。

（3）施工准备阶段：协助建设单位做好有关开工前的各项准备工作，协助办理开工手续。协助进行工程施工招标工作，做好施工单位考察、招标答疑、评标、询标等工作。做好设计图审核并提出书面建议。负责组织施工图设计交底、图纸会审、编写会议纪要等。

（4）工程施工阶段：施工阶段根据EPC总承包合同目标，依据项目管理实施规划，对投资、进度、质量进行管控，对包含安全文明施工在内的施工环境进行管理。审核施工单位提出的施工组织设计、施工技术方案、施工进度计划、施工质量保证体系和施工安全保证体系。督促、检查施工总承包单位严格执行施工承包合同和国家现行工程技术标准与规范情况。控制工程进度、质量、施工合同价，签发工程月付凭证和审核工程变更现场签证。配备必要的测试、检查及验收工具，切实保证日常分项工程的检查、验收工作，严格执行工程建设强制性标准。

（5）工程竣工阶段：参加竣工验收，提出工程质量等级建议。负责审查工程结算，负责检查保修阶段的工程状况，督促承包单位保修直至达到规定的质量标准。按时提供完整的竣工资料。负责承包单位提交的竣工决算审核等。

（三）全过程工程咨询 + EPC（或施工总包）模式优势

实行全过程工程咨询，其高度整合的服务内容在节约投资成本的同时也有助于缩短项目工期，提高服务质量和项目品质，有效地规避了风险，这是政策导向，也是行业进步的体现。

1. 节约投资成本

通过服务整合，咨询服务覆盖工程建设全过程，这种高度整合各阶段的服务内容将更有利于实现全过程投资控制，通过限额设计、优化设计和精细化管理等措施提高投资收益，确保项目投资目标的实现。

造价咨询企业由于参与到项目的各个阶段，可以发挥造价咨询的整体优势。重视过程中的造价控制，实现真正意义上工程投资的合理控制，为委托方提供一揽子投资控制方案，从根本上为委托方控制好工程造价。它是一个动态的管理过程，可以全程掌控所有信息，解决了项目决策、设计、招标、施工和竣工各阶段存在信息不对称，造价管理人员对于其他阶段的结果不甚了解等问题，且有助于缩短投资项目决算审核的工作周期。

2. 有效缩短工期

一方面，可大幅减少业主日常管理工作和人力资源投入，确保信息的准确传达、优化管理界面；另一方面，不再需要传统模式冗长繁多的招标次数和期限，可有效优化项目组织和简化合同关系，有效解决了设计、造价、招标、监理等相关单位责任分离等矛盾，有利于加快工程进度，缩短工期。

3. 提高服务质量

单一服务模式下可能出现的管理疏漏和缺陷，全过程咨询可实现无缝链接，从而提高服务质量和项目品质。此外，还有利于激发承包商的主动性、积极性和创造性，促进新技术、新工艺和新方法的应用。

4. 有效规避风险

服务商作为项目的主要负责方，将发挥全过程管理优势，通过强化管控，减少生产安全事故，从而有效降低建设单位主体责任风险；同时也可避免因众多管理关系伴生的腐败风险，有利于规范建筑市场秩序。

5. 提高企业管理水平

开展全过程工程咨询服务，必须要有完备的管理手段，也自然需要引入新技术来促进工程创新。通过大力开发 BIM、大数据和虚拟现实技术，可提高设计和施工的效率与精细化管理水平，提升工程设施安全性、耐久性、可建造性和维护便利性，降低全生命周期运营维护成本，增强投资效益。借助这些先进的技术手段，可为企业高效地完成全过程工程咨询工作打下坚实的基础。

二、物理 + 数字全过程双代建开发

随着互联网、物联网、区块链、大数据、云服务、人工智能等现代科技的发展，在物理代建开发的基础上可以同时选择数字代建，形成孪生空间"双代建"（物理代建＋数字代建）开发模式。双代建开发模式一方面在规划物理空间的同时拓宽数字空间和数字生活，一方面用数字技术来保障物理空间的营造品质、服务品质和运营品质。

未来社区和传统社区的区别就在于未来社区的数字孪生技术的应用，数字孪生技术也是创新未来社区全过程（物理空间和数字空间）双集成开发体系的理论

和技术支撑，融合贯穿三化九场景的实施运营，即未来社区的建设必须在全生命周期同步规划、设计物理空间和数字空间建设集成。

（一）物理＋数字全过程双代建开发模式概述

全过程代建开发模式指通过公开招标的方式，择优选择具备二级及以上房地产开发资质的企业或其与施工单位组成的联合体，从项目建议书批复后开始，除征地拆迁和监理外，代建开发单位负责项目全过程开发及管理，根据企业性质和资质对可行性研究、初步设计、施工图设计、施工、设备采购等进行发包及管理，待竣工验收备案后由代建开发单位整体移交给建设单位。全过程代建开发模式广泛应用于浙江省内各地保障性住房建设，杭州亚运村项目人才房地块即采用该模式（图4-4）。

图 4-4　杭州亚运会媒体村 [①]

物理＋数字全过程双代建开发模式进一步引入数字化理念，即运用系统思维、整体谋划的方法论，明确未来社区数字化是为高效率、高质量建设提供运营和服务的科学理念，集成"物理＋数字"同步实施的技术路线，基于人工智能、云计算、物联网和数字孪生等前沿科技，实现双集成开发商的目标，强化可落地的"5G-WIFI6"未来社区运维系统解决方案和城市大脑 - 社区小脑 - 邻里中心 - 未来社区场景服务、运营系统解决方案，将未来社区九大场景梳理成四大服务体

[①] 杭州网. 杭州亚运会媒体村公开亮相 里面长什么样？［EB/OL］.［2021-10-20］. https://m.thepaper. cn/baijiahao_14984748.

系：政务、公共、商圈和物业，针对四大服务体系进行数字化架构建设。

（二）物理＋数字全过程双代建开发模式服务内容

1. 前期调研

未来社区涉及大量原住民拆迁安置，在安置房设计前端，代建方会与街道以及居民代表沟通，通过问卷、上门等形式，了解人员构成、职业情况和对户型的需求、数字化需求，同时调研当地民风民俗、生活习惯、历史人文等。注重对村民安置房配套文化礼堂、红／白事馆等特殊需求的分析，通过景观设计、架空层设计，以及适当的智能化设计引导安置对象从农民生活习惯往居民生活习惯的转变。调研后形成设计前端报告，以指导建筑规划。

2. 报批报建

代建方安排经验丰富、业务能力强、熟悉该区域的专职前期人员与业主进行对接，并及时与相关部门确认办理流程与材料。根据前期工作计划，梳理相关手续的先后顺序，合理穿插，确保各类手续合法合规、全面完整。手续办理过程中，与建设单位有效沟通，提出专业的处理方案，确保每一份成果文件的合法合规性。及时收集相关法规、政策的调整，反馈项目团队与建设单位，避免后期验收出现重大变更。

3. 规划设计

采用"同步设计"与"限额设计"的方式，建筑设计与数字化设计同步结合，对项目设计方案进行优化与经济比选，确保建设单位品质效益双赢。根据总体建设进度安排，配合项目前期完成各阶段的设计工作。植入品牌房企优秀工艺工法，提高设计质量，减少工程变更。

组织建筑设计单位及数字化设计单位参加方案、扩初、施工图及专项设计评审；使设计从方案开始更趋完善、合理，避免重大返工。一旦方案确定，将由代建方制定针对性的项目管控策略，对各参建单位进行交底，明确职责。

4. 工程管理

充分发挥品牌房企"工匠精神"，以"工程策划"为先导，"样板先行"为基础，"品质督导"为支撑，"飞行检测"为考核，进行全过程精益化管理，确保产品品质符合招标文件及代建方精品工程要求。

（1）工程策划

施工图完成后，项目负责人组织项目部全体管理人员，通过对项目整体运营、工程营造过程的模拟，预先评估项目的工程特点、难点及存在风险，并结合业主诉求，提出相应管理重点、应对措施和解决方案。同时明确各管理人员质量、进度、安全文明、沟通协调职责及绩效考核办法，激发团队潜能。

（2）样板先行

浙江一些品牌房企代建项目采用了国内保障房建设领域首创的工艺样板、实体样板、交付样板的"样板先行"制度。旨在从源头把控项目品质，通过提前在工地现场制作一系列样板，让施工班组提前学习、熟悉工艺以及对照检查，指导后续的工程施工。将工程质量管理从事后验收提到施工前的预控和施工过程的控制，避免施工错误、返工等现象，减少客户投诉。

此外，为确保质量可追溯，代建方在各项目现场还设立了材料展示室，建立质量责任追溯制度、岗位责任追溯制度。

（3）品质督导

品牌房企具有完善的工程质量督察与监督指导管理体系，促进产品营造精益化管理水平和产品品质的整体提升，确保精品工程的顺利实施。

工程品质督导是房企本部对项目多级管控的重要手段之一，通过智慧高效的数字运营系统，进行24小时远程全程监管，发现项目管理存在的问题，利用房企内部专家资源，以及积累的项目管理数据，形成企业大数据分析，对项目管理团队予以技术支撑和决策支持，同时督促项目管理团队认真履行项目代建合同确定的目标，执行各项管理制度与质量标准。

（4）飞行检测

浙江很多代建项目会委托独立的第三方检测机构，在无提前通知的情况下进行飞行检测，从不同角度对现场的安全文明施工、综合观感、实测实量、防渗漏措施以及工程节点计划完成情况、材料品质核对等方面进行检测评估。

（5）质量监督

涉及拆迁安置的项目在建设过程当中，代建方还会邀请安置对象参与项目管理，选出代表组成质量监督小组，项目对其全过程、全方位开放，可与代建方现场沟通、办公。

通过多年的实践，该模式起到了取信于民的效果。一方面起到监督施工的作用；另一方面，邀请老百姓参与，可以在施工过程中解决未来交房可能会面临的一些问题，交房的时候非常顺畅，基本没有"后遗症"，避免了交付时对产品有异议而引发的群体性事件或大面积投诉。

（6）技术创新

在拆迁安置房建设过程中，杭州明确提出要提升创新能力，积极稳妥地采用新技术、新材料和新工艺，新建建筑应严格按照《杭州市绿色建筑专项规划》确定的星级标准建设。早期杭州一些安居项目中，已融入了海绵城市、绿色、智慧等理念，在采用物理＋数字全过程双代建开发模式建设的未来社区中，代建方更是融合物理空间和数字空间，采用BIM、大数据、虚拟现实等创新技术，全面打造绿色智慧社区。

5. 成本管理

代建方对项目成本控制从设计阶段开始，直至项目竣工结算及成本后评估完成为止，贯穿于项目实施的全过程。

工程设计阶段对项目投资的影响至关重要，品牌房企拥有完善的产品类型和成本数据库，严格执行前端"限额设计"，结合设计成果多级评审制度，降低设计造成的资源浪费与工程变更，确保成本目标，取得口碑与效益双赢。

招标阶段确保招标文件的条款内容明确、合理、合法，特别是招标文件的合同条款中有关双方责任、工期、质量、验收、合同价款定价与支付、材料与设备供应、设计变更与现场签证、竣工结算方法和依据、争议、违约与索赔等均是影响工程造价控制的直接因素。施工过程中采取积极措施，认真协调各方主体，避免造成索赔的条件。

根据项目进度安排，编制年度资金计划、下月用款计划，制定项目工程付款与工程变更审批流程，明晰项目资金来源组成及使用情况，降低资金紧缺风险，做好资金统筹调度，对建设资金的使用情况进行监督，保障工程资金合理支出。

6. 竣工验收

代建单位采用"第三方交付评估"制度。按照"施工单位→代建单位→业主"进行三阶段验收，整改完成并通过"第三方交付评估"，才能办理交付手续。

7. 物业管理

代建的未来社区项目交付后会根据政府及居民需求，引入专业的品牌物业管理单位进行管理，进一步维护和改善小区居住环境，有效落地智能化场景运营，提升居民生活品质，也帮助安置居民更好地融入城市文明。

（三）物理＋数字全过程双代建开发模式优势

1. 提高品质

通过品牌房企的前期定位、按需设计和未来社区数字化精益管理，避免方案随意变更，确保设计能执行到底，保障数字化场景设计方案落地。因此，能有效提升未来社区中安置房品质，保证大于或等于周边商品房，有利于提升城市形象和品位。

以蓝城代建的安置房为例，从开始调研、设计一直跟到交付分房，最后还负责给老百姓进行技术解释，使交付过程非常顺畅，也大大减少了后期投诉问题。

2. 加快工期

代建单位有丰富的项目操盘经验，缩短前期各类报批报建工作时间，同时减少协调量，提高工作效率，加快建设进度，从而降低财务成本，减少未来社区中拆迁安置居民的过渡费用。

另外，在未来社区项目拆迁腾退动员时，由品牌房企代建或参与也有助于加快拆迁速度。

3. 节省投资

品牌房企会在项目介入初期对标同类项目确定项目目标成本，设计时会根据目标成本做好限额设计，施工时根据工程变更等情况做好动态成本跟踪，确保项目总投资可控。

同时通过整合中间环节，加快项目工期，可降低财务成本。

4. 品牌溢价

通过发挥代建单位的品牌优势，通过项目管理创造价值，提升产品品牌溢价能力，由于未来社区中部分拆迁安置房直接定向安置给原住居民，可让老百姓同样住上商品房品质的安置房。如始版桥社区旁边的杭州海潮雅园项目，据某网二手房销售信息，其均价甚至超过周边商品房（图4-5）。

图 4-5　杭州海潮雅园（一园）实景图

5. 风险可控

代建单位作为项目的主要参与方，发挥全过程管理优势，通过强化管控减少甚至杜绝生产安全事故，较大程度上降低建设单位主体责任风险。同时，有效避免因众多管理关系产生的廉洁风险，有利于规范建筑市场秩序，减少违法违规行为。

6. 提升行业水平

代建单位能最大限度地发挥资源整合优势和项目管理优势，通过其产业链资源和品质管控标准，可逐步提高相关施工单位整体管控水平，间接推动当地建筑行业规范化、标准化发展。

第三节　实践探索

随着未来社区项目在省内不断落地，杭州丽水、衢州、绍兴等地涌现出不少规划新颖、设计完善、运营有效的亮点项目，本书将在后续章节进行更全面的解析，在本节中我们主要总结这些项目在建设和营造过程中的经验，通过实践来提炼出一些行之有效的规律并总结方法论，然后在此基础上对未来社区的后续营造与探索提出一些想法建议。

一、场景系统设计

在未来社区整个建设中，场景建设是重中之重。场景，就是一定时间空间范围内，所有人的活动与物的功能的结合体。因此，在场景系统设计的整个流程中，一定要以人的活动为着眼点，从需求出发明确场景功能，再统筹考虑各个模块组建，最后完成整个空间布置。在《浙江省未来社区试点建设管理办法（试行）》中已经明确了未来社区试点开展的工作流程，其中对于场景设置在申报方案与实施方案编制阶段中都有了明确规定：

在申报方案编制阶段对未来邻里、教育、健康、创业、建筑、交通、低碳、服务和治理九大场景开展初步策划，明确各场景的目标愿景、功能业态、设施配置标准、机制创新举措、组织方式等内容，并形成九大场景集成策划方案。

在实施方案编制时，采取"场景联合体"供应商模式，实施方案应体现运营单位与场景联合体供应商的合作内容，明确九大场景系统运营方式。

结合目前试点项目的经验，尝试梳理目前未来社区在场景编制中的基本逻辑与步骤。

（一）明确场景愿景与业态组成

在对场景设计之前，需要对场景整体的大方向进行明确，对于冗余内容进行删减，给未来发展留下空间。

以未来教育场景为例，它所承担的需求内容可能是最繁重的，既要有线上线下的学习平台搭设，也要有全年龄段的学习服务内容提供，还要兼顾课业式指导与兴趣性学习。这里实际中既要解决学区资源分配的问题，还有服务机构的监管与收费问题，以及平台的内容迭代与更新，问题难度大，协同处理难。

因此，必须明确场景愿景，不能让各类需求过度干扰场景建设本身。愿景与目标不同，更具有视野前瞻性与挑战性，也应有深刻的人文关怀与创新性。同样以未来教育场景为例，通过前期调研与后期评议，应该明确其作为未来社区场景架构内的基础服务性的定位，吕苹根据浙江省的实践探索，在其文章中提出"未来社区教育场景建构的主要目标是通过服务社区全人群的教育需求，构建终身学习体系，使居民获得幸福感"[①]，具体来说，就是学龄前孩子的托育管理、青少年的校外教育、成人的职业教育、老年人的兴趣学习。场景内业态同样以此为核心布置，保证教育场景的愿景实现，这是未来社区最大的特点与价值所在。

（二）需求转化为指标指引

未来社区的场景设置是通过一级与二级指标体系（"33 项指标"），形成设计指引与成果标准。为了在场景设计中明确居民需求，把准民声民意，就需要把需求转化为更加具有针对性的指标性描述。

以未来健康场景为例，在《浙江省未来社区创建评价指标体系（试行）》中，提出了四项二级指标："活力运动健身""智慧健康管理""优质医疗服务""社区养老助残"，其中又包含约束性和引导性指标内容，例如，活力运动健身的约束性指标就是"5 分钟步行圈配置室内、室外健身点，15 分钟步行圈内配置健身场馆、球类场地等场所设施"。

根据前期居民的需求调研，就可以在指标下完善或增加新的指标。例如，对于目前健身活动越发多样，室内健身点可以增加瑜伽室、力量训练室、游泳场馆、亲子活动区等；针对白领夜间下班回来才有健身时间，步行圈内的夜间照明设施应设置完善；对于老年人的健身需求，应该结合健康管理，由专人或机构进行辅助，同时避免不同群体间活动重叠，以免引起纠纷或占用现象。

（三）功能模块组建与空间设置

在每个场景的愿景、业态、指标分析完善后，就是将各个场景下的功能模块进行组合，然后开始空间整体设置。

如教育场景下的学前托管模块，就可以与健康场景下的运动健身模块和交通场景下的交通出行模块进行组合，实现孩子在社区内学习与运动的功能。

如以 TOD 为导向的社区，可以通过交通场景的模块建立"骨架"，围绕这个骨架配置其他场景功能模块，最大限度发挥交通场景的优势，正如温州集新社区的实践，通过建立"风雨连廊—高线连廊"慢行系统，可以在 5 分钟内从家中

[①] 吕苹，金陈蕾. 未来社区教育场景之构建——基于浙江省杭州市 S 区和 G 小镇的实践探索［J/OL］. 湖州师范学院学报：1-7［2021-10-16］.

到达 TOD 站点及社区邻里中心与康养中心等社区服务设施 [①]。

通过突出每个社区自身营造特点，搭设出浑然天成的空间骨架，在立体与时间双重维度上赋予社区未来感，并把群众对美好生活的需求深深植入其中，使每个场景下的模块都能发挥其最大功能。

二、构建长期运营战略

长期运营是场景功能持续发挥的条件，也是未来社区逐步深入的建设重点。其中涉及更多的是实际操作层面会面临的问题，主要包括缺乏对标项目、运营期资金平衡难度大；运营统筹谋划要求高、运营场景复杂、住户构成复杂、运营需求多；全场景运营能力的主体、运营商如何发掘和合作。

如何解决以上问题，需要通过不断实践来摸索，并总结出以下经验。

（一）纳入多方运营主体

在未来社区中，政府是"搭台"的，各种运营主体才是"唱戏"的。比如，教育场景中的服务内容，由于专业度高，必然需要市场上优秀的教育机构进行提供；在图书馆和线上知识平台的内容搭建上，则需要志愿者等非盈利组织的积极参与。在未来社区的服务供应商引进过程中，可以建立政府与私人的新兴合作伙伴关系，以 PPP 模式（公共私营合作制）等提高公共服务供给效率，政府购买服务，以项目带动市场运营，有效增强各个场景的多样性与创新性。

（二）建立成效结果评价

好的服务商应该经得起群众检验，也可以面对市场的竞争，对于公共服务的提供，应当设立一套与一般商品不同的评价体系。

无论是基于公共福利经济学与社会学等，利用效用函数与剩余概念计算当地服务供应质量与效率，还是通过定量分析对场景周期内的各项参数进行统计，只要符合人民群众对美好生活的向往，只要能够满足场景指标的设置，就是可以应

[①] 裘骏军，王俭，洪田芬. 未来社区的功能、空间与运营模式创新 [J]. 浙江建筑，2021，38（4）：14-17.

用的评价方法。

例如，高轶[①]等在文章中提出了一种对低碳场景成效的评价体系，他们以温州南湖未来社区建设方案为例，分析预测了温州南湖社区在低碳场景和基准场景下天然气、汽油、电力等能源消费活动水平，南湖社区通过光伏建筑一体化、装配式建筑与装修一体化、多层级立体交通体系等低碳化方式，相较于基准场景，在低碳场景下社区碳排放减少了 30%。那么我们还可以对交通场景、教育场景、邻里场景等都建立类似的评价机制，从而为长期运营提供相对客观理性的意见指导。

（三）创新基层治理组织

正如之前提到的，社区作为一种城市居住单元，社区街道等基层组织以提供民生服务为主，无经济实体，无法通过自有资金或负债投入未来社区建设；同时社区居民也不同于乡村居民，在现有制度下缺少入股摊派、收益共享等激励方式。

基层治理组织的破局在于创新，这种创新可以体现在方方面面，比如组织体系创新、运营机制创新、管理技术创新等。

从组织体系创新上说，首先党的基层组织是基层建设的核心要素。未来社区的基层治理体系要坚持加强基层党组织建设，切实有效推行社区内机关、事业、企业、居民等各方党组织开展党建联建工作。同时，要积极建立群众广泛参与的自治机制，建立社区自治章程、社区公约、公共事务议事规则等制度，搭建平台，激发人人参与的志愿服务精神，提升未来社区治理水平。

从运营机制创新上来说，要发掘社区内可运营场景，如双创办公、金融办公、健身中心、康养服务中心、金融办公、便民商业、四点半课堂、各地块物业经营用房等，通过前期邀请优秀的物业运营团队，或政府牵头，由社区委员会自行管理，通过社区自持或参股等方式实现营收增长，从而提高社区长期运营能力，并形成良好的资金循环，为后续活动和社区氛围打造奠定扎实基础。

从管理技术创新上说，通过云网络、CIM、BIM 等数字技术，打造数字孪生

---

① 高轶，林成淼，周旭健，等．未来社区低碳场景建设路径及成效评价分析［J］．能源研究与管理，2021（2）：5-9．

与智慧大脑城市，提升基层管理效率，改造基本管理逻辑，通过社区自治 APP 结合浙江省内互联网企业，联动场景内各个功能模块，实现数字互联、数据互通、数智互动的未来社区管理。

三、数字化赋能未来社区建设

如何构建未来社区统一标准，以及科学有序的未来社区数字化系统，成为未来社区建设和浙江城市更新的重要命题。蓝城乐居在未来社区建设过程中坚持数字化赋能，为构建一个投资省、集约化的未来社区精益化数字管理平台，将架构的规划设计具体步骤分为以下四个部分：

（1）以未来社区场景服务为导向，将九大场景归类为邻里、教育、健康、创业、服务和治理六个软场景，建筑、交通和低碳三个硬场景（图 4-6）。

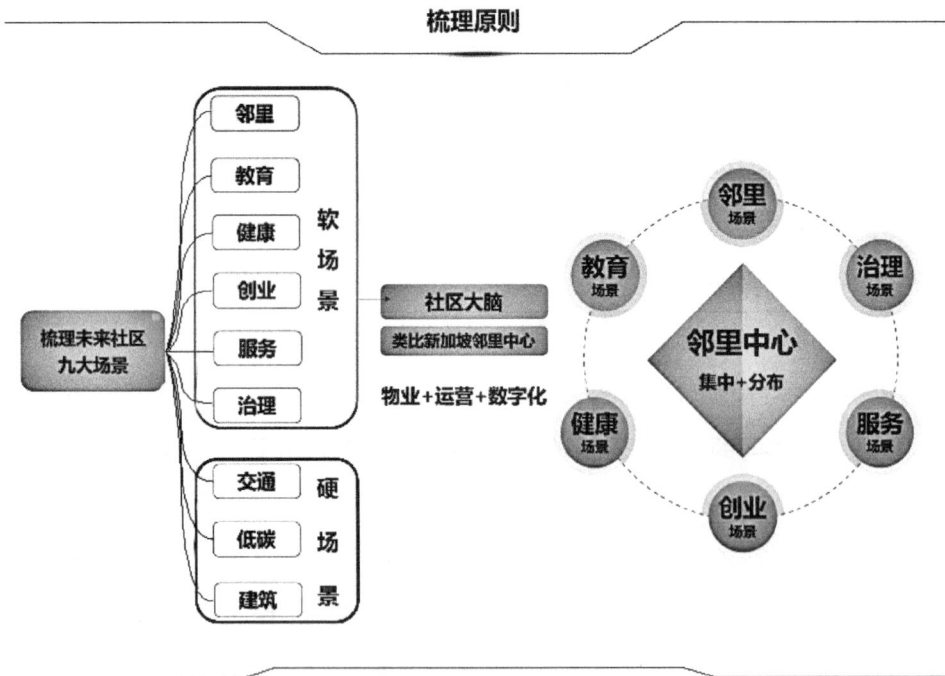

图 4-6 未来社区架构的梳理原则

（2）聚焦六大软场景，将其功能内涵梳理为未来社区四大服务体系：政务服务、公共服务、商业服务和基础物业，并应用数字供应链的理念和方法论来构建未来社区统一的业务和管理数字系统（图 4-7）。

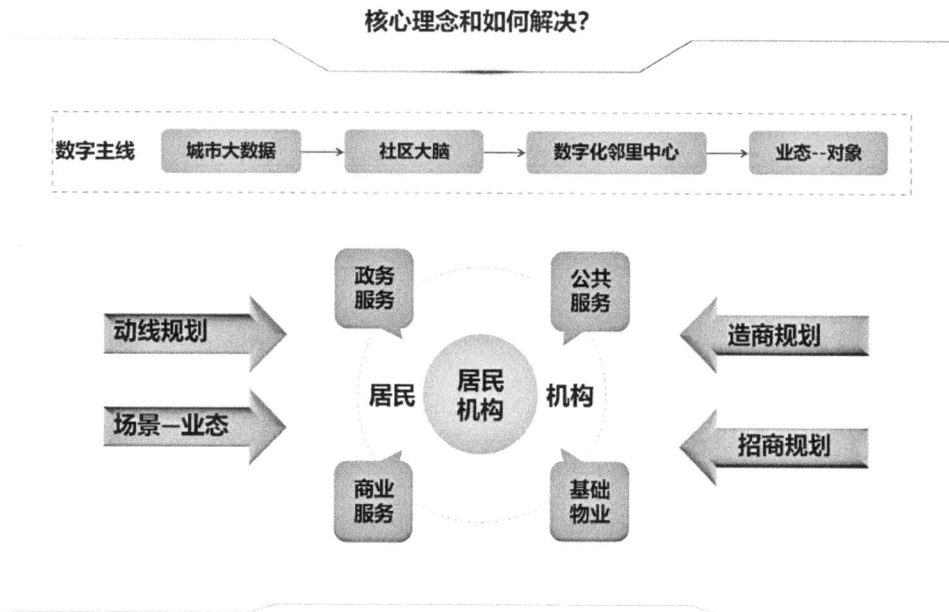

图 4-7 未来社区核心理念的解决

（3）建立一个未来社区大脑群为基底的数字底座，将四大服务体系的各类服务和治理系统体系接入，并建立一个对各类服务接入系统评判和管理的未来社区数字平台（图 4-8）。

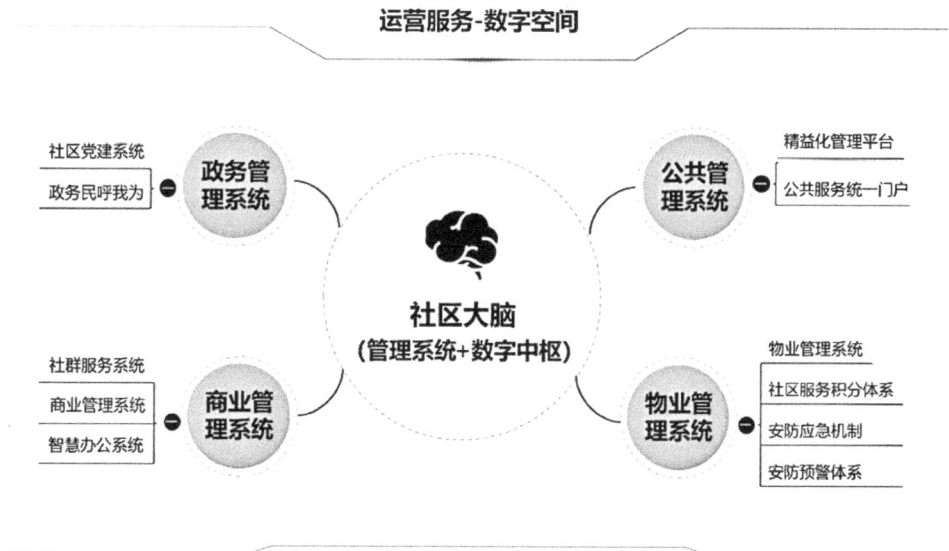

图 4-8 未来社区运营服务—数字空间

（4）构建未来社区四大服务体系数字系统架构，如图 4-9 所示。

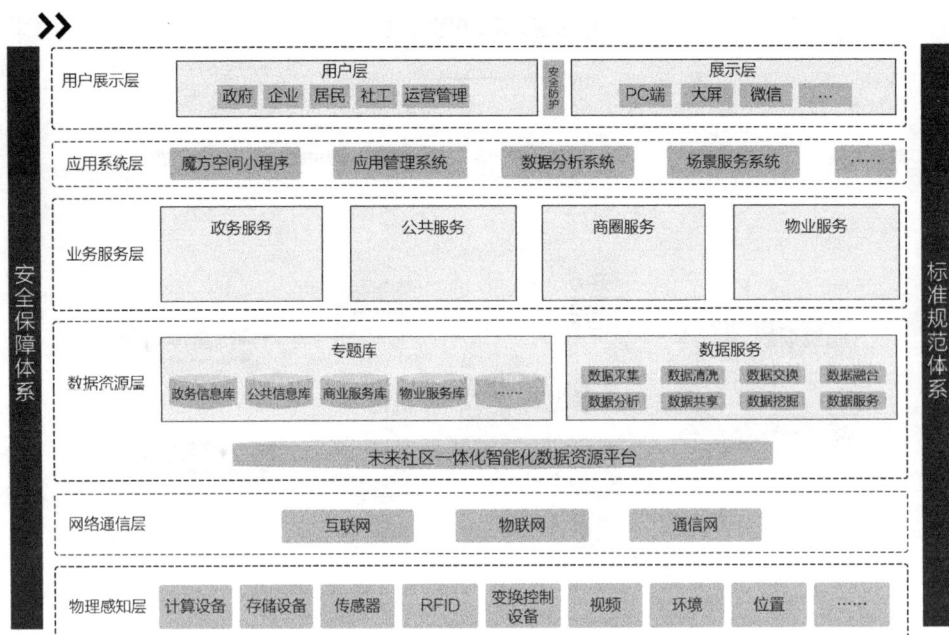

图 4-9 未来社区四大服务体系数字系统架构

第五章

未来社区主要创建类型

第一节 创建类型介绍

一、整合提升类

针对老旧小区综合改造提升后整体建筑质量与环境品质较好，但离"美好家园"要求还有差距的存量社区，开展整合提升类创建。以数字社会系统改造提升为主，"补短板"式引导"三化九场景"功能和业态嵌入，整合社区现有运营资源，增补优质社区公共服务配套，重塑社区生活圈活力。落实未来社区数字社会建设要求，实现场景线上智慧化功能全实现、服务应用实施单元全颠覆，并逐步向规划单元延伸覆盖；查漏补缺，优化完善软场景设施配置，灵活采取补建、购置、置换、租赁、改造等方式配套相关设施，全面响应约束性指标要求，保障场景设施的普惠共享性，满足向社区全体群众开放要求，确保实现 10 分钟社区生活圈功能；参照硬场景建设标准要求，酌情实施社区环境和硬件设施的改造提升。

二、拆除重建类

针对存在较大安全隐患的老旧小区，开展拆除重建类创建。结合全省城镇老旧小区改造工作，以建设具有浙江特色的高级改造形态为目标，完善布局数字社会系统，整体打造"三化九场景"体系，完善配置公共服务与商业服务设施，鼓励原住民"原拆原回"保留社群结构，积极落实建设运营一体化，实现"一次改到位"。

三、拆改结合类

拆改结合类主要针对存在质量安全隐患的老旧小区与建筑环境品质较好的住宅小区混杂的社区，统筹协调保留与拆建区域，宜拆则拆、宜留则留，以保留为主，实现城镇老旧小区改造与片区联动城市更新相结合。"拆改结合"增加的住宅面积可以出售，在基本建设流程中开辟老旧小区"拆改结合"的绿色通道。对老旧小区进行改造可以优化城市人口居住的空间格局，2020 年底，浙江省出台的《关于全面推进城镇老旧小区改造工作的实施意见》，其中提到，城镇老旧小区改造分为综合整治和拆改结合两种类型，对于房屋结构存在较大安全隐患、使用功能不齐全、适修性较差的城镇老旧小区，可使用拆改结合方式[①]。2021年3月，在《关于构建共建共享公共服务体系的专项计划（征求意见稿）》中关于老旧小区"拆改结合"提出如下要求：要坚持发挥居民主体作用，按照自愿有偿、成熟一个实施一个的原则，制定老旧小区"拆改结合"的指导意见。实施过程中，还将开辟"绿色通道"。这也意味着，如果小区满足一定数量的业主同意小区拆建，原则上，便可以启动原地重建。

未来社区创建工作将坚持普惠属性，防止"盆景化"倾向。把未来社区建设理念和要求贯穿到城市旧改新建、有机更新的全过程，丰富创建类型，鼓励百花齐放，加快推动从个案"试点"到面上推广[②]。在未来社区创建过程中，拆改结合是建设速度最快、对原小区及生态环境破坏最小的创建模式。因地制宜地推行拆除、改建等措施，灵活性高，促进资源高效整合，先拆后改、边拆边改等模式也应运而生。

四、规划新建类

依托省重大发展平台，优先在人口集聚潜力大、公共交通便捷、地上地下空间复合开发禀赋好的城市发展核心区中，开展规划新建类创建。系统性打造"三化九场景"体系，立足投资建设运营一体化，全方位探索新文化、新技术、新业态、新模式创新与应用，打造未来生活方式变革的美好家园示范标杆。

五、全域类

全域类创建是在条件成熟的相对独立城市区域或主要平台范围，全域响应未

---

① 杭州网. 从30个典型案例看杭州老旧小区改造如何衔接未来［EB/OL］.［2021-04-28］. https://baijiahao. baidu.com/s?id=1698258175436492237&wfr=spider&for=pc
② 中国新闻网. 浙江余东乡村未来社区：看见民众"真心笑容"［EB/OL］.［2021-04-03］. https://baijiahao. baidu.com/s?id=1696002299444967172&wfr=spider&for=pc.

来社区建设理念、标准和模式，开展全域类创建。系统制定未来社区创建中长期规划和实施计划，滚动实施、整体推进包含整合提升、拆除重建、拆改结合、规划新建等多类别创建项目群建设。全域未来社区一方面需参照前四种类型做好单点上的创建工作，另一方面需统筹创建项目群的城市公共服务功能织补，构建完善的九大场景功能空间"拓扑网络"和"城市大脑"系统[1]，实现生活圈的全域应用、三化九场景的理念应用、指标的全域适用和政府工作的全域联动。

全域类未来社区建设模式整体推进包含整合提升、拆除重建、拆改结合、规划新建等多类别项目群建设，通过区域试点、市域推广、省域普及的推进模式，实现未来社区建设一体化、运营一体化、管理一体化。

第二节 试点创建情况

一、前三批未来社区试点项目基本情况

2019 年 6 月 27 日，经全省各地积极申报、评审、比选后，浙江省发展改革委公布了浙江省首批 24 个未来社区试点创建项目名单，项目地点分散在浙江省11 个地级市。入选社区中有 21 个为改造更新类项目，其余 3 个为规划新建类项目。在考虑综合政策处理难度小、居民意愿高、改造需求强等因素的基础之上，公共交通便捷、地上地下空间高强度复合开发的区块被优先纳入了首批试点项目建设。

2020 年 7 月，第二批未来社区 36 个试点项目进行公示，与首批试点略有不同的是，第二批试点项目建设除了包括原有的改造更新类和规划新建类项目外，亦增加了乡村类和全域类试点项目的尝试。第二批试点项目主要聚焦城市病最为严重的老旧小区改造更新，从试点项目类型方面的突破，经过不断的探索论证，将原来区域内单元式的治理模式逐渐扩容到全域整体治理的模式。

时至 2021 年 5 月，浙江省第三批未来社区试点创建项目名单公布。和以往两批未来社区试点相比，第三批未来社区试点项目数量从第二批次的 36 个陡增

---

[1] 杭州市萧山广播电视台. 2021 年度未来社区创建工作启动，分为五大类！它关乎你的居住 [EB/OL]. [2021-03-29]. https://baijiahao.baidu.com/s?id=1695568603528361171&wfr=spider&for=pc.

到 90 个，甚至超过了前两批次的总和。累计三个批次的省级试点项目数量达 150 个，超额完成原定的三年计划，即到 2021 年底，培育 100 个省级试点未来社区的目标；其次是较以往相比，第三批试点在项目分类上更精细化，根据不同社区的实际情况，项目类型被细分为整合提升类、拆改结合类、拆除重建类、规划新建类、全域类等类型，各批次不同项目类型的占比见图 5-1。而对于试点项目的建设周期也因此有了更严格的管控，根据创建项目的不同类型，要求整合提升类项目原则上 1 年内完成创建工作，拆改结合类和规划新建类 2 年左右基本完成创建工作，而拆除重建考虑安置进度等因素，放宽到 3 年左右。

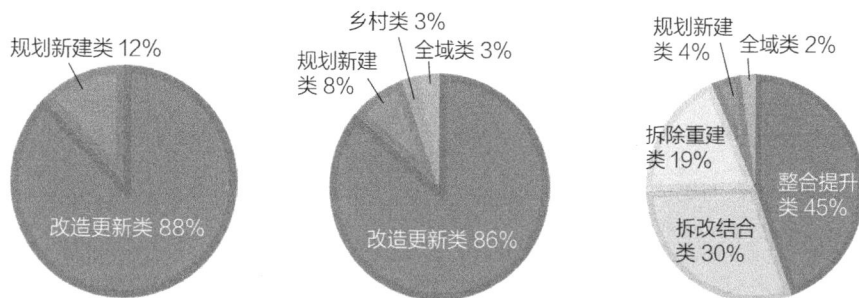

图 5-1 各批次不同类型未来社区试点项目占比分析

二、前三批未来社区试点的类型、市地占比分析

浙江省住房和城乡建设厅于 2021 年 9 月 18 日在"共叙未来 有礼衢州"未来社区研讨会上指出，目前浙江省未来社区建设已经进入了全面发力、全面加速、全面提升、全面突破的新阶段。并且预计将会有 131 个试点项目进入第四批未来社区试点创建的名单。目前看来，除杭州、舟山外，未来社区的建设在我省其他地级市呈现出较为均衡的发展势态，如图 5-2 所示。据调查分析显示，仅浙江省老旧小区改造重建部分，若按到 2030 年改造重建 70% 来估算，预计可拉动社区本体及衍生领域数万亿量级的有效投资①。这无疑也会给疫情过后省内经济的迅速复苏带来积极影响。

---

① 刘乐平. 未来社区，一项着眼未来的大手笔［J］. 浙江经济，2019，000（7）：19-20.

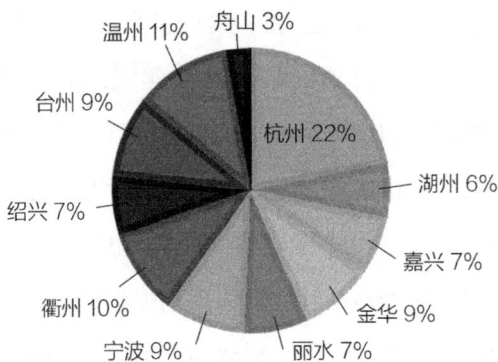

图 5-2　浙江省各地级市前三批"未来社区"试点项目占比分析

第三节　特色案例分析

一、萧山瓜沥七彩社区

（一）基本情况

萧山瓜沥七彩社区是首批试点建议名单的 24 个项目中唯一一个位于乡镇的未来社区改造更新类创建试点，也是最早运用新加坡社区规划理念先行先试，初步形成七大场景并成功运营的未来社区试点，担起未来社区试点"先行探路"的责任与使命。瓜沥紧抓国家级临空经济区核心区域的临空机遇，2022 亚运赛事举办地和国际化城市能级提升的亚运机遇，杭州与萧山数字经济推动瓜沥传统产业转型升级的产业机遇，着力打造中国都市圈 TOD 卫星镇的未来社区领先样本。

瓜沥镇区规划为"一主两次"的城市格局，基地位于城市主中心核心片区，邻近萧山国际机场，背靠杭甬高速（图 5-3）。瓜沥七彩社区总规划单元面积 79.21hm²，实施单元面积 40.34hm²，总投资约 47 亿元，实施单元以三年为建设周期，建成后直接受益居民 9261 人，引进各类人才 3806 人。

瓜沥是浙江省首批小城市培育试点镇，2017 年 5 月，国家级杭州临空经济示范区获批，规划总面积 142.7km²，瓜沥占到其中的 80km²。瓜沥镇域面积 126.9km²，占萧山的八分之一；人口数有 33 万多，占萧山的七分之一；近年来

GDP 总量年均保持在 150 亿元以上，占萧山的十二分之一。自 2011 年以来，已经完成了三轮全省小城市培育试点三年计划。瓜沥也是国家级杭州临空经济示范区的核心镇。至此，瓜沥充分发挥"小城市建设"和"临空发展"两张名片优势，达到"兴城拓港"的蝶变。运用新加坡新市镇社区规划手法，总体形成"一环、三带、四心、两极、多片"的规划结构，包括开放共享、促进社区邻里交往的标准社区单元，功能融合、打造多变创新混合空间模式的研产居示范区，空间联动、构建立体化的交通出行体系等。

图 5-3　瓜沥镇区规划示意

"萧山：未来社区的七彩共享发展之路"入选 2020 年浙江县域高质量发展提名案例，在贯彻落实新发展理念、推动浙江经济高质量发展上作出了具有创新性、示范性和引领性的工作，集中体现了全省高质量发展的显著成就。

七彩社区总体设计思路为：以居民对未来生活的幸福感和获得感为最终评判标准，以瓜沥社区居民的幸福感知为设计本源，提炼七彩未来居民的七个幸福触点：邻里记忆、学习成长、医养健康、生活服务、创新创业、绿色低碳、社区凝聚，用三化九场景的 33 类指标，在实施单元内系统性规划建设承载七个幸福触点的物理空间和相对应的数字化虚拟空间，为居民提供线上到线下的幸福服务（图 5-4）。

未来社区的生态系统强调的是共生共赢，七彩社区从可持续运营的结果导向出发，创新提出：一是政府、企业和居民三方共同参与，才能保证多方共生共赢；二是在社区业态内容上需要规划三种相互复合的业态：公益性、微利性、盈利性，才能保证政府公共服务和商业运营可持续；三是在社区系统设计上强调三重空间：地下综合管网层、中间立体连廊和公共服务设施层、虚拟数字孪生层，打造三体的未来社区多维互联空间，才能让数字技术真正服务于微观的民生服务。

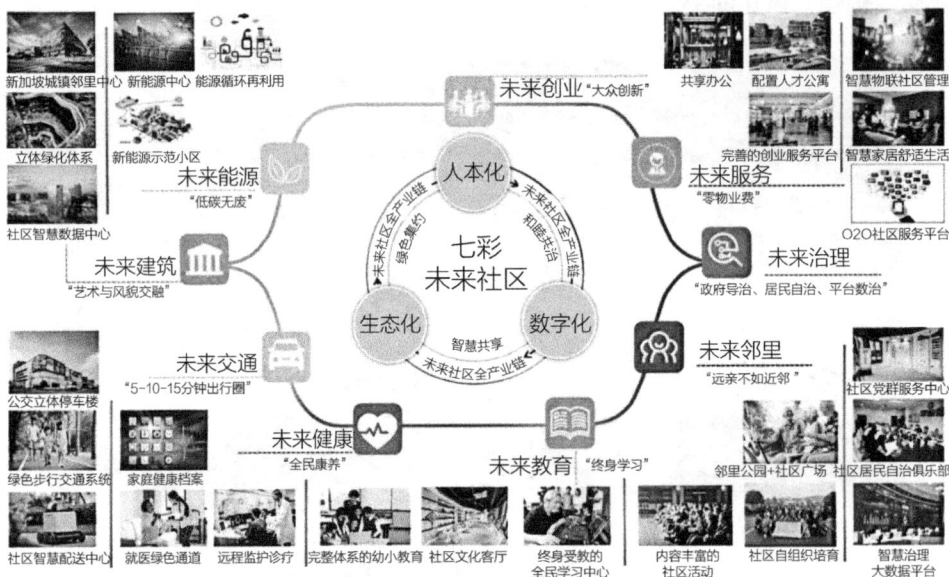

图5-4　七彩社区规划

（二）实施要点

1. 学习借鉴新加坡新市镇样本

七彩社区的灵感来源于新加坡新市镇的理想样板——淡滨尼（图5-5）。新加坡的淡滨尼是一个距离机场约5km的小镇，也是新一代社区生态生活中心。在地理和资源上，瓜沥与淡滨尼都有着天然的相似性。瓜沥距离杭州萧山国际机场同样是5km，充分发挥地理临空优势和集成创新服务，完全有可能打造一个国际航空新市镇。七彩社区A区于2019年1月开街，同淡滨尼一样涵盖多方面的未来生活场景落地：集公共交通、公共服务、娱乐休闲、图书馆、老年活动中心、各类学习中心、居住消费等功能于一体的符合当代中国民众生活需求的新城镇邻里健康文化生活场所（图5-6）。各场景分别坐落于：公共服务中心、交通出行中心、邻里共享中心、智慧治理中心、文化教育中心、运动健康中心、创新创业中心。未来社区场景的"先试先行"使瓜沥七彩社区成为浙江省未来社区现场观摩和经验交流的示范项目。

图 5-5 新加坡淡滨尼天地

图 5-6 瓜沥七彩社区

2. 公交导向 TOD 模式创新

七彩社区创新提出"原址提升＋功能混合"思路。在推进 TOD 模式过程中，瓜沥七彩社区创造性地试行了土地混合出让模式。该项目的 TOD 综合楼建于原瓜沥镇公交中心站地块上，该地块用地面积为 9952m²，主体建筑物属性为"公交站场／文化设施"的混合属性。建筑物的总面积为 29856m²，其一楼是面积为 6200m² 的公交首末站，按容积率折算，折合约 3.1 亩，按划拨方式供地，建成后无偿移交给区交投集团（公交公司）用作公交首末站；二楼以上为公共停车楼、电影院、运动健康设施和公益性老年健康生活馆，用于项目的公益服务、配套设施及商业性运营等。TOD模式连接了瓜沥和机场、地铁、高速还有主城区（图5-7）。

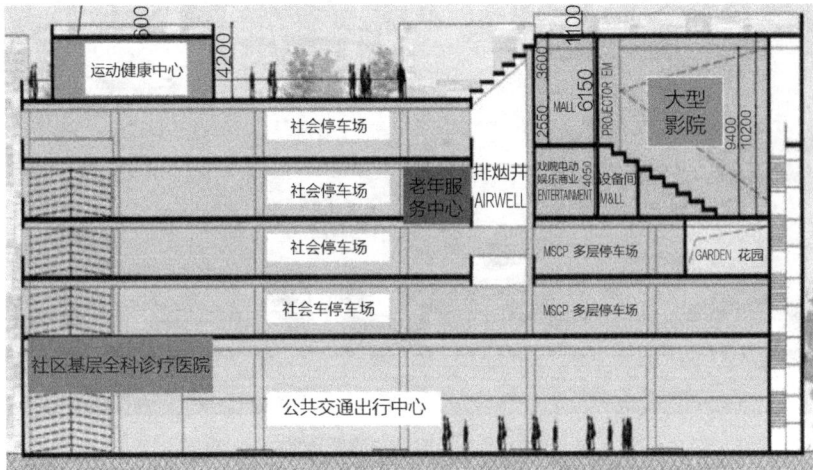

图5-7　瓜沥七彩社区公共交通中心立体结构图

3. 文化与科技赋能[①]

瓜沥七彩社区积极开展社区邻里公益文化活动、传统非遗文化教育活动、全民文体教育实践活动，以文化赋能邻里场景经验。从2019年1月到12月底，已完成引流300多万人次，承接1000多场参观交流与会议活动，社区广场举办100多场邻里活动与表演，社区文化客厅开办500多次邻里文化与公益课。让这里成为居民家之外的第二个公共客厅，初步实现了未来社区要推进的"从造房子向造社区、造生活"的模式转变。瓜沥七彩社区B区、C区以科技赋能创业场景的前景，重点突破都市圈年轻人才面临的钟摆式产城分离和主城区房价高企的通勤难题，在B区、C区新建地块的规划设计上，紧紧围绕5G时代数字创新创业人群的工作、生活、学习、运动、娱乐多样化、一体化的需求，规划建设成一个配套功能复合一体化、5G数字基础设施完善、工作居家5分钟、绿色低碳全覆盖的产城融合示范样板，为都市圈年轻人才提供一个低房价、无通勤、全设施的理想创业环境。

---

① 孙俊，王海萍. "沥"精图治，共创未来，未来社区的瓜沥方案. 浙江日报，2020-07-21.

（三）特色场景

1. 智慧公共服务中心，便利公共办事服务

瓜沥七彩社区通过政企合作的方式，将原本由政府运营的公共服务中心搬进邻里中心，让居民全天候便利享受公共办事服务，解决民众办事难的问题。瓜沥智慧公共服务中心有三个特点：

第一是"时间差"。七彩社区的公共服务中心上班时间是从早上9点到晚上8点半，并且全年无休，双休日节假日都可以办事，非常方便。第二是"业务差"。这里主要是办理民生及人才相关的事务，交警、城管的处理也在这里。人工窗口可办事项达89项，24小时自助机可办事项达172项。第三是"流量差"。七彩社区公共服务中心的流量是复合型流量，因公共服务而产生的流量和商业、文化等业态相结合，产生了复合型的效益（图5-8）。

图5-8 七彩社区公共服务中心

在智慧中心，可以看到瓜沥镇智慧数据、智慧治理、智慧能源、智慧交通的数据信息。这里还将延展成为瓜沥城镇管理的总控中心，成为真正意义上的"小镇大脑"（图5-9）。

图 5-9 七彩社区智慧治理中心

2. 数字赋能，漫步未来云端[①]

科技赋能对于人的提升必不可少。随着科技革命和产业变革的深入，共建温馨家园、平等互信、和谐邻里将不再是梦想。"沥家园"小程序是瓜沥镇 2020 年 3 月推出的一个全新的掌上家园平台，也是瓜沥七彩社区对于积分制的一种有力探索。目前已经在七彩社区、八里桥村等村社先行试点，居民们实名注册成为"沥家园"成员后，就可以通过任务"一键抢"、办事"一键通"等功能，实现掌上参与活动、办理事情。

有关社区事务公开等情况，可以通过点击信息"一键达"，人人化身"云监督员"实时掌握社区的廉情动态，第一时间了解重大事项公开、财务收支情况等；通过"意见反馈"栏，可实时传达意见建议，开展监督。

不仅于此，未来社区的功能将在"沥家园"小程序得到进一步延伸，现实与智慧云端将做到无缝贴合。邻里场景已经逐渐发生变化：居民间的活动更加频繁，居民与社区的互动增加，居民与政府的关系也更加紧密。

"沥家园"将惠及 30 万瓜沥人，"沥家园"是瓜沥一个全新的共享平台，它不仅是政务分享，更依托"互联网＋"等创新模式，充分实现"共治共享"；是一种全新的基层治理模式，连接彼此、相互沟通，做到人人参与、家家共享；是一种全新的现代生活方式。

---

① 孙俊，齐钊斌，沈国强，等. 杭州萧山瓜沥七彩社区：空间革命 释放无限可能. 浙江日报，2020-09-24.

二、上城始版桥社区

（一）基本情况

上城始版桥社区位于杭州市上城区杭州城站东部望江区块，为 2019 年 8 月浙江省首批未来社区试点创建项目。社区规划单元 150hm²，实施单元 23hm²，实施单元东至新开河、南至映霞街、西至贴沙河、北至婺江路，规划地上建筑面积 65 万 m²，地下建筑 41.6 万 m²，总投资约 197.48 亿元，建设期限为 2020～2022年（图 5-10）。作为改造更新类项目，始版桥社区计划安置 5498 位原住民，引进各类人才 3800 人。

图 5-10 始版桥社区鸟瞰图

始版桥社区秉承浙江省未来社区的 139 顶层设计精神，提出"上城之上，空中坊巷"的战略定位。以高密度高复合高容积率的空中坊巷模式，实现优质宜居环境和资源高效利用的平衡。以空间配置、资源集聚、治理机制三大改革创新为动力，破解老旧小区改造中资金平衡、居民融合、文化传承三大难题。

（二）实施要点

1. 创建优势

作为南宋皇城根下杭州城站东部老旧小区集中区块，杭州上城始版桥社区具有四大优势条件。区位优势：连接杭城的西湖与钱江、历史与未来的"未来之桥"；交通优势：西邻城站，地铁发达；文化优势：以始版桥历史传说，以及南宋皇城望江门外丰富历史文化底蕴、近现代工业、交通设施发达等为依据；发展优势：位于望江金融城、杭港高端服务业示范区。

2. 推进难点

作为首批创建项目，始版桥社区在规划推进摸索过程中也遇到了不少难点。其一，秉承首批创建未来社区整体设计理念，同时作为在中心城区开发的高密度高复合的试点社区，始版桥社区有着大量的公共共享空间及垂直绿化，但架空层的不计面问题以及屋顶绿化是否计入绿地率问题，初期都未有相应的政策及时跟上。其二，为了提高社区整体绿量感受，始版桥社区在安置房住宅开发时，在住宅阳台外设计了外挂花箱，以满足垂直绿化的整体效果，但外挂花箱的维护成为后期管理的难点，也是后续推进过程中项目着重创新研究的对象。

3. 三维价值体现

（1）人本化。通过邻里文化公园、望江文化街、南站记忆文化公园建设，挖掘老杭州味道，重塑杭州城市核心区域的市井生活，传承城市文化；通过充分运用立体化建筑空间，建设基础配套、屋顶农场、互动工坊、空中健身步道、云中集市，围绕"服务处处可及"这一目标，构建邻里互动生活；通过定位策略、空间服务、平台服务，开放复合创业空间设计，塑造国内新型创业社区样板；所有住宅及公建均采用装配式装修，根据原居民需求进行户型设计。住宅户型和办公空间均可根据使用需求灵活调整。

（2）生态化。建筑按适配型被动房进行设计，试点近零能耗建筑，综合应用高效集中供冷供热系统、高效户式空调、高效用能设备等耗能末端，总体碳排放强度较常规社区降低20%。1、4、7住宅地块设置智能厨余垃圾资源化处理设备，产出的水进行处理回收利用并用于绿化灌溉，9号地块厨余垃圾处理后的肥料用于整个社区的屋顶农场施肥，实现厨余垃圾 100% 资源化处理。

（3）数字化。以统一的云边协同的社区中脑智慧多站多空间资源，达到社区资源协同、分时调度高效利用的目标。基于阿里健康，连接本地优质医疗资源，实现分级诊疗体系的未来社区，让社区居民足不出户即可享受到名医名院的优质健康服务。通过软硬一体的"口碑菜食场"数字化系统，解决传统菜场无法实现的信息化、智能化、可溯源的管理和经营问题。

4. 实施举措

集思广益，由上城区委区政府牵头，成立未来社区试点项目专班、专项课题组及设计执行团队，联动专业智库，以及居民代表、小区牵头人等群众力量，搭建民主议事厅、征迁圆桌会等民生沟通平台，广泛听取群众关于未来社区安置房的相关需求及意见。

数智赋能，依托城市大脑，构建社区中脑。建设始版桥社区数字驾驶舱，实现从技术到服务的多跨融合，培育数智服务生态。后期运营以小程序服务端口为依托，全域化集成社区建筑信息、能源管理、物业管理等智慧系统，融合九大场景的开放式信息模块，建立全覆盖、全过程、全方位的数字监管体系，并通过数据分析，平台引导，精准匹配，实现社区内资源全流程高效调度。

（三）项目特点

始版桥社区按功能结构将区块划分为"一主三副九街区"。"一主"即以城市年轮绿带为串联，以邻里公园与邻里中心复合形成邻里核心，成为居民生活交流的社区公共客厅。"三副"指运动健康副中心、特色文化副中心、颐乐服务副中心，"九街区"即利用上城区丰富的文化、医疗、教育、商业等资源，联合高新技术企业，精心刻画"九大场景"，包括未来邻里、教育、健康、创业、建筑、交通、低碳、服务和治理等，刷新人们对未来社区生活的全新认知。

始版桥社区以"立体市井、立体花园、立体联通"三大核心特色，构建"空中坊巷"体系。

　　立体市井——多首层、高复合、人本化的邻里与生活场景（图 5-11）。底层全开放，并设置一个个像社区商业服务、社区学堂、社区医疗网点的 Box，社区外的人都能来使用，在钢筋水泥的现代化建筑中可以恢复城市街巷的商业繁华。多层架空，做立体绿化、农场，还有慢跑步径，这是一个开放式的活动空间，居民可以开展交互式活动，营造一种市井街巷氛围。社区约有 7 万 m² 的社区配套、4 万 m² 的文化中心、1200m² 的体育中心以及环贴沙河慢跑绿道设施，科学排布社区商业、文化、公益、服务等功能区块，嵌入健康小屋、健康养老、红叶学堂等微机构，提升公共服务可及性（图 5-11）。

　　立体花园——打造全绿色、自循环、生态化的建筑与低碳场景。通过屋顶的空中花园和墙面的垂直绿化实现立体绿化，并且采用"呼吸式"光伏幕墙，配合立体绿化设置智能滴灌系统。通过地面绿化、裙房绿化、屋顶绿化、阳台绿化构建绿化体系，整体绿化享有率达 60%。在屋顶农场可以让居民体验动手劳作的乐趣，自产自销供给无人菜场及社区食堂，以新一代"菜食场"，演绎昔日城南"菜担儿"的记忆，厨房垃圾则进行资源化回收处理，转化成绿化肥料，"反哺"屋顶农场，实现垃圾减量和资源的循环利用。同时，打造生态建筑场景，运用超低能耗设备、空气能热泵、装配式装修等技术，引入光伏发电、智能滴灌、光催化涂料等新技术，社区综合能耗节约达 20% 以上。

　　立体联通——打造多通道、超时空交通场景，推动规划单元和实施单元同步规划、同步改造、同步建设，构建高度复合、高度舒适、高度体验的"产城融合体"（图 5-12）。一方面，实现地下空间的高强度开发，地铁 1 号线、5 号线、7 号线、17 号线 4 条地铁线串联，形成区域交通贯穿主轴，建设沿婺江路地下人行通道，保障市政通道和各地块有效联通。构建互联互通的"TOD ＋"多功能复合城市组团开发模式，以"TOD ＋"作为区块设计的导向命题，打破时空壁垒，联通婺江路沿线地下空间、城站东通道，实现城站火车站、未来社区、杭港高端服务业示范区"三位一体"的互联互通。另一方面，有效引导人车分流，设计"小街区、密路网"道路系统，增加街巷空间、缩减邻里间距，同时构建"快乘慢行"系统，将地铁线、公交系统、出租车、共享单车、人行景观道形成多维度交通集散方式，实现从地上到地下的一体化快速换乘。

图 5-11 "立体市井"概念图

图 5-12 "立体联通"概念图

（四）建设的运营和思考

实施单元全部由上城区国有企业杭州望海潮建设有限公司负责进行土地征迁、土地整理及做地出让。在项目建设阶段，为实现设计、采购、施工等工作的深度融合，提高工程建设水平，项目优先采用设计—采购—施工 EPC 总承包模式及全过程咨询模式。

始版桥社区实施单位由九个地块组成，其中 4 号、5 号、9 号地块由杭州望海潮建设有限公司负责开发建设，6 号、7 号、8 号地块由娃哈哈集团开发建设，1 号、2 号地块由滨江集团开发建设，3 号地块由永安置业开发建设，项目建设主体较多，统筹难度较大，特别是后期的统一运营存在一定的先天障碍。在前期规划建设阶段，始版桥项目实施主体单位多次和建设主体单位研究协商，确立了公共区间统一开放原则，为社区后期智慧化管理提供基础条件（图 5-13）。

图 5-13 始版桥社区地块——永安国富项目效果图

三、拱墅和睦社区

（一）基本概况

拱墅和睦街道和睦社区位于杭州城北，规划单元东至西塘河，南至登云路，西至莫干山路，北至湖州街及育才路，总面积约99.88hm²（图5-14）。2021年5月25日，浙发改基综〔2021〕187号正式发布2021年未来社区创建名单，和睦社区被列入未来社区整合提升类创建项目。实施单元东至和丰路，南至登云路，西至莫干山路，北至萍水东路，以行政单元和睦社区为基础，包括和睦新村、启航中学、和睦小学等地块，总面积约21.63hm²。和睦社区建于20世纪80年代初，是老国企退休工人的集聚地。居民以华丰造纸厂、油墨油漆厂、丝绸印染厂、杭州市电信局等30余家企业的职工为主。社区内共有居民楼54幢，住户3566户，人口9757人。社区人口结构老幼比例高，60周岁以上人口及学龄人口占比高于全市平均水平，对于养老、托育托幼方面的需求强烈。

图5-14　和睦未来社区邻里中心鸟瞰图

（二）优势条件

1. 全国性示范样板"突出"

（1）老旧小区改造全国样板

　　2018 年，和睦社区正式启动老旧小区环境功能的综合提升工程，改造提升工程分三期。此举着眼于补齐民生短板、增强群众获得感、提升群众满意度。国务院总理李克强曾于 2019 年考察了和睦社区，并对小区的改造品质给予了高度肯定。和睦社区彻底改变老旧小区"脏、乱、差"的旧有印象，打造了老旧小区改造的全国样板（图 5-15）。

图 5-15　和睦社区自然景观

　　（2）居家养老服务全国样板

　　和睦社区从满足群众居家养老需求出发，打造以"阳光老人家"居家养老服务为体系的"一平台二厅堂三中心"可休可健、宜乐宜养的特色养老街区，是居家养老服务的全国样板。

　　（3）婴幼儿托育全国试点

　　和睦社区以此次老旧小区改造提升工程为契机，引入优质的社会力量为辖区内 0～3 岁的婴幼儿成立了"阳光小伢儿"托育中心（图 5-16、图 5-17）。托育中心作为"中国计生协婴幼儿照护服务示范创建项目实施点"，按照"社区普惠＋市场运作"模式，为 0～3 岁的婴幼儿提供照护服务。

图5-16 互助式跨界托育+一站式机构托育+养教结合的公服托育

图5-17 和睦剧场、和睦托育中心、和睦书阁

2. 人文底蕴生活气息"突出"

（1）人文底蕴深厚

和睦社区拥有运河文化、工业文化、水乡文化等多元文化印记：京杭运河、余杭塘河、西塘河等河流就在和睦社区不远处交汇；地块中还有百年华丰造纸厂留下的造纸工业文明。以文化元素为核心进行特色改造，一方面留住了居民们的"乡愁"，另一方面也有助于增强小区群众的文化认同感。以和睦印象展示馆为例，其将江南水乡文化、华丰工业文化与社区六和文化在此交融，成为和睦未来社区对外展示的第一窗口（图5-18）。

图 5-18 和睦印象展示馆

（2）交通出行便利

和睦社区距离杭州地铁5号线、10号线的和睦站仅200m，公共交通接驳非常便捷，已具备以公交枢纽为导向的TOD交通出行模式。

（3）周边配套成熟

和睦社区周边文化教育、公园、商业、医疗卫生等市中心级配套较完善，为未来社区"5—10—15分钟生活圈"和24小时生活链服务的打造奠定了基础（图5-19）。

3. 改造实施条件"突出"

（1）党群基础扎实

"和睦红盟"党建示范圈、"红盟集市"等措施建立起了优秀的党建治理体系；公羊会救援、华媒维翰教育、慈继医疗等社会力量的加入，充实了党建工作的队伍；和睦议事港进一步为居民提供了议事场所，加强了居民自治的能力。

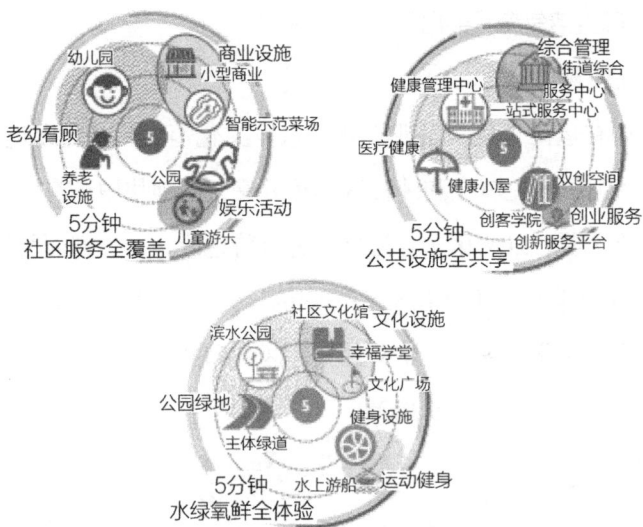

图5-19　5分钟品质生活圈

（2）群众建设热情高

集聚的退休工人群体对拱墅工业文化有着深刻认识和浓厚情感，彼此邻里关系更紧密和谐；庞大的老人群体对舒适亲切的社区氛围有着强烈的向往；优秀的养老服务基础设施和老旧小区改造工作，更是让群众体会到了社区建设的优越性。居民普遍对未来社区的期待值较高，有利于推进未来社区的建设。

（3）地铁可挖掘潜力大

废弃的车棚和闲置的社区空地，为未来社区的建设提供了宝贵的建设场地；复合高效的空间利用手法，让一度灰暗消极的空间重新焕发生机，成为居民聚集交流的场所；外围腾出的空地，为社区停车、创业办公、商业服务提供了充足的空间。

（三）实施要点

通过三期旧改提升，和睦社区已成为居住舒适、生活便利、整洁有序、环境优美、邻里和谐的美好家园。但受客观条件影响，在品质水平和服务支撑方面依然不太适应新时代城市文明发展的要求，在群众需求的满足和治理顽疾问题的解决上，仍有不足。

和睦社区仍应坚持需求导向，强化统筹协调，优化社区服务治理。聚焦"一老一小"重点人群，围绕社区全生活链服务需求，梳理明确创建未来社区提升改造的方向（图5-20）。例如，需考虑社区老年人有养老服务、医疗问诊、健康监测、餐饮服务、娱乐学习、心理咨询、情感陪伴、紧急救援等方面的需要；小伢儿在日常生活、学习中需要有充足的教育场所、户外室内活动空间、活动设施、丰富的教育资源、课外活动、亲子活动等。

图 5-20　便民服务体系

（四）项目特点

充分考虑到和睦社区本身建筑整体风貌的协调性、文化风俗以及居民的日常所需，和睦社区的建设将以"和"文化为定位，从生态、形态、文态、业态展开，在通盘考量环境和美、百姓和合、邻里和睦、民风和畅、社会和谐、家庭和顺等元素后，最终形成"一轴、一带、三心、五片"的规划理念。

杭州市拱墅区城中村改造工程指挥部与和睦街道携手对标未来社区 33 项指标要求，打造面向现代化、面向未来的生活场景，和睦社区需要在现有基础上进一步改造提升、蝶变升级，以满足社区居民多元化的生活需求。

1. 景观提升方面

综合考虑辖区现有基础、资源禀赋、人群特色等各项因素，改造过程注重继承和延续和睦历史与文脉，兼顾功能性与观赏性。例如，通过适当增加人文生态景观小品，展示社区特色、彰显和睦印象；通过改造宅间区域，将现有场景打造成邻里口袋花园和开敞的邻里活动空间，满足社区居民健身活动、互助交流等需求；增加休闲广场和景观构筑物，打造开放共享的活力空间；设计生态停车场，打造共享停车体系，解决老旧小区停车难问题；规划老幼常宜的慢行系统线路，营造安全舒适的出行交通换线，满足"一老一小"人群日常生活、学习动线需要（图 5-21）。

图 5-21 "一老一小"在和睦公园

2. 空间利用方面

坚持以因地制宜、合理规划为中心，通过现有空间改造提升与部分新建的方式，实现空间功能复合利用、地上地下综合开发。为了拓展社区居民的生活、娱乐、学习、交流、健身等空间，街道积极腾挪碎片空间，整合利用辖区资源，深挖社区可利用的外部空间和内部空间，通过科学合理规划，增设室内室外公共服务、公共活动空间，打造一站式邻里中心、双创中心、智慧公共服务中心（图 5-22）。同时合理布局运动健身房、和睦议事厅、社区客厅、智能监控中心等空间，完善社区全生活链服务功能，实现居民 5 分钟、10 分钟、15 分钟的服务圈需求。

图 5-22 数字化展厅（临时）/双创中心

3. 数字化建设方面

和睦社区数字化建设在浙江省"152"数字化改革总体框架统一指导下，运用物联网、云计算、大数据、人工智能等前沿技术，上联数字社会入口，下联一体化贯穿（图5-23）。例如，改造中通过增设线下物联感知设备，完善基础设施建设，为数字化建设提供基础保障。构建支持跨模态、多场景、可扩展的社区底层智慧服务平台，社区操作系统在城市操作系统的基础上，介入社区源数据，结合数据中台、业务中台、AI中台、信用中台不断丰富的能力，更好地支撑上层场景应用，继而支撑社区操作系统的九大场景应用。社区利用"平台＋生态"的运营发展模式，加快打造未来社区智慧化服务场景，努力实现全域治理"一张屏"、综合管理"一系统"、数据综合"一平台"、居民服务"N终端"＋"N场景"。

图 5-23 数字化软件驾驶舱

和睦社区以"阳光老人家"和"阳光小伢儿"两大特色品牌为抓手，围绕"一老一小"重点人群深化服务，强调关注居民"健康、安全、便利、快乐"四大需求，通过休养、健养、康养、乐养、膳养五种方式，将"医养护吃住行文教娱"九件事做深做细，让广大居民特别是老年人更好地融入现代化社会，共享数字化红利，最终实现幼有所育、学有所教、劳有所得、住有所居、文有所化、体有所健、游有所乐、病有所医、老有所养、弱有所扶、行有所畅、事有所便。正所谓：院落花千树，安居香满路。童颜鹤发松，大隐阳光度。

四、缙云名山社区

（一）基本概况

缙云名山社区为浙江省第二批未来社区试点创建项目（图5-24）。区块位于缙云新城东南部。规划单元范围北至蓬莱路，西临鼎湖路——金温铁路，东南临好溪。基地总规划面积约为 62.74hm²，其中实施单元总面积约为 21.31hm²，总投资约 72.85 亿元。回迁人数 6160 人，引进人才数 315 人，总受益人数 6475 人。

社区规划单元位于好溪城市发展轴上，该项目的建设是一场建设理念革新和发展方式的变革，也是缙云高水平推进现代化建设的起征点。作为"好溪时代"幸福乐居新典范，名山社区以实现"好溪未来、乐居名山"为愿景，通过未来社区建设的开展，进一步提升缙云城区发展的品质，提高居民生活的环境和质量。

图 5-24　缙云名山社区规划图

（二）建设主旨

缙云名山社区规划单元距离缙云站 1.2km，距县政府 1.3km，距离缙云西站 5.2km，地块位置优越、区域交通便利。目前规划单元内教育服务、社区服务、公共活动等配套未能完全覆盖。通过推动社区"九场景"的落地，形成 5 分钟、10 分钟、15 分钟全天候、全人群的生活服务圈，达到资源的高效配置，实现城市的功能织补，突出"社会综合体"属性。

社区围绕名山湖，毗邻好溪水岸，拟打造富有山水记忆的未来社区。开发垂直绿化及屋顶绿化生态系统，有机融入自然。构建完善的九大场景功能空间"拓扑网络"和"城市大脑"系统，融入新理念、新技术，实现新建造、新治理，突出现代化属性。

名山社区有六个住宅地块，其中三个地块为安置区块，需结合原住民的生活习惯、行为特点、村落文化、安置要求，以人民美好生活的向往为中心，使得建筑生于当下，长于此地，突出家园属性。

（三）建设理念

1. 一心、一带、双轴、多片区

以未来邻里、未来健康、未来建筑场景为核心，以未来教育、未来创业、未来交通、未来低碳、未来服务、未来治理场景为支撑，构建"一心、一带、双轴、多片区"的规划布局。一心为社区邻里中心，以"社区＋"为导向的未来邻里新模式，注重城市的文脉传承，保留名山人重要的交往空间节点，引领社区文化发展。一带为滨湖步道景观带，依托好溪自然环境优势，结合好溪绿道，打造滨湖步道景观带。双轴为城市发展轴与邻里生活轴。基于青创组团和数字化平台，打造名山创业孵化基地，形成城市发展轴。基于各组团生活配套功能，将各组团串联，形成邻里生活轴。多片区为智享住区、原住民区、青创社区，以未来邻里、未来创业模式打造的新型共享区，结合各片区人群特点，强调绿色生态、智慧共享的社区发展体验。

2. 社区是家

（1）尊重地域文化，延续属地传统

从村落搬入新居，就像移植树木，根系需要精心呵护。项目设计时保留规划范围内的翠屏亭等古建、古树，尊重地域文化，让名山社区获得实质性的精神内核，增强社区居民归属感（图 5-25）。

图 5-25 翠屏亭、古樟树及新龙宫遗址

安置房居民有着原生的社交关系、丰富的村落文化和充裕的可支配时间。通过构建多层级的共享空间满足各个群体的社交需要，给鲜活的邻里文化提供土壤（图5-26、图5-27）。滨湖文化街设计1500m²社区礼堂，住宅地块布置文化活动室，创建多级邻里场景，满足社区居民日常集会的各项需求。

（2）结合全天候共属空间，构建全龄化互动场所

摒弃传统社区中的极致化功能场所，结合中央活力轴、地面多功能厅、建筑架空层等，围绕全龄化、全天候设置丰富的可变的参与性空间场所，通过风雨连廊建设，形成家门口的5分钟生活圈（图5-28、图5-29）。

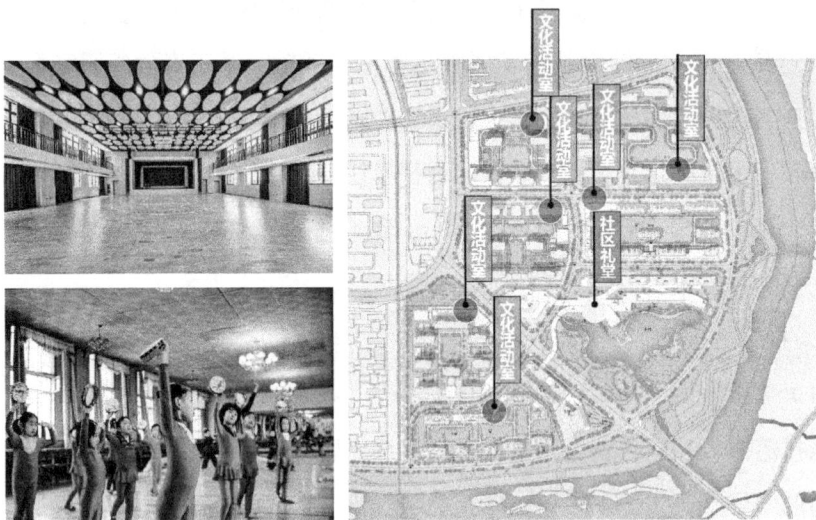

图5-26　丰富的邻里交往空间

图5-27　邻里文化中心鸟瞰图

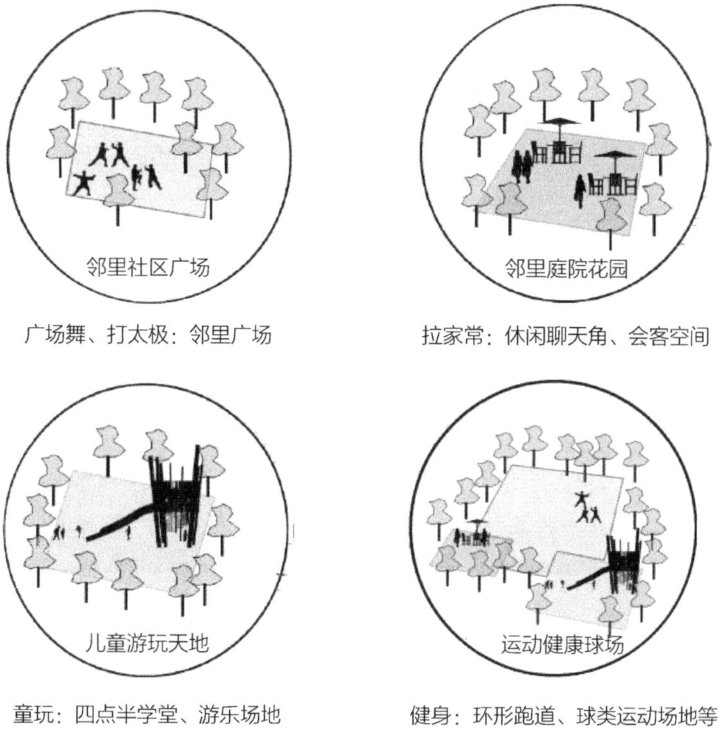
邻里社区广场
广场舞、打太极：邻里广场
邻里庭院花园
拉家常：休闲聊天角、会客空间
儿童游玩天地
童玩：四点半学堂、游乐场地
运动健康球场
健身：环形跑道、球类运动场地等

图 5-28　中心花园、组团花园

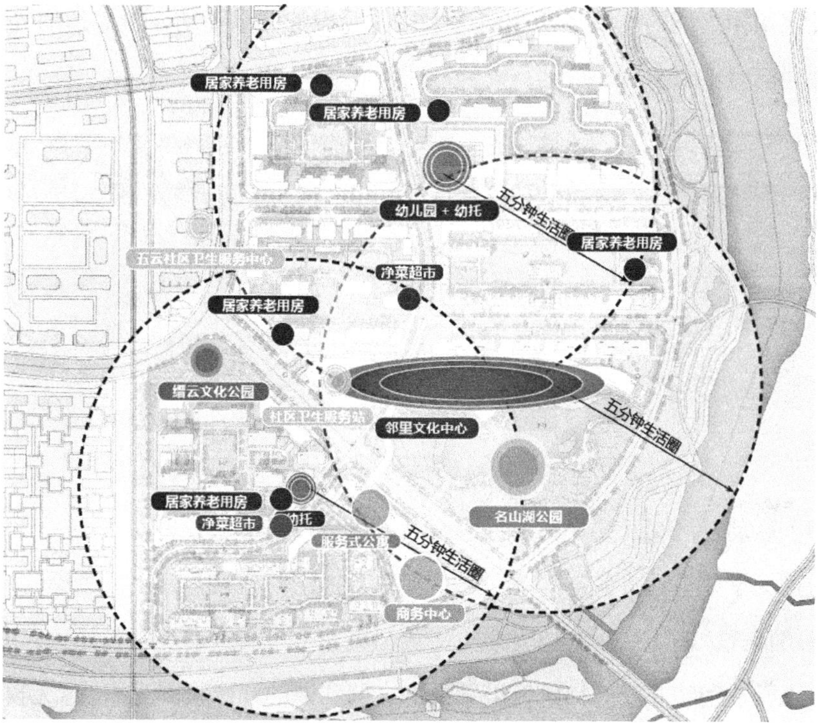
居家养老用房
居家养老用房
幼儿园 + 幼托
五分钟生活圈
居家养老用房
五云社区卫生服务中心
净菜超市
居家养老用房
社区卫生服务站
邻里文化中心
五分钟生活圈
居家养老用房
净菜超市
幼托
服务式公寓
名山湖公园
五分钟生活圈
商务中心

图 5-29　五分钟生活圈

依托名山湖设置滨湖文化街，丰富居民生活，为社区提供商业服务和娱乐服务设施（图 5-30）。以人行优先为导向，提升社区街道活力，还街于民。

图 5-30　滨湖文化街透视图

（3）利用边缘消极场地，激活街角遗失空间

名山社区着眼于提升城市公共空间的互动性，因此，将各地块建筑进行退让，把原本失落的社区内边角空间变成城市公共活力空间，形成街角口袋公园，打造社区组团之间的交流场所，促进大社区范围的邻里互动、康体运动等社交，提升社区活力（图 5-31）。

图 5-31　公共空间概念图

（4）联动社区交互共享轴，打造和谐邻里生态圈

通过共享邻里轴将各空间单元联系起来。提供满足其美好生活愿景的场景空间和建筑形式，来为社区营造交往、交融、交心的人文氛围。设置社区邻里公约连廊，以营造和睦友爱的社区邻里关系、文明和谐的社区氛围为宗旨，创建邻里活动及公约（图 5-32）。

拟定内容：

邻里相亲
积极参加社区的公共活动
邻居见面主动问好
……

邻里守望
邻居长时间不在家时，帮助照看，遇有异常，及时告知管理人
当邻居因房屋维修需要配合时，我们乐于支持和帮助
……

邻里互尊
不往窗外抛撒物品，晾晒浇灌防止滴水
在清晨和夜晚，主动将室内音响降低
……

邻里同心
婚丧乔迁等传统风俗不妨碍公共秩序、环境
积极参与室内绿化养护，共同维护社区绿色生态容貌
……

邻里环保
保持公共场所的环境整洁，自觉带走废弃物品
生活垃圾分类处理
在公共区域，未经管理人同意，不放生、放养动物，栽种植物
……

邻里相容
为宠物办理合法证件，定期注射疫苗
使用牵引带遛狗，自觉清理粪便，不带宠物进入室内公共场所
……

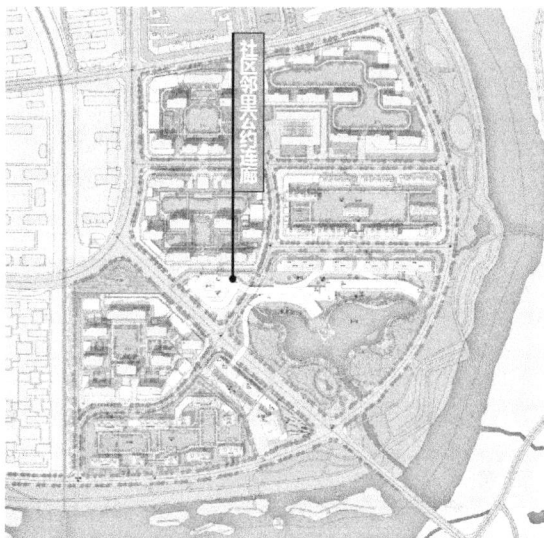

图 5-32 社区邻里公约

引入"时间银行"概念，建立"积分收入－支出"流转体系，使得社区居民在社区互助、健康、环保、学习等情景中获取消费积分，引导社区居民投身服务治理中，为社区注入源源不断的活力，实现价值赋能（图 5-33）。

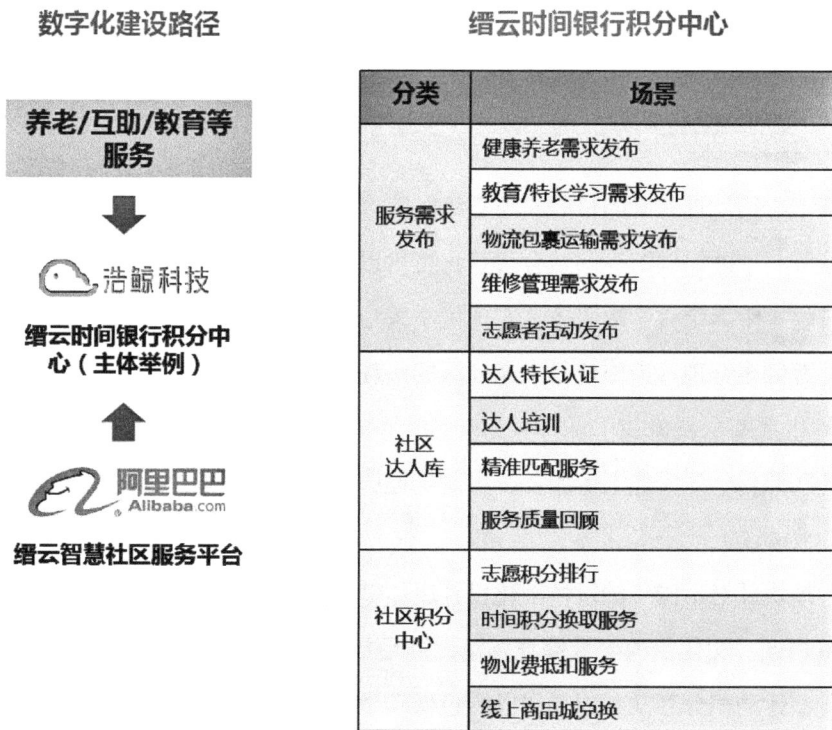

数字化建设路径

养老/互助/教育等服务
↓
浩鲸科技
缙云时间银行积分中心（主体举例）
↑
阿里巴巴 Alibaba.com
缙云智慧社区服务平台

缙云时间银行积分中心

分类	场景
服务需求发布	健康养老需求发布
	教育/特长学习需求发布
	物流包裹运输需求发布
	维修管理需求发布
	志愿者活动发布
社区达人库	达人特长认证
	达人培训
	精准匹配服务
	服务质量回顾
社区积分中心	志愿积分排行
	时间积分换取服务
	物业费抵扣服务
	线上商品城兑换

图 5-33 时间银行积分中心

在保证个人隐私的前提下，推出"邻里共享"模块，通过积分制、报酬制、竞争制、推送制等各类手段为社区人员及社会资源积极提供物品、技能、知识等各层面的共享资源。构建"远亲不如近邻"的未来邻里场景，把社区生活从邻里不识的尴尬和对集体漠不关心的冷漠中解救出来（图 5-34）。

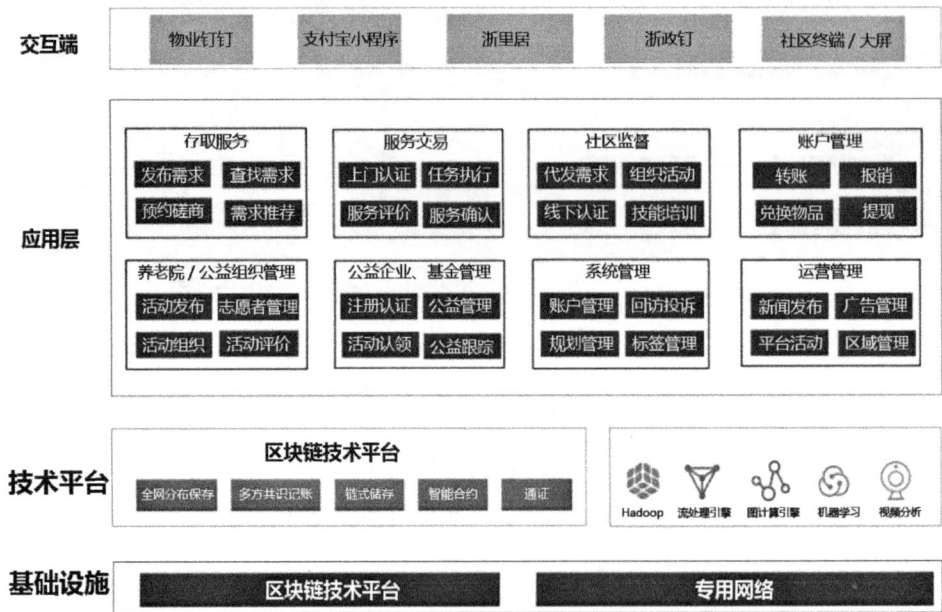

交互端
物业钉钉　支付宝小程序　浙里居　浙政钉　社区终端/大屏

应用层

存取服务
发布需求　查找需求
预约磋商　需求推荐

服务交易
上门认证　任务执行
服务评价　服务确认

社区监督
代发需求　组织活动
线下认证　技能培训

账户管理
转账　报销
兑换物品　提现

养老院/公益组织管理
活动发布　志愿者管理
活动组织　活动评价

公益企业、基金管理
注册认证　公益管理
活动认领　公益跟踪

系统管理
账户管理　回访投诉
规划管理　标签管理

运营管理
新闻发布　广告管理
平台活动　区域管理

技术平台

区块链技术平台
全网分布保存　多方共识记账　链式储存　智能合约　通证

Hadoop　流处理引擎　图计算引擎　机器学习　视频分析

基础设施
区块链技术平台　专用网络

图 5-34　名山社区邻里场景架构

3. 医养一体

基于小病就近就诊的目的，与三级医院合作合营建立社区卫生服务站，内设全科诊所、中医保健馆等。结合智慧化技术以远程诊疗、双向转诊等形式，提供名医名院零距离全科诊治服务，实现优质医疗资源下沉。全人全程的健康管理服务及智慧健康管理等措施使得未来社区的医疗服务更优质便捷。卫生服务站达到 15 分钟生活圈全覆盖。

日间照料、居家养老等服务，可制定健康膳食，满足老人不同需求，也让家人安心放心。

各地块针对不同年龄段精细化设计康体健身场所及设施。设计健身环道与好溪绿道相连。文化街内配置健身场馆，满足社区内共用需求。引入智能化 AI 运动设备，运动积分互动，倡导居民绿色低碳生活，形成"无处不运动"的良好氛围（图 5-35）。

发起人发起 → 居民加入社团 → 审核通过，成为 → 小组内 → 小组外 → 挑战成功
运动社团   运动社团成员   成员间挑战   小组间挑战   领取积分

通过跑步过程中
人脸识别，读取步数

APP端显示运动数据

已累计跑步10次
总里程
9.4
公里

大屏可显示社区运动排名

图 5-35　智能化 AI 运动设备

4. 定制设计

缙云名山社区的安置地块采用全过程代建开发模式。在设计之初，代建牵头设计单位对住户职业及日常生活习惯进行调研。在安置房这一块，注重分配的均好性及产品的高品质性。朝向、间距、景观、户型等，均尽可能减少差异性，并根据安置房业主们的生活习惯做了一些定制化设计。

结合调研成果，对车行、人行、非机动车归家流线分别进行专属设计，构建无忧归家动线（图 5-36）。

通过对其他大量住宅的调研考察，前期设计开敞阳台的项目普遍存在后期建筑立面自行封包阳台不统一的问题。通过与政府沟通，安置地块全部采用封闭阳台，将凌乱消灭在源头，保持城市风貌的秩序整洁。

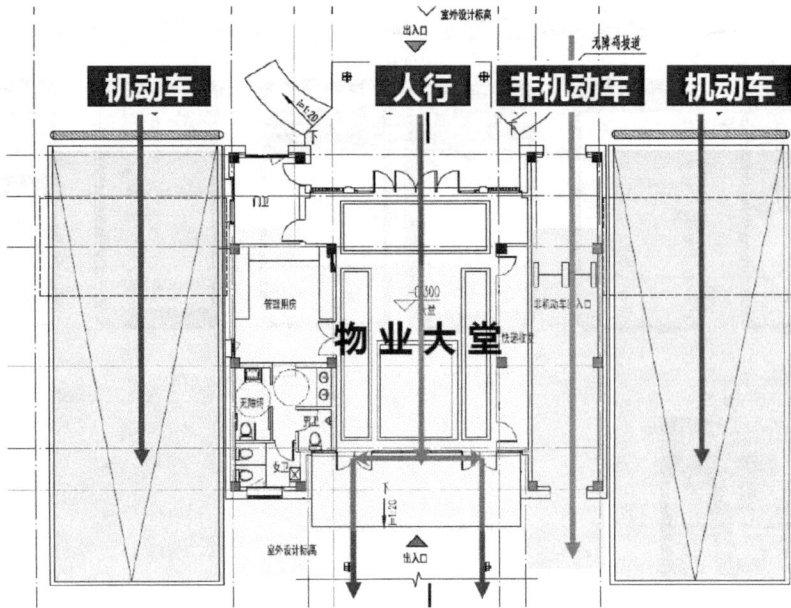

图 5-36　名山社区无忧归家动线示意图

　　立体绿化考虑未来的落地性及可持续性。安置地块采用地面与屋顶相结合的方式，按均好性要求配置屋顶共享客厅，打造成本可控的立体绿化系统（图 5-37）。

图 5-37　立体绿化概念图

结合综合商业文化生活馆打造公交 TOD，通过连廊体系使公共配套、商业商务等功能紧密联系在一起，提升地上空间利用效率，加强建筑空间的功能复合和立体联通。以 TOD 为中心，商务中心、住宅区、城市公园分级开发，形成疏密有致的城市空间布局，建设"公交＋慢行"融合的绿色出行体系（图 5-38、图 5-39）。

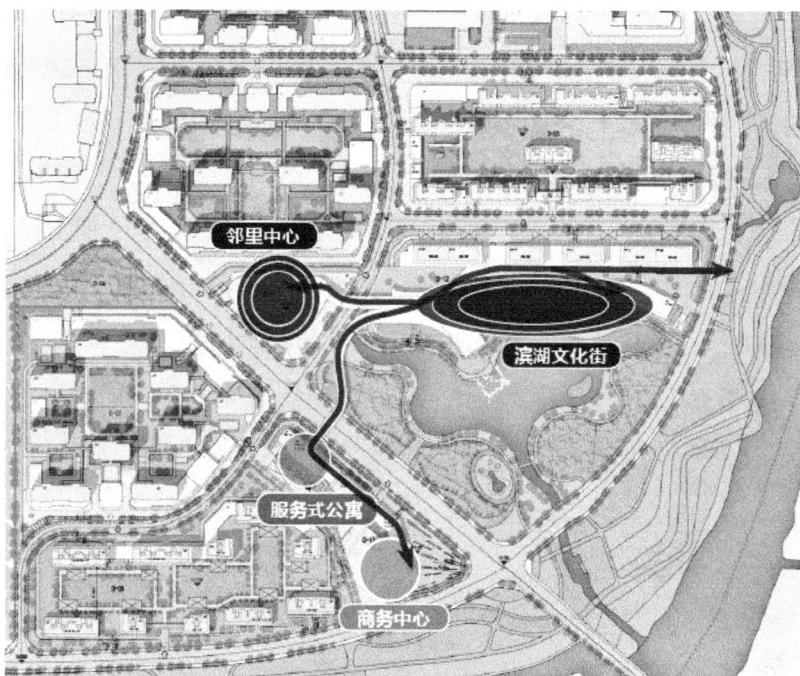

图 5-38 社区生活圈规划

图 5-39 社区生活圈示意图

五、上虞鸿雁社区

（一）项目概况

上虞鸿雁社区是浙江省首批 24 个未来社区试点创建项目之一，绍兴地区首个未来社区创建试点。项目位于曹娥江畔南岸，是上虞滨江新城重要组成部分，项目规划单元用地面积 163.6hm²，实施单元东至鸿雁路，南至文景路，西至永昌路（规划道路），北至五星东路，实施单元用地面积 20.7hm²，总建筑面积约 53 万 m²，总投资约 55 亿元（图 5-40）。

项目以上虞城建集团为实施主体，分两期进行工程建设。一期工程为回迁房及社区中心项目，用地面积 10.42hm²，总建筑面积约 20 万 m²，建成后可回迁安置 1900 余人，有利于进一步加快推动区域老旧小区改造，保障和改善民生，实现城市有机更新，切实增强群众的获得感、满足感和幸福感。二期工程将建设人才公寓，用地面积 10.27hm²，总建筑面积约 32 万 m²，预计可引进人才 4900 人。

参考平面图

1 双创空间
2 创想工作室
3 人才公寓
4 孝德文化公园
5 社区中心
6 社区未来展厅
7 非遗体验空间
8 回迁房
9 光伏建筑一体化
10 垃圾处理站
11 地源热泵＋冰蓄冷
12 公交首末站
13 物流分拣中心
14 社区托育中心
15 教育体育馆
16 社区卫生服务站
17 社区办养老机构
18 居家养老服务中心
19 社区服务大厅

图 5-40　鸿雁社区规划平面图

（二）场景营造——两大特色，一个亮点

按照未来社区建设的要求，鸿雁社区在打造优势场景上呈现出不少亮点。在治理场景建设上，将智慧技术与传统文化相融合，与阿里云联合开发未来社区智慧管家APP，实行"互联网＋"办事模式。同时，塑造未来社区精神内核，利用孝德文化资源，传承邻里孝德风尚，探索推行孝德积分制度，提高居民结识度指标，加强原住民与引进人才的社区文化融合，打造城市蝶变示范项目。

1. 以"崇孝立德"为核心

上虞是我国孝德文化之乡，正聚力打造新时代孝德文化传承地，鸿雁社区与江南第一庙曹娥庙、中华孝德园大舜庙相隔不远，传承、弘扬孝德文化是社区的重要使命。鸿雁社区以"孝德文化"为主题，依托"四时云廊"慢行系统、孝德文化标识、孝德文化公园、非遗体验馆、社区文化讲堂等特色文化载体的设置，结合上虞"二十四节气"民俗，营造孝德主题的社区节庆IP，通过"景观空间学孝德，活动空间传孝德，互动交流承孝德"，打造极具上虞特色的"浸入式"未来邻里场景。

社区的住宅建筑以底层开发的形式，创造邻里开放共享空间，把孝德文化浸润到每一个居民的生活点滴上。在邻里场景中，将智慧技术与传统文化相融合，以孝德文化为主题，建立"鸿雁于飞，上虞添彩"的邻里公约，创建邻里互助体系，营造"心灵家园"。在建筑空间上，打造了以曹娥文创为特色的综合休闲文化公园，设置非遗体验空间、文化讲堂等，围绕一亩孝田、四时云廊、百善孝林，结合传统二十四节气，开展各类小型特色民俗及网游竞技文化活动，充分调动回迁居民和创客人才的积极性，让生活在这里的人们有更多的互动和交流。

弘扬孝德、崇尚孝道既利于造浓"老吾老以及人之老"的尊老孝老大氛围，也利于营造爱岗敬业、无私奉献、锐意拼搏的干事创业大氛围。因此，在治理场景中建立社区民主议事会、民间督察团、"孝德"志愿者协会与联合调解机制，探索推行孝德积分制度，不断加强居民与引进人才的社区文化融合。

2. 以e游小镇为载体

鸿雁社区毗邻省级特色小镇——e游小镇。上虞具有浙江省领先的人才引进

政策，e游小镇是以数字产业为主题的省级特色小镇，目前已吸引了400余家数字经济企业，集聚了4000余名青年创客。小镇当前急需专门为数字创客量身定制品质社区。在创业场景建设上，鸿雁社区建设将充分利用和发挥小镇特色的互联网娱乐、信息技术服务等新兴产业业态，构建数字经济创新创业氛围和绿色宜居环境，重点配置创业孵化用房，设置总面积为2.9万 m^2 的双创彩盒、灵感孵化中心、创客学院等双创空间，以及共享餐厅、城市书房等生活空间，实现"创业＋投资＋孵化＋展示"一体式联动，为创业者提供"零租金"办公场所，引入专业化运营团队，用优势产业盘活社区，打造生活化的未来创业场景，用宜居环境吸引人才，创新未来社区宜居宜业的可持续发展模式。

3. 创新"数字化总包"模式

数字化是未来社区的重要特征之一。上虞鸿雁社区采用的"数字化总包"形式，在试点建设推进过程中，充分运用数字平台集成融合功能，不断更新完善数字化模型及各类数据信息，实现数字社区与现实社区同生共长、相互映射，为又好又快地建设未来社区提供坚实保障。

在方案申报阶段，"数字化总包"提供数字化平台为拟申报项目的发展价值与方案合理性进行预评估；在深化设计阶段，借助可靠有效的线上社区沉浸式体验，"数字化总包"辅助各建设参与方提高对社区设计理念的理解；在项目实施阶段，"数字化总包"汇聚施工全过程数据的数字化建设管理系统，为项目施工提供更为科学可靠的管理方式；在项目建成后，建设期积累的社区数字资产由"数字化总包"牵头移交，结合丰富的运营场景为居民提供相应的管理服务。

六、拱墅瓜山社区

（一）基本情况

拱墅瓜山社区是全省首批未来社区试点创建项目之一，也是其中唯一的原建筑保留改造翻新项目。杭州市拱墅区紧抓创建契机，选定城中村改造保留整治区块瓜山农居点，大胆创新，精心实施，全速推进，在未来社区建设上开展了大量积极有益的探索，于 2019 年 10 月率先落地运营。瓜山社区整体规划单元在杭州大城北规划建设核心区域，涵盖瓜山农居整治、智慧网谷小镇（省级特色小镇）、运河湾历史文化街区三大部分，项目实施单元为瓜山城中村改造保留区块农居整治部分，用地面积约 45hm²，涉及保留未拆迁农户共 539 户，房屋总建筑面积约 23 万 m²，公建配套面积约 3 万 m²。目前，瓜山社区拥有人才公寓、高端公寓、民宿、联合办公、商业等多元业态，已开放入住 3000 余间人才公寓，集聚青年人才 4000 余人，其中 80% 以上为 90 后，95% 以上拥有大专及以上学历，70% 以上为企业白领，青年创业者、自由职业者占 30% 左右，青年人才社区集聚效应初步显现。整个项目打造完成后，预计将提供 8000 余套人才公寓和近 10000m² 的创业办公场地，为大批来杭的国际青年人才提供生活、创业"栖息""造梦"之地。一年多来，瓜山社区先后接待全国各地领导及专家、学者考察调研 140 余批、2300 余人次。

（二）创建优势及难点

瓜山社区位于大城北核心区，项目规划面积 384.39hm²，东邻杭州版"中关村"智慧网谷小镇（省级特色小镇），北面规划建设有邵逸夫医院大运河分院，西临运河湾国际旅游休闲综合体，南接石祥快速路，文化积淀深厚，产业资源优越，集聚了大量创新创业人才。但与此同时，瓜山社区也存在诸多建设问题，如在建设初期，瓜山社区存在城中村改造资金难题，瓜山农居房及 15 幢多层房屋，占全街近一半的拆迁量，需投入 70 亿元以上的资金进行拆迁、建设，资金收支测算严重不平衡。面对诸如此类的建设难点，瓜山社区也探索并总结出了有效经验。

（三）创建主要做法

1. 高标准规划建设，"城中村"变身"青年社区"

一是坚持系统化改造。立足原瓜山城中村农居房屋基础，充分听取原居民意见，聘请中国美院、浙江工业大学等知名设计单位优化整治方案，以"春夏秋冬"四季为主题设定四片苑区色调，保留原有房屋建筑结构，对公共空间、公共设施重新进行整体规划设计，有机融入区域运河文化、工业遗存元素，打造独具韵味的运河村落和工业历史风貌区。项目采用全过程咨询＋工程总承包（EPC）建设模式，对村庄全部建筑立面、水电管网、市政配套、景观绿化进行全面、系统提升，累计改造面积26万 m²，既打造年轻人喜爱的独特空间，又改善了脏乱差的环境旧貌。二是引进市场化运作。在前期大量调研的基础上，结合瓜山保留农居点居住现状及村民安置等实际情况，创新提出"政府统筹、专业运营、百姓受益"的模式，引入第三方专业公司，由政府出资开展房屋外部综合整治，第三方专业公司负责内部装修、统一租赁运营，为未来社区持续运营提供了保障，避免整治后又产生新的"城中村"。同时，区级层面专门组建瓜山社区管委会，负责协调政企关系，统筹基础设施建设、产业发展、招商引资和管理服务，更好地把控未来社区发展方向。按照该模式，既解决政府资金平衡难题，又大大提升了原居民的满意率和获得感，整治开始前仅用20天就实现全部539户农户百分之百腾房。三是推进插花式改建。充分挖掘、整合利用原有公共空间，新建星空广场、体育中心、夜光跑道、滨水码头、步行空间、莫婆桥河生态健康廊道、樱花跑道等网红景观，打造恒温、恒湿、低能耗的绿色建筑中心，建设集党员活动、政务服务、文体活动等功能于一体的邻里中心，着力完善公共配套设施（图5-41～图5-44）。优化设置40000m²商业空间，目前已引入时尚餐饮、无人零售、生鲜超市、茶社酒吧等社区配套商业60余家。紧跟5G推广节奏，大力完善数字化基础设施，积极创建智慧安防小区，率先在全省未来社区实现5G网络全覆盖，规划建设24小时智能篮球馆、5G健康小屋、无人值守健身中心等数字化项目，为全面点触未来生活提供无限可能。

图5-41　滨水码头

图 5-42 绿色建筑中心

图 5-43 5G 智能健身中心

图 5-44 星空广场

2. 高效率数字治理,"破难题"升级"悦享生活"

一是首推未来社区 APP,破解社区管理难题。重点突出"服务＋治理"双功能,整体打造城市信息模型(CIM)。通过三维模型,直观展示规划设计方案实景,全面融合和赋能九大场景,汇聚社区规划单元内设施配套、建筑房屋、创业生活、基层治理、邻里服务、健康医疗、教育社群、交通出行等 120 余项核心数据,联动"城市大脑""城市眼·云共治",开发"瓜山未来社区"手机 APP和"瓜山未来社区 CPU"智慧管理平台两大数字化应用。"瓜山未来社区 CPU"智慧管理平台为社区工作人员、公寓管家提供管理入口,系统集成手机 APP、朗诗寓运营平台、安全运营"每日巡检"微信小程序等社区智能设备终端数据,对接浙政钉平台,可动态展示和监管人员进出、车位余量、能耗情况、接驳巴士等信息,实现社区管理立体化、信息化、可视化、可控化、可交互,有效提升社区整体智治水平。开发上线全省首个"未来社区 APP",为 4000 余名已入住的社区室友提供服务入口,签约激活率达 95% 以上,实现线上看房、人脸门禁、线上缴费、资讯活动、政策查询、在线报修、预约保洁等基本生活服务功能全覆盖,管家、客服 24 小时在线服务。

二是打造邻里式场景,破解社群融入难题。依托组团式居住格局,根据目标租住人群兴趣爱好、职业特点、工作单位等情况,每个组团确定一个主题、一种风格,相同属性人群自主匹配、自然"组团"入住,比如租客是运动爱好者,可以选择"运动"组团;租客爱养宠物,可以选择"宠物"组团等,以此拉近彼此距离,帮助租客找到志趣相投的同伴。每个组团配备管家式服务人员,根据入住群体特点,组建兴趣社团,举办线上线下各类主题活动,吸引青年人走出房间参与社区生活,有效增强租客居住黏性,打造"熟人化"人际关系。一年多来,社区已举办"迎亚运·共享未来"第十七届邻居节、仲夏之夜音乐节、玩宠市集、中外青年共度中国节、同心"战疫"植树等大小活动 30 余场,场场人气火爆。

三是创新组团式布局,破解个性服务难题。重新梳理社区空间关系,通过围墙、连廊将结构松散的 8～12 栋房子重组成组团式、街区式的规划关系,形成"大开放＋小封闭"的独特空间居住结构,打造女神、动漫、烘焙、电竞等22 个生活组团(图 5-45～图 5-48)。组团内房间实行酒店式管理,生活设施配备齐全，可以拎包入住。组团中间搭配各具特色的共享厨房、观影室、健身房等公共区域，为居住于此的年轻人群体提供更多的社交空间、服务空间。组团外契合居住群体需求，升级公共服务配套，构建以教育、医疗、休闲、运动、文化、物业等服务为基础的高效复合型社区服务圈。同时，坚持党建引领，建立瓜山邻里公约、社区圆桌会议、线上公投等自治机制，推动全民参与社区治理。

图 5-45　动漫组团

图 5-46　阅读组团

图 5-47　宠物组团

图 5-48　运动组团

3. 高品质创新创业，"聚青年"筑就"造梦空间"

一是精心设计共享众创空间。聚焦为青年人才提供优质的创新创业环境，建设瓜山社区众创空间，打造特色产业集群，倡导功能混合布局和空间复合利用，建成3个办公组团，为科创人才提供创业空间10000m²，同时满足智慧网谷小镇、北部软件园的企业会议、路演等办公需求，着力打造低成本、泛在化、开放式的共享创业孵化器。引入以初创型、服务型产业为主的新锐企业，促进数字智能、节能环保等前沿技术落地应用，重点培育网红直播、文创娱乐等新兴产业，设立创意联合办公空间，以工位为出租单位，为创业团队配置会议室、路演交流区、公共厨房、公共餐区兼会客区、打印区等共享功能空间，促进社区资源、技能、知识全面共享，激发共享经济潜能。目前已成功引进宜居（浙江）生态科技有限公司、杭州润上商业发展有限公司等企业40余家。

二是不断完善创业创新生态。聚焦解决创业人才住房后顾之忧，结合"运河英才计划"，在瓜山社区落地全球·人才·家（Global Home）项目，为拱墅区高端人才和杭州国际人才创业创新园外国专家提供专属房源，享受政府合作协议折扣，同步配套拎包入住、专车接驳、专业管家等专属服务，定期组织创业沙龙、文化分享等专属活动，打造运河畔的国际人才社区。目前已通过"入住通知单＋租赁合同"方式，为央广云数（浙江）文化传媒有限公司提供房源128套，其中100套为中层管理人员、业务骨干公寓，28套为企业高管公寓。积极为初创企业、创新项目提供全方位支持，制定税收返还、租金减免等优惠政策，提供工商注册、知识产权、法律法规等服务支持。同时，与毗邻的浙江大学城市学院签订全面战略合作协议，搭建政产学研联合发展平台，在众创空间建设、产业人才培育、初创项目孵化等方面开展深入合作，为青年人才创新创业助力赋能。成功举办2021年首场重大项目签约仪式，曹操出行杭州运营中心、滴滴出行杭州城北服务中心、国家广电总局新视听学院杭州教育培训中心等5个重大项目集中签约。

三是致力营造优质营商环境。加快社区配套设施建设，配备绿建中心、往来酒店、滨水码头等公共设施，开通地铁接驳专线、定制通勤公交线，建设2个智能立体停车库和1个无人值守地下停车场，提升社区空间承载力、交通承载力、文化承载力（图5-49、图5-50）。同时，通过制定目标清单、责任清单，建立每周例会、项目申报及问题反馈机制等，当好服务企业"店小二"，探索多样化服务方式，切实为入驻社区的企业排忧解难。敢为企业"站台"，主动对接区级部门，进一步优化证照办理工作流程，搭建"绿色通道"，通过一对一代办、网上办、掌上办等服务，形成从项目考察、洽谈、签约到企业入驻全流程闭环服务。

结合具体项目优势潜力，制定"一企一策"精准政策服务，帮助各企业、项目争取融资贷款、税收返还、租金减免等优惠政策。积极对接天使基金、创投基金，并与财务、法律机构合作，为入驻企业提供个性化、精细化服务。

图 5-49　智能立体停车库

图 5-50　往来酒店

4. 高水平统筹发展，"促融合"集成"九大场景"

一是突破创新，打造特色亮点。未来邻里场景，重塑特色邻里文化，每个组团配备公共厨房、公共影音厅、公共休闲室、公共健身区等公区，创造线下社交场景，构建智能交友、圈子话题、邻里积分、邻里公约等邻里互动机制，营造共建共享共生活的邻里生活氛围；未来服务场景，提供一站式的智能管家服务，依托 APP 手机商城，实现在线下单各类社区服务，完善商铺购物、求职招聘、租房交友等社区服务功能，打造 O2O 智慧社区；未来创业场景，实现居住与创业一体的组团预订服务，提供专业、便捷、高效的一站式创业服务，涵盖公司注册、特殊审批、代理记账、知识产权等，积极探索校企合作模式。

二是提档升级，聚焦青年需求。未来教育场景，鼓励全民知识共享，实现线下课程在"未来社区 APP"上"点菜下单"，开设了"空中课堂""社区教育""职业技能"三方面的课程，升级诗友达人库，引进成人培训教育机构的网络教学资源；未来健康场景，提供完善的运动设施，配备 3000m 夜光跑道、22 个共享健身房、5G 智能健身中心等运动场所，依托卫生服务中心、5G 健康小屋，加强社区人群体育健身、医疗健康服务；未来治理场景，积极运用"城市眼云共治"，实现云共治由围墙外向围墙内延伸，实现物业管理的被动处置到主动管理，通过开发管家保安每日巡检、商铺证照管理、巡查定位等功能，加强社区精细化管理，提升社区治理效率。

三是加速完善，建设宜居社区。未来建筑场景，依托建筑设计创新和一体化装修方式，提供更多公共空间，部分建筑采用 20% 装配率建设，依托被动式建筑理念，打造恒温、恒湿、低能耗绿色建筑；未来交通场景，打造智慧公共交通系统、智慧共享停车系统，开通地铁接驳专线、定制通勤公交线，在社区 APP 上实时掌控车辆发车和到站情况，结合智能立体停车库、无人值守地下停车场，实行人车分流，实现车位管理、车牌识别、先离场后付费等功能。未来低碳场景，采用空气热泵供水系统，实现生活热水集中供应，有效降低能耗 42%，采用高效的除霾 PM2.5 系统和温湿度独立调控系统，打造健康舒适的室内环境，设置智能垃圾分类投放点、集置点，管控垃圾投放、再生资源回收环节，实现节能环保。

5. 聚焦美好生活，打造共同富裕基本单元先行区

第一，推进群体共同富裕。形成全天候全人群美好生活链圈，实现居住环境明显提升，原住民的年租金收入翻倍，获得感和幸福感不断增强；同时对于入住的新居民而言，房租明显低于周边，社区服务配套完善。

第二，推进文化致富。充分挖掘"千年运河"文化底蕴，建设大运河国家文化公园样板区，保护开发运河湾、瓜山管家漾码头等一批历史遗存，营造了浓郁的烟火气息。

第三，推进区域带富。大力促进数智产业发展，不断满足大运河数智未来城配套需求，为青年人才提供便利的生活设施，瓜山社区已成为创新创业人才栖居的首选地。

七、钱塘云帆社区

（一）基本情况

钱塘云帆社区是全省首批未来社区三个新建类试点项目之一。规划单元面积 50hm^2，实施单元面积 22.25hm^2，总建筑面积 859653m^2，平均容积率 2.64，总投资约 106.2 亿元。云帆社区融汇未来社区城市设计理念，以项目五大地块为整体规划，精心呈献集居住、商业、办公、双创、休闲娱乐及服务配套为一体的杭州未来社区样板作品。云帆社区自身配建约 6 万 m^2 绿地、2 万 m^2 社区双创空间、1000m^2 托育中心、6800m^2 社区国际幼儿园、2150m^2 居家养老中心等，社区精心布局一心、三轴、八片区。一心为云帆 TOD 枢纽中心；三轴为创新产业活力轴、滨水休闲商业轴、社区邻里服务轴；八片区为康养老、生态农场、双创孵化、人才公寓、幼小教育、创客培训、邻里服务、未来小学，从而构筑未来更高品质的生活方式。

（二）创建优势

钱塘云帆社区位于杭州市钱塘核心区位，多元产业网络中心，不仅坐享钱塘区的产业、人口资源优势，更自成板块集聚核心。项目位于钱塘区核心功能拓展轴与城市服务带交会处（塘新线与青六路交叉口），沿地铁七号、八号线两条发展轴，以 TOD 的形式围绕塘新线地铁站点进行综合开发，交通优势十分明显。

（三）创建主要做法

1. 空间集约，高效生活

TOD 系统，是云帆社区建筑场景的核心。以地铁 7 号线为交通枢纽，混合立体开发，以"垂直城市"的理念，实现地上地下空间的集约利用，是云帆社区建筑场景的基本框架和功能。地下建筑与地铁站无缝对接。作为大江东新区的 TOD 核心之一，这里也将成为整个区域的交通集散地，因此地下空间也继承了交通站点、地下通道和地下商业的功能，串联起生活的日常出行需求[1]。

而在内部，云帆社区按照"小街区、密路网"的社区街道空间构建原则，结合社区慢行系统、社区风雨连廊，全方位考虑居民实际出行需求，实现地面住宅与办公建筑的全程连接。同时根据居民出行习惯及行动轨迹，精心设计社区各个功能片区的落位，加强居民生活出行与社区多维度功能场景的连接与联系，实现居民无障碍通行，革新传统生活出行需求的时间空间局限，使人与社区之间形成一种亲密无间的互融互通，于日常出行的细节上逐步加深人与社区之间的紧密连接，达到居民与社区的自然融合和立体联通[2]。

云帆社区在未来交通场景的深化考量上，特别增加了服务于场景的其他功能，高效复合形成"5—10—30 分钟出行圈"。于社区内建设共享化、智慧型停车设施，引入第三方停车运营平台，应用自动引导设备停车技术，达到 5 分钟便捷停车，以及自动分配停车位，实现社区停车系统智能化、集约化、自动化；通过创新街区道路分级、慢行交通便利化设计，可以实现人在 10 分钟内到达对外交通站点[2]。

社区内还将搭建水平、垂直的智慧物流系统，采用"集散结合"的方式，利用社区公共服务用房，依托建筑架空层等公共共享空间，就近布置智能快递柜并提供无人车、无人机配送服务，打造 30 分钟内实现"社区—家庭"快递配送到家的智慧物流服务集成系统。云帆社区通过种种特色功能构建以 TOD 交通核为

---

① 未来云帆城. 未来建筑 | 融创·云帆未来社区的美好骨架 [EB/OL]. [2020-12-21]. https://mp. weixin.qq.com/s/ng7LGGXCPOY6hUCAW13sAw.

② 未来云帆城. 未来交通 | 融创·云帆未来社区的高效品质生活 [EB/OL]. [2020-12-10]. https://mp. weixin.qq.com/s/LBDWhLcxufGEels-0ndb6g.

驱动的"人畅其行、车畅其道、物畅其流"的未来交通场景，为世界展现了一个未来城市社区理想的高质量、高效率、高品质场景新面貌[①]。

2. 优质配套，生活便利

云帆社区还通过设立一站式服务中心，将物业服务、公共服务、生活服务和政务服务等社区服务一站式集成，为社区居民提供一站式便捷服务，极大提高了居民的办事效率。基于生活的各个方面需求，云帆社区推演居民日常生活24小时的需求，在社区配置与居民日常生活密切相关的基本服务功能。例如设置众创空间，以及与日常生活密切相关的净菜超市、生鲜超市等便民超市，不仅让居民生活更加便利，也为休闲娱乐提供场所，更为创业营造了良好的环境[②]。

3. 绿色低碳，健康生活

以可持续发展、低碳为导向，云帆社区将建设一个三维的花园城市。一方面，根据杭州的气候和日照特点，整个建筑物以最大化利用太阳光和季风为导向，呈一种动感曲线由内而外、由高向低延伸的形式，最大限度地利用所有空间的光线和阳光；另一方面，针对各种不同的功能空间，开展底层绿化、屋顶绿化、阳台绿化等立体绿化体系建设。将丰富的绿色植被分布于建筑的每个角落，将各种花园穿插于建筑之间，用以实现观赏、互动交流、绿色种植、游乐等空间功能，也让里面的漫步时时都赏心悦目；另一方面，建筑中还集合了可持续水资源城市设计系统（WSUD System），通过建筑的规划，让雨水、景观水、灌溉水、净化水、生活用水等各类水源内循环，从而实现资源的可持续利用。绿色建筑，将绿色低碳融入社区的各个细节，实现社区的可持续发展，带来生活的健康舒适[③]。

云帆社区以具有前瞻性的目光，将能源分配设计纳入社区建设统筹考量，对社区内涉及能源的各项资源综合规划、合理安排、调配多种能源的配置供给，并对各类能源的分配、转化、存储、消费等环节进行有机协调与优化。结合建筑功

---

① 未来云帆城. 未来交通 | 融创·云帆未来社区的高效品质生活［EB/OL］.［2020-12-10］. https:// mp.weixin.qq.com/s/LBDWhLcxufGEels-0ndb6g.

② 未来云帆城. 未来服务 | 融创·云帆未来社区的多维理想服务［EB/OL］.［2021-01-04］. https:// mp.weixin.qq.com/s/mOBCz4AY4lA4oo4bpsH1aw.

③ 未来云帆城. 未来建筑 | 融创·云帆未来社区的美好骨架［EB/OL］.［2020-12-21］. https://mp. weixin.qq.com/s/ng7LGGXCPOY6hUCAW13sAw.

能，搭建"光伏建筑一体化＋储能"供电系统，最大限度利用自然光，同时应用超低能耗技术或采用集中供热供冷方式，降低建筑能耗、提高建筑质量，从而提升建筑寿命。以多元的能源供应实现大幅度节能，更为社区居民提供一个高度舒适健康的室内环境，营造美好健康的居家生活环境[①]。

在未来低碳场景的细节设计中，根据社区内各个区域能源及服务需求的不同，对社区综合节能进行深入落实。能源供给模式上，进行"互利共赢"能源供给模式改革，积极引入综合能源资源供应商、服务商，全方位保障社区各项能源资源供给，满足社区居民多变、多方位及各个状况下的用能需求。同时，社区积极搭建智慧集成的管理及服务平台，以各种节能减排措施提升社区综合节能率[①]。

社区生活中，云帆社区充分围绕人的基本生活，综合考虑资源的循环利用。在水资源的节约使用、循环利用上，首先采用节水型洁具，从使用水资源的源头杜绝资源的无谓浪费；同时打造海绵城市体系，绿化等公共用水采用非传统水源，例如通过屋顶及各项设施积蓄、净化雨水，并将社区居民生活中水（生活废水）集中处理，达到一定标准后，这些非传统水源将会用于社区绿化灌溉、车库及道路冲洗、洗车用水、马桶冲水等，实现水资源的循环再利用[①]。

4. 大众创业、万众创新[②]

依托钱塘区，云帆社区利用新区智造产业的优势资源，在社区内建设"大众创业、万众创新"的未来创业场景。通过打造大众创业载体，提升创业服务、提供创业保障，双创空间，积极引入高新智造行业、创业孵化器等产业，赋能新区产业腾飞，从而融入新区区域产业发展浪潮，以社区空间链接城市产业生长。

云帆社区将创业空间纳入社区公共服务配套体系，结合社区空间、公交TOD中心、周边配套等因素综合考虑创业空间的实际落位。精心打造约 20000m² 双创中心，为广大创业人才及社区居民呈现一个集创业办公、招聘求职、信息交

---

① 未来云帆城. 未来低碳 | 融创·云帆未来社区的绿色引擎 [EB/OL]. [2021-01-07]. https://mp.weixin.qq.com/s/_UptEkRrwIG8InaX-tLc7Q.
② 未来云帆城. 未来创业 | 融创·云帆社区的筑梦摇篮 [EB/OL]. [2020-12-17]. https://mp.weixin.qq.com/s/saoVKo-jOe7J0skt1zZEfw.

流、生活居住、技术资源支持等于一体的一站式未来创业场景。

云帆社区以全新"共享型"理念打造社区双创空间，提升更多共享空间比例，配备弹性共享的办公场所，包括开放式工位、独立办公室、共享会议室等，以及共享图书、健身房等配套设施，通过空间资源的整合共享提高使用效率，切实有效地降低创业成本，满足更多年轻人的创业及服务需求，为创业人才及团队提供更多办公空间上的支持，呈现一个优良的未来创业环境。

云帆社区通过搭建社区"双创信息平台"，定向推送最新的国家政策、区域政策、招商政策、人才政策、办证指引等政策信息以及双创活动、优创业观点评论等创业信息，从而逐步实现社区创业信息交流互动、知识经验分享、创业共享空间场所线上预约等功能，引导、促进社区资源、技能、知识等全面共享，达到一种良性可持续发展的创业服务生态，为创业者提供必要的信息资源支持，让创业者享受平台化的服务来降低运营成本，增加效益，助力中小型企业的加速发展。

云帆社区通过建立社区创客讲堂，以创业课程及讲座等形式为创业者提供全方位的创业指导与咨询服务。创客讲堂使得创业者可以参与创业培训，对创业技能与历程进行自由分享，提升自身创业技能及创业思维，吸收先进创业经验，从而孵化更具前景的产业链。这不仅为创业者搭建了与他人互相交流的新平台，更为切实助力创业人才实现创业梦想保驾护航。

八、杭州城西科创大走廊

（一）基本情况

2020 年，杭州城西科创大走廊入选浙江省第二批未来社区建设试点，且是全省唯一一个全域类试点。城西科创大走廊跨西湖、余杭和临安三区，辖杭州云城、紫金港科技城、未来科技城和青山湖科技城。具体规划范围东起浙江大学玉泉校区，以西湖区紫荆花路为界，南至西湖区留和路南侧山脊线、杭徽高速公路，西至浙江农林大学，北至西湖区灯彩街、杭长高速公路、临安区中苕溪一线，总面积约 390km²。以全域 390km² 为规划范围，制定全域未来社区建设中长期规划，布局 3 个领先型、4 个示范型、100 余个基本型的未来社区总体构架，将重点推进云城杭腾社区、西湖大学社区、南滕社区等 7 个未来社区建设，先行打造一批示范样板。

（二）创建优势及难点

城西科创大走廊具有人口结构年轻化的特征，这里集聚着一大批年轻化、高知化的创新创业人才，是一个非常年轻、具备未来社区发展基础条件的区域。城西科创大走廊面积较大，为建设全域型未来社区提供了可能，城西科创大走廊全域有 385 个居住小区，约 3500 万 m^2 的建筑面积。从目前小区现状来看，2000 年后建成的占到了 77%，约有 3387 万 m^2；1990～2000 年建成的约有 222 万 m^2；1990 年前建成的约有 33 万 m^2。但建设范围大，跨行政区域多，也是大走廊全域未来社区建设首先面临的一个难点。

（三）创建主要做法

1. 做好顶层设计与整体规划

城西科创大走廊全域未来社区建设顶层设计"1＋3"整体方案，即大走廊整体层面的《杭州城西科创大走廊全域未来社区建设中长期规划》（简称《中长期规划》）和三区的 3 个《建设方案》。《中长期规划》明确整体层面"统思路、统策略、统标准、统布局、统目标、统支撑和保障措施"等要求，确定总体建设策略，按照分类分步实施计划，以点促面，全域覆盖，围绕大走廊打造"面向世界、引领未来、服务全国、带动全省的创新策源地"的目标，以人才为创新根基，推动大走廊全域未来社区建设，实现"人城产"深度融合，吸引汇聚高层次人才、赋能科创平台发展、增强创新策源动能，加快形成"以城市吸引人、以人才带技术、以技术育产业、以产业聚人才"的良性循环，为大走廊创新策源地的建设提供坚实支撑。《建设方案》则主要明确各区近期重点项目选址、建设内容、实施主体、投资测算、建设时序等。

城西科创大走廊全域未来社区建设将与老旧小区改造、城中村改造、安置房建设、数字化提升改造紧密结合，将分两大类项目：一类是新建项目，按未来社区建设来落实九大场景的建设，鼓励在建的项目按未来社区的要求提升。另一类是存量项目，存在安全隐患的老旧住宅区拆除重建。2000 年以后建成的次新小区，提升功能、补齐市政和公共配套短板。2000 年以后建成的老旧小区，保留建筑质量较好的，拆除存在安全隐患的危旧楼和居民改造意愿强烈的住宅。"十四五"期间城西科创大走廊会重点实施建设 20 个未来社区项目。拆除重建类规划 3 个，整合提升类 6 个，拆改结合类 3 个，规划新建类 8 个。除 2025 年建成这 20 个未来社区外，到 2030 年底，全域未来社区建设要实现 80% 以上，到 2035 年，全域未来社区要基本建成。

结合大走廊 100km 湿地湖链风景路，实现社区绿环与湿地湖链无缝融合；依托大走廊共享客厅体系，设置多形式文化公园和文化设施建设；鼓励基于创产类生活圈，依托园区、企业、办公楼宇、商务楼宇等设立托育点；灵活设置综合邻里中心、无界邻里中心等，建设以创新趣街、街巷共享共建为主的社区开放空间；配置智能健身绿道、全息互动系统等设施；创新 24 小时无人商超、AI 早餐智贩店等生态和生活服务。

在优化全省 33 项基本指标基础上，将大走廊在生态、生活、人文、风貌以及创新创业特色纳入相关指标中，增设"5 分钟见蓝绿、5 分钟进邻里客厅、5 分钟进创新交往空间、5 分钟见黑科技互动体验装置、5～10 分钟见托育"等个性指标，并按照规划、建设、运营各阶段和政府、企业、市场各主体对指标进行逐项分解落实，强化指标能落地、可复制、好推广。以"五年树标杆、十年成规模、十五年全覆盖"为目标，全域分类分步启动建设。前五年，重点抓好一批标杆性、有辨识度的项目建设。到 2025 年底，建成 20 个以上重点未来社区。在规划阶段全面落实"5—10—15 分钟生活圈"配置要求，新增项目全面实施未来社区建设。以重点未来社区为依托，先行建成若干"沉浸式"未来社区规划体验馆，同步开通未来社区数字展示馆。到 2035 年底，全域未来社区基本建成，具有世界影响力的创新策源地未来城市基本成型，成为展现中国特色社会主义制度优越性"重要窗口"的"头雁风采"标志性成果。

2. 创新居住类、创产类两类生活圈

以满足人民美好生活向往为中心，体现人本价值链、创新产业链、生活供应链"三链集成"价值追求，结合大走廊年轻化、高知化人群特点和科技创新特征，创新大走廊居住类和创产类生活圈组织变革，面对年轻化的人口结构特征，建设全域未来社区，杭州城西科创大走廊将创新打造居住类、创产类两类生活圈，实现5—10—15分钟生活圈全域覆盖，形成有归属感、舒适感和未来感的未来城市。

居住类生活圈按照未来社区九大场景要求落实；以未来邻里、教育、健康、创业、建筑、交通、低碳、服务、治理等九大场景和"N"个多元个性场景集成创新为载体，彰显社交生动、文化生根、居住生趣、知识生长、创业生机、运营生春六大创造性张力，形成"人城创产景"深度融合的全域未来社区建设格局。

创产类生活圈将结合创新创业人群个性需求，配建相关生活设施。在这两类生活圈中，将实现"5分钟见蓝绿、5分钟进邻里客厅、5分钟进创新交往空间、5分钟见黑科技互动体验装置、5～10分钟见托育"等。

3. 大力推进基础配套设施建设

大走廊将大力推进基础配套设施建设，重点实施综合交通创新、新型基础设施、空间治理数字、社会治理智慧、创新要素联动、公共服务创新、生态环境美丽、社区人才培育等八大支撑工程。

以未来科技城和青山湖科技城为例。生态环境：这里有西溪湿地国家公园和青山湖国家森林公园，青山湖科技城就位于青山湖国家森林公园内，西溪湿地更是河网密布、纵横交错，堪称中国湿地第一园。教育资源：杭州师范大学新校区、仓前中学、青山湖中学、文澜未来科技城分校、未来科技城双语幼儿园等已启用，已立项开建的还有杭州电子科技大学工程信息学院、学军中学海创园校区、五常中学、杭师大青山湖附小、浙江大学幼儿园星汇分园等。医疗资源：目前，浙一海创园医疗点已运营。另外，重点建设3所高品质医院，一是与浙一余杭院区同设，建设浙大医院中心国际部；二是建设儿童医院或妇科医院的专科医院；三是浙二国际肿瘤医院。其他生活配套：在未来科技城科技岛，文二西路与规划创景路交叉口周边，规划科技馆、图书馆、文化展示馆、体育场馆、青少年活动中心等公共服务平台。

加强交通建设，铁路杭州西站、多条地铁都要开建。未来，城西科创大走廊将以铁路枢纽为核心，以道路网、轨道网、地面公交网为支撑，联动物流基地和片区客运枢纽的"一核三网多心"综合交通体系，实现"15分钟进入高速网、30分钟到达杭州主城区中心、1小时通达杭州东站和萧山国际机场两大门户"的目标。绕城高速西复线加快推进。加快推进高速公路拥堵段杭州绕城高速西复线建设，并将留祥路西延工程纳入建设规模，依托杭州绕城高速、杭长高速、杭徽高速，在城西科创大走廊构建形成"两纵两横"高速公路骨架路网。打造"四纵四横"对内通道网络。"四纵"线网，就是优化形成良睦路、东西大道（G320 国道）、G235 国道、青山大道四大南北向快速通道；"四横"线网，就是优化形成留祥路西延—留祥快速路、余杭塘路—海曙路、文一西路—科技大道、02 省道—天目山路四大东西向交通通道。落实快速公交 B18 线。这是布局城西至主城区的公交专用道，开通至火车东站的商务专线；完善 BRT 系统，落实快速公交 B18 线，调整 B6 线至临安城区，新增 B4 线老余杭至青山街道线位，新增"横畈—青山湖科技城管委会—青山街道""闲林埠—未来科技城核心区—临平主城"两条纵线，强化南北联系；同步建设与轨道交通衔接的地面公交、P＋R 停车设施、慢行交通等配套交通设施，提高综合交通运行效率。

4. 加强人才政策吸引

通过在资金、股权、来华手续、审批、人才引进等方面的政策吸引人才流入。

资金：每年从省创新强省资金中安排 4.5 亿元支持杭州城西科创大走廊建设，打造创新创业生态体系。股权：对高新技术企业和科技型中小企业转化科技成果给予个人股权奖励，奖励人员在获得股权时，可分期缴纳个人所得税，也可在取得分红或转让股权时一并缴纳。探索科研人员以实际激励金额（扣除个人所得税）全额购买企业股权，或自筹资金配比购买企业股权。来华手续：简化外国专家短期来华相关办理程序，如对来杭停留不超过 90 天（含）的外国专家，免办工作许可，凭外国专家主管部门发的邀请函，可办理多次往返 F 字（访问）签证。审批：各级相关部门提出下放至杭州城西科创大走廊的权力清单，整合有关行政审批资源，建立集中、便民、高效的受理中心，提供"一站式"服务，确保"审批不出区"。人才引进：目前实行的人才新政，海外高层次人才项目经审评最高可获得 500 万元资助；对大学生创业，设立 1 亿元创业基金。住房方面，至少提供人才租赁房或 1200 元／月的租房补贴。

5. 全域型未来社区下不同未来社区建设方向示例

（1）杭腾社区

位于杭州市余杭区仓前街道，分为实施单元和规划单元两部分，规划单元约 100hm²，实施单元约 26hm²，总建筑面积约 190 万 m²，常住人口数约 4 万人，总投资预计 180 亿元，建设时间为 2020～2025 年，是一个服务云城发展的年轻活力人群未来社区。杭腾社区依托杭州西站枢纽和轨道 3 号线的交通便利优势，浙大校友总部经济园、省级人才大厦和国家级重力实验室的人才集聚优势，打造共享生活办公的智能社区。

（2）绿汀社区

位于杭州市余杭区闲林街道未来科技文化中心地铁绿汀路站区块，是杭州城西科创大走廊全域未来社区三个领先型未来社区项目之一。规划单元（同实施单元）18.98hm²，总建筑面积约 102 万 m²，住宅户数约 2400 户，建成后直接受益人数将达 8500 人以上，总投资预计 77 亿元，建设时间为 2021～2026 年，是一个具有全球创新影响力的标志性垂直社区。绿汀社区立足地处未来科技城核心区、毗邻科技岛的区位优势，依托地铁绿汀路站的 TOD 开发优势以及湿地环绕的生态基底优势，打造人才集聚的活力社区、彰显城市天际线魅力的创新灯塔、融合垂直生态化体系的示范社区。

（3）葛巷社区

位于杭州市余杭区仓前街道梦想小镇南侧，规划单元（同实施单元）62hm²，总投资预计 5 亿元，建设时间为 2020～2025 年。葛巷社区结合原住民生活需求，依托仓溢东苑小区数字化改造项目，以物联网云平台为基座，统一接入标准，为城市管理和运营服务提供数据支持，探索"数智化"未来综合治理模式覆盖推广，打造"未来数治"典型示范社区。

（4）南滕社区

杭州市余杭区五常街道，一期 30.65hm²，二期 25.75hm²，总面积 56.45hm²，总建筑面积 134 万 m²，常住人口数约 1.3 万人，总投资预计 230 亿元，建设时间为 2019～2022 年。南滕社区是国内目前最大的 TOD 车辆段上盖综合体，集居住、商业、办公、教育、文化、体育、交通等多重复合业态于一体。项目积极探索在建项目整合提升典型示范，依托地铁 5 号线五常站上盖优势，打造智慧轨道型未来社区。

第六章

未来社区建设投资分析

第一节　建设特征及投资特点

一、未来社区的建设特征

相对于一般的居住社区，结合综合体的功能需求，第一批至第三批未来社区呈现的建设特征有：业态多样，可包含住宅、公寓、幼托、教育、停车、特色文化公园及相关配套等要求。

（1）开发周期较紧，原则上整合提升类1年内基本完成创建工作；拆改结合类、规划新建类2年左右完成创建工作；拆除重建类考虑拆迁安置进度等因素，可放宽至3年左右。

（2）重视生态环境保护和河岸带开发，如海绵城市规划、装配式建筑要求、绿色建筑要求等。

（3）高质量公共空间开发，使其成为建筑导向和邻里生活的焦点，如未来邻里等。

（4）有公共交通接入的集约型开发，同时鼓励相邻交通沿线实施填充式开发或者再开发，实现可扩展及可持续发展。

（5）涉及城市升级、旧改、更新及回迁。

二、未来社区的投资特点

未来社区项目的投资呈现以下特点：

（1）建筑形态相对复杂，建设投资关注点较多。

（2）未来社区业态类型丰富、资产运作方式多样。在与政府沟通层面，涉及与发展改革委、规划审批、教育、建设主管部门的沟通；在投资方和开发商企业层面，涉及与建设投资相关职能部门的沟通，并与营销、设计、财税、物业管理等业务部门横向联系更加紧密。因此，建设投资与项目前期策划的联动、配合资产运作、财税成本合理化等，是未来社区项目建设投资策划的重要关注点。

（3）涉及联合开发所需开发建设成本归集和分摊。未来社区项目可由多投资主体参与、共同出资成立开发公司，在降低各出资方风险的同时，还可以发挥各自开发优势。其间，如何分摊开发成本，尤其是不同业态、不同资产运作模式下的共有成本，成为合作各方关注的焦点。

（4）未来社区中运营业态的定期更新和改造。针对未来社区中的运营业态，如众创、商业业态调整并进行项目升级改造，可能涉及建筑加固、机电管线的重新布局等持续投资。

（5）与公共交通衔接的投资分析。例如与地铁连接的通道等。

（6）涉及改造，尤其是20世纪80年代的老旧小区，改造空间小，费用较大。

一方面，根据《浙江省未来社区试点建设管理办法（试行）》第十条，要求实施主体负责编制申报方案，提出建设期投资估算、资金筹措方案和成本回收方案，提出运营期财务收支方案，且建设期和运营期均应实现资金平衡。如图6-1中"六、资金安排和测算"及其中包含"建设期资金测算"和"运营期资金平衡"。

某未来社区试点创建项目实施方案

CONTENTS

一、总说明
1.1 编制依据
1.2 区域概况
1.3 试点社区现状概况
1.4 目标定位
1.5 功能配置及建设内容
1.6 与申报方案对比
二、总体设计
2.1 基本资料
2.2 场地概述
2.3 总平面布置
2.4 竖向设计
2.5 地下空间
2.6 交通组织
2.7 景观设置
三、场景系统设计
3.1 项目分析
3.2 概述
3.3 指标要求
3.4 场景设计方案
四、数字化系统设计

4.1 数字化平台概述
4.2 未来社区场景数字化系统设计
4.3 设备材料清单
五、建设运营组织
5.1 未来社区实施流程
5.2 建设模式
5.3 建设主体条件
5.4 建设阶段安排
5.5 运营阶段安排
六、资金安排和测算
6.1 建设期资金测算
6.2 运营期资金平衡
七、保障措施
7.1 试点建设工作专班名单
7.2 明确场景联合体方案
7.3 政策与机制保障附件
7.4 评审要点附件
八、专业技术图纸（另详专册）

图6-1 某未来社区试点创建项目实施方案

另一方面，对于大部分开发商而言，未来社区的建设是一种全新的建设模式，它在政府的指引下以市场化的方式进行推进。在地块出让时约定无条件执行后续出台的政策，随着各项相关政策的陆续推出，对于开发商而言存在较大政策风险。未来社区业态丰富，而有别于一般的建筑建设，开发商是否决定投资、如何进行有效建设投资、实现建设期和运营期资金平衡从而使得最终效益最大化，则需深入研究分析下述问题：① 后期的商业运营，若后期商业运营不善，可能导致项目亏损；② 前期的资金成本，若前期资金成本过高，可能影响后期销售价格和去化速度，影响利润；③ 项目资金压力，可售住宅预售证申领、建设和运营节点要求、建设标准要求，一般与场景配套建设相关联（图6-2），政府回购建筑也需验收合格后回款，由此项目面临资金压力可能较大。

某未来社区项目审批要求

1. **预售许可证时点**：邻里中心开工建设之前，住宅不予办理商品房预售许可证。
2. **住宅销售**：安置房、公租房竣工验收前，住宅销售不得超过商品住宅总面积80%；安置房、公租房、邻里中心竣工验收后，住宅销售允许达到商品住宅面积90%；TOD公交首末站等配建工程交付使用后，允许销售。
3. **限价**：两宗地块所建商品住房销售均价不高于19900元/㎡、最高价不高于22400元/㎡（均为毛坯价）；全装修标准2000元/㎡；无产权地下车位不高于15万元/个。
4. **转让时限**：除安置房外的商品住宅自签订《商品房买卖合同》之日起5年内不得转让，签订时间以商品房买卖合同网签备案时间为准。
5. **人才公寓销售限制**：可销售的人才公寓自领取预售证后1年，按市人才政策仍未销售完，可转为商品住宅对外公开销售。
6. **邻里中心**：不得分割登记、不得销售，须100%整体自持并负责运营。
7. **装配率**：住宅部分装配率不低于50%，公建部分装配率不低于60%，并按建筑装修一体化要求。
8. **绿色建筑**：按照二星级及以上绿色建筑的技术标准开发建设。
9. **菜市场**：建筑面积不少于5250㎡、物流分拣中心建筑面积不少于250㎡，建成后无偿移交给政府。受让人运营，运营期内政府免租金。
10. **无偿移交政府**：社区服务设施（按每百户不低于40㎡的标准）、城市道路、隧道新风井、排风井及两安全出口等出地面附属设施、社区公共服务中心、TOD公交首末站；水利闸站管理用房，建成后无偿交给市水利局。
11. **幼儿园**：须纳入未来社区统一运营管理。
12. **运营期限**：10年，即运营开始的10年内不得退出或降低其持股比例。10年期满后可继续运营或整体转让。

图6-2　某未来社区项目审批要求

《浙江省未来社区试点建设管理办法（试行）》第十二条要求实施主体在一年内完成编制实施方案和评审。开发商在进行未来社区建设时，需要进行充分的可行性研究分析，提出建设期投资概算、资金筹措方案、成本回收方案，明确具体资金流向和实现路径，明晰运营期财务收支方案，分析预计收益，确保全周期资金平衡。本节中主要讲述未来社区有别于一般居住小区项目的成本及其构成关注点。

根据浙江省未来社区"139"顶层建设设计方案，未来社区将"美好生活"具象化，对人民群众的"幸福感、获得感"进行了指标化、数据化。未来社区根据九大场景建设要求设置了33项评价指标，且从第一批未来社区试点的建设开始，便不断进行着迭代更新，为了实现未来社区九大场景，在建设项目决策及设计阶段，应考虑具体业态布局与之响应。比如：

（1）未来邻里场景约束性指标：打造社区特色文化公园；明确社区特色文化主题，丰富社区文化，构建社区文化标志；配套社区文化空间。优化设置"平台＋管家"管理单元，统筹公共设施配套，打造宜人尺度的邻里共享空间。

（2）未来教育场景约束性指标：按社区人口规模，灵活配置3岁以下婴幼儿照护服务托育机构和社区照护驿站，要求设施完备，安防监控设备全覆盖；根据运营需求合理配置功能复合型社区幸福学堂，满足多龄段需求；配建社区共享书房。

（3）未来健康场景约束性指标："15分钟步行圈内配置健身场馆、球类场地等场所设施；5分钟步行圈配置室内、室外健身点；15分钟步行圈内配置智慧化社区卫生服务站（智慧健康站），或智慧化社区卫生服务中心；按需配建适老化住宅；15分钟步行圈内配置居家养老服务设施；公共服务设施无障碍；对社会养老机构给予租金减免等政策支持。"

（4）未来创业场景约束性指标："根据实际需求，配建弹性共享、复合优质、特色多元的社区众创空间；建立住房租售'定对象、限价格'的特色人才房供给机制。"

（5）未来建筑场景约束性指标："采用地面、平台与屋顶相结合方式，创新配置空中花园，打造多层次复合绿化系统；灵活采取集中式或分布式布局，建设综合型社区邻里中心。"

（6）未来交通场景约束性指标："做到'小街区、密路网'；打通社区内外道路，提高出行便捷性；新建车位要求预留充电设施安装条件；设立智能快递柜、物流服务集成平台等智能物流设施；配置物流收配分拣和休憩空间。"

（7）未来低碳场景约束性指标："应用光伏发电等多种新能源技术，提高可再生能源利用比例；建立生活垃圾源头减量机制；生活垃圾分类全覆盖；绿化、环卫用水采用非传统水源。"引导性指标："公共建筑采用区域集中供热（暖）供冷；采用'热泵＋蓄冷储热'技术；预留氢能和燃料电池技术应用接口；构建近零碳能源利用体系。"

为满足上述评价要求，在未来社区决策阶段和设计阶段，应以相应的业态布局实现上述场景。表 6-1 所列为某未来社区项目场景与业态布局关系。

九大场景业态布局　　　　　　　　表 6-1

九大场景		业态	九大场景		业态
一、未来邻里	1	邻里文化交流	六、未来低碳	1	地下垃圾分类处理中心
	2	邻里活动中心		2	社区能源管理中心
二、未来教育	1	社区早教服务中心		3	光伏建筑试点
	2	社区幸福学堂、特殊教育资源中心		4	智能垃圾管理中心
	3	儿童活动交流空间		5	区域能源供应站
	4	老年文化中心、终身教育中心		6	热源塔与冷却塔
	5	社区图书馆	七、未来服务	1	邻里一站式服务中心
三、未来健康	1	社区健康管理服务中心		2	菜场
	2	养老服务中心	八、未来治理	1	社区综合服务中心
	3	社区服务中心	九、未来建筑	1	TOD 综合体
四、未来创业	1	双创空间		2	复合绿化系统
	2	创客学院		3	装配式建筑
五、未来交通	1	物流配送点		4	弹性可变房屋空间

相对于一般的居住社区，通过上述业态布局实现未来社区指标评分目标的同时，建设投资测算关注点在于：① 针对上述业态的直接成本；② 未来社区建设标准、特殊要求（例如，绿色建筑、装配式要求、海绵城市）导致的增量投资；③ 在同一项目中因建设方案互斥导致的机会成本及盈利能力的变化。例如，按照某未来社区项目要求某区域作为共享空间使用，因此，导致营收减少及机会成本增加。由于第三个关注点在项目获取阶段即已确立，本章仅针对前两个关注点进行分析。

第二节　不同业态建设投资关注点

根据《浙江省第四批未来社区创建评价指标体系（试行）》，对应整理的业态及建设标准的建设投资关注点如图 6-3 所示。

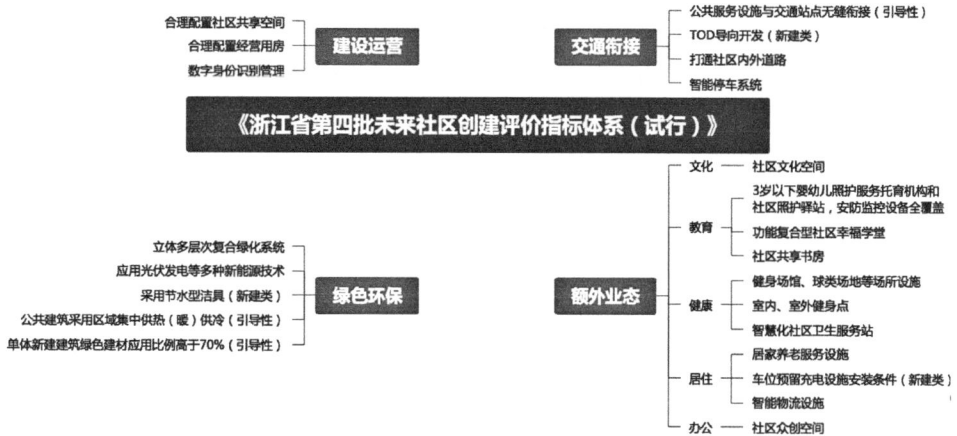

图 6-3 未来社区建设投资关注点

一、TOD

TOD 即以公共交通为导向的发展模式。其中，公共交通包括火车或高铁车站、机场、地铁、轻轨和巴士干线。由于其建筑集工作、商业、文化、教育、居住等多用途为一体，集约化用地，从而可缓解城市土地紧张、方便交通出行等问题。TOD 关注的费用包括与交通枢纽的连接费用，如地铁接口费用、刚性围护增量成本以及地铁位移监测费用等。TOD 空间布置示意如图 6-4 所示。

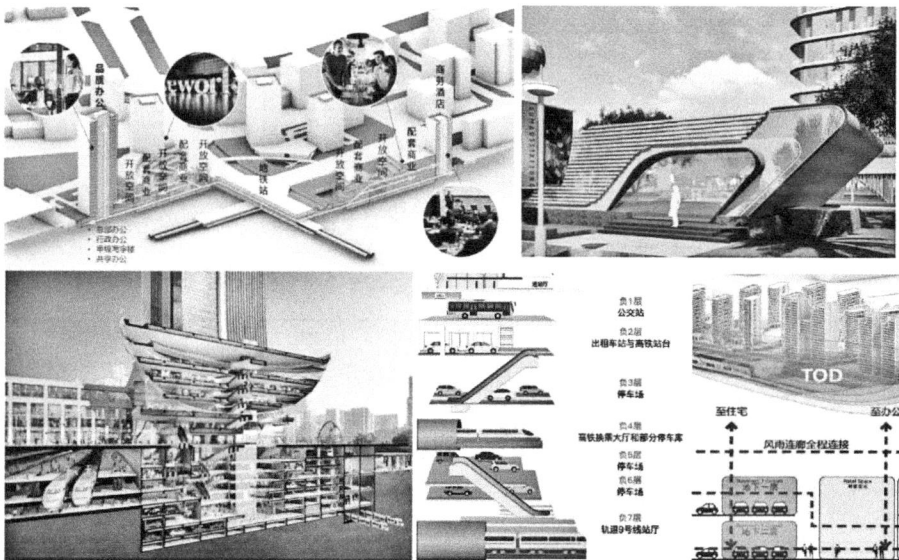

图 6-4 TOD 空间布置示意图

TOD 的经济测算，应结合项目周边交通、管线情况分析、建筑物地下室情况、连接部位选择、实施方案比选、设计方案、围护方案选型、分段施工方案实施，如表 6-2 所示的 TOD 地铁连通道施工方案比选示例，及图 6-5 所示的 TOD 围护方案比选示例。

TOD 地铁连通道施工方案比选示例　　　　　　　　表 6-2

	方案一：明挖整体施工	方案二：明挖两期施工	方案三：顶管方案
方案			
优点	• 土建工程造价低 • 施工工期短	• 施工方便，难度低 • 管线迁改有实施条件 • 造价低	• 目前预留连接条件
缺点	• 中断道路交通 • 管线搬迁难以实现	• 对交通的影响较大，但可保证单车道通行 • 两次施工，整体工期需加长	• 路面较窄，考虑顶管工作井设置会侵入路面，导致仍需要搬迁管线。实际推进距离极为有限 • 造价高

围护桩选型	 钻孔灌注桩围护详图	 φ650SMW工法详图	 CSM工法详图
优点	1. 围护桩刚度大，施工安全度高 2. 逆作顶板的支撑能力强，对道路交通的安全保障好	1. 止水与受力一体，围护墙体厚度较小 2. 施工速度较钻孔灌注桩快 3. 工期较短，造价较钻孔桩低	1. 止水与受力一体，围护墙体厚度较小 2. 施工速度最快可较快完成围护墙体施工 3. 工期较短，造价较钻孔桩低，与 SMW 持平

图 6-5　TOD 围护方案比选示例（一）

续表

不足	1. 造价较 SMW 工法高 2. 围护墙体总厚度较 SMW 工法高 3. 施工速度较 SMW 工法慢	1. 围护体刚度不如钻孔灌注桩 2. 型钢拔除，对周边存在二次影响 3. 顶板的竖向支撑与型钢的拔除相互影响	1. 围护体刚度不如钻孔灌注桩 2. 型钢拔除，对周边存在二次影响 3. 顶板的竖向支撑与型钢的拔除相互影响
解决方案	采用"桩墙复合受力"技术，利用围护桩刚度较大的特点，作为永久受力的一部分，降低综合造价	1. 采用 700 型钢 2. 型钢拔除采用同步注浆、跳拔方案 3. 围护桩对顶板支撑采用反向受力方案，以便于型钢拔除	1. 采用 700 型钢跳插，增加刚度 2. 型钢拔除采用同步注浆、跳拔方案 3. 围护桩对顶板支撑采用反向受力方案，以便于型钢拔除
结论	推荐	若逆作顶板，受力情况不好，不推荐	不推荐

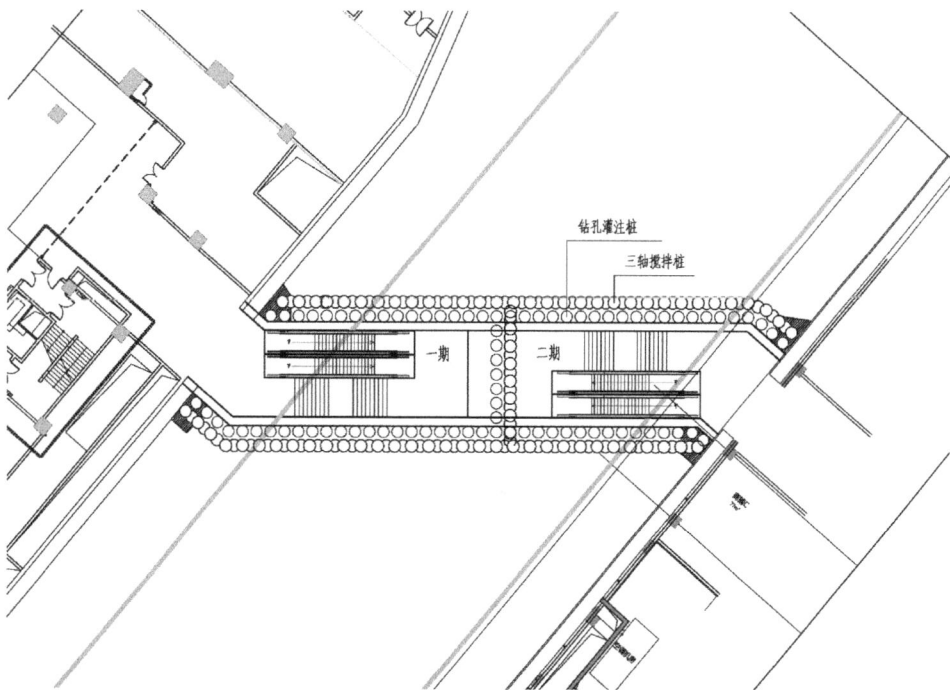

图 6-5 TOD 围护方案比选示例（二）

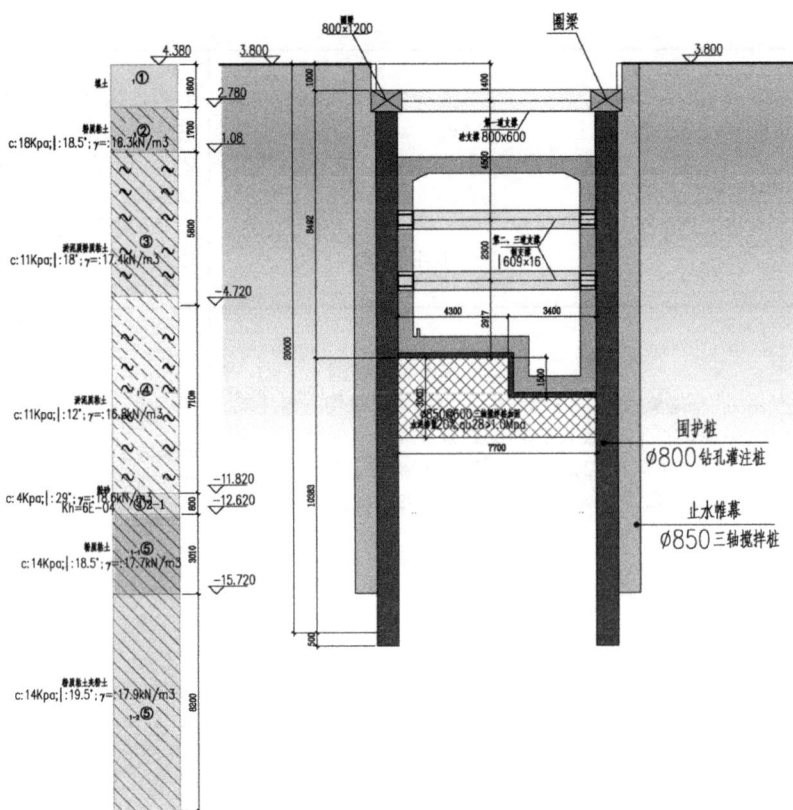

图 6-5　TOD围护方案比选示例（三）

二、公园业态

公园业态在未来社区的邻里、健康、建筑、交通、低碳、服务等多个场景均有涉及。由于公园业态的规划设计联结项目生态改造、当地文脉提取、海绵生态技术、岸线生态处理、建筑外立面、泛光照明、健康步道，以及在项目整体景观效果上均有体现，且新建或者改造未来社区公园涉及多个成本管控要点，因此，在未来社区项目中宜对其重点关注。

表 6-3 中是公园建设投资指标，由配套用房、运动场、景观绿化组成，具体包括绿化、道路、园路、广场、水景、景桥、运动场地、景墙及挡土墙、栈桥、雨水花园、指示牌、小品雕塑、景观照明、喷灌系统等。硬质景观工程中含有场地平整、道路铺装和景观建筑小品工程。开发商进行未来社区开发建设时，公共景观工程的景观级配标准可以根据需要进行优化设计，如景观级配单方造价、软

硬景比例、灌草比例、凉亭数量和名贵乔木比例（一般指价格大于 5000 元／棵的乔木）等。

公园成本指标示例   表 6-3

编号	项目名称	单方造价指标（元/m²）
1	配套用房	407
2	堆土造坡	155
3	基础处理	140
4	硬质景观	340
5	专业草坪（含养护）	260

三、健身场地及器材

应未来社区未来健康指标要求，对公共健身点的新建或升级改造，对智慧健身器材的引进，对健身场馆的新建和更新改造都会造成成本的增加（表 6-4）。

跑道及场地铺装项目成本指标示例   表 6-4

编号	项目	单方造价指标（元/m²）
一	塑胶跑道	
1	EPDM	90~130
2	透气型	110~150
3	复合型	120~160
4	混合型	130~170
5	全塑型	140~180
6	预制型	230~300
二	塑胶活动场地铺装	135~160

四、装配式建筑与绿色建筑要求

《浙江省第四批未来社区创建评价指标体系（试行）》第 18 项关于"绿色建筑与建筑工业化"的约束性指标为"新建建筑不低于绿色建筑二星级且不低于

当地绿色建筑专项规划的星级建设要求；新建建筑应用建筑工业化（含内装），采用标准化设计、工厂化生产、装配化施工、一体化装修、信息化管理，并符合《浙江省装配式建筑评价标准》要求"；引导性指标为"单体新建建筑绿色建材应用比例高于70%；新建建筑应用新材料新技术新工艺；鼓励对标健康建筑标准"。

关于装配式建筑要求：根据浙江省住房和城乡建设厅发布的浙江省工程建设标准《装配式建筑评价标准》DB33/T 1165—2019 中"公共建筑的装配率不低于60%，居住建筑的装配率不低于50%"，其中关于装配率的计算要点如图6-6所示。

表4.0.1　装配式建筑评分表

浙江省《装配式建筑评价标准》
DB33/T 1165—2019

【装配率计算】

$$P=\frac{Q_1+Q_2+Q_3}{100-Q_4}\times100\%$$

P——装配率；

Q_1——主体结构指标实际评价分值，按表4.0.1确定；

Q_2——围护墙和内隔墙指标实际评价分值，按表4.0.1确定；

Q_3——装修和设备管线指标实际评价分值，按表4.0.1确定；

Q_4——评价项目中缺少的评价项评价分值总和。

评价项		评价要求	评价分值	最低分值
主体结构（Q_1）（50分）	柱、支撑、承重墙、延性墙板等竖向构件	应用预制部件	35%≤比例≤80%	20~30*	20
		现场采用高精度模板	70%≤比例≤90%	5~30*	
		现场应用成型钢筋	比例≥70%	4	
	梁、板、楼梯、阳台、空调板等构件		70%≤比例≤80%	10~20*	
围护墙和内隔墙（Q_2）（20分）	围护墙	非承重围护墙非砌筑	比例≥80%	5	10
		墙体与保温隔热、装饰一体化	50%≤比例≤80%	2~5*	
		采用保温隔热与装饰一体化板	比例≥80%	3.5	
		采用墙体与保温隔热一体化	50%≤比例≤80%	1.2~3.0*	
	内隔墙	内隔墙非砌筑	比例≥50%	5	
		采用墙体与管线、装修一体化	50%≤比例≤80%	2~5*	
		采用墙体与管线一体化	50%≤比例≤80%	1.2~3.0*	
装修和设备管线（Q_3）（30分）		全装修	—	6	6
		干式工法楼面	比例≥70%	6	—
		集成厨房	70%≤比例≤90%	3~6*	
		集成卫生间	70%≤比例≤90%	3~6*	
	管线分离	竖向布置管线与墙体分离	50%≤比例≤70%	1~3*	
		水平向布置管线与楼板和湿作业楼面垫层分离	50%≤比例≤70%	1~3*	

注：表中带"*"项的分值采用"内插法"计算，计算结果取小数点后1位。

· 装配率计算和装配式建筑评价单元应为单体建筑
· 单体建筑由主楼和裙房组成时，主楼和裙房可作为不同的装配率计算和装配式评价单元

图6-6　浙江省《装配式建筑评价标准》DB33/T 1165—2019 中关于装配率的计算

根据上述标准，新建未来社区项目要求装配率达到地方先进水平。限于当前装配式建筑的施工技术水平，装配式建筑较传统现浇建筑，大概率产生增量成本，参见表6-5。

装配式建筑增量成本产生原因分析 表 6-5

内容		装配式建筑
设计		构件专项设计
工料机	安装	预制构件的制作安装对于管理团队及施工人员整体要求高，且施工管理流程未形成标准化造成降效
	材料	1）钢筋含量增加： 　①既有现浇墙肢又有装配式整体剪力墙墙肢 　②不同楼层结构需统一设计，含钢量增加 2）混凝土含量增加：受预埋管线等因素影响，混凝土含量增加 3）构件间的连接处理
	机械	预制构件吊运、现场安装、转运吊运、设备吊运
措施		现场道路加固、现场场地满足运输车回转要求、地库顶板加固、预制构件蒸养费及成品保护费等
运输		传统的现浇钢筋混凝土构件是将原材直接运至现场，而预制构件是运至预制场，增加运输次数
税金		预制构件甲供，供应抵扣减少，施工方成本增加
间接成本		1）混凝土墙比例提升 2）过程变更成本较现浇高

　　鉴于此，未来社区关于装配式建筑中的经济分析，需要考虑不同评价分值的组合，以达到最优标准，并以其中预制率（装配率的另一种维度评价方式）要求为例，给出单体预制率贡献率成本增量参考，详见表 6-6、图 6-7。

单体预制率贡献率成本增量（参考示例）（元/m²） 表 6-6

单体预制率	组合	参考单方增量			参考单方增量（合计）	区间差值	参考单方增量（均值）
		直接费	措施费	设计费			
30%	成本最小化组合	311	50	10	371	37	390
	成本最大化组合	333	60	15	408		
35%	成本最小化组合	352	50	10	412	33	429
	成本最大化组合	370	60	15	445		
40%	成本最小化组合	393	50	10	453	27	467
	成本最大化组合	405	60	15	480		
45%	成本最小化组合	434	50	10	494	22	505
	成本最大化组合	440	60	15	515		
50%	成本最小化组合	474	50	10	534	16	542
	成本最大化组合	475	60	15	550		

注：单体预制率指 ±0.00 以上主体结构和围护结构中预制构件部分的材料用量占对应构件材料用量的比率。

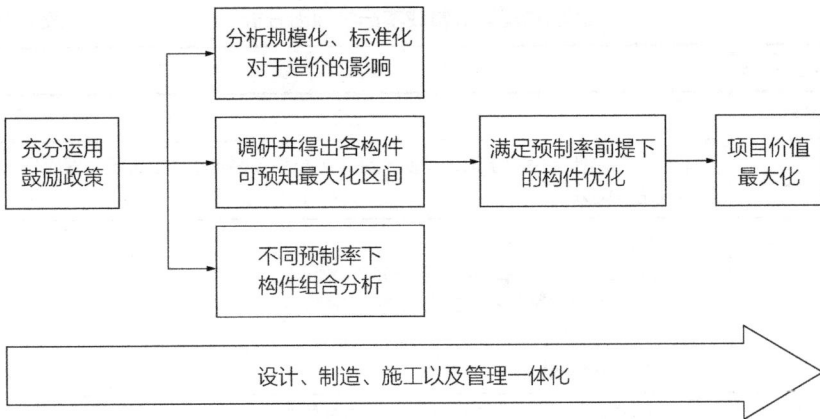

图 6-7　未来社区项目关于满足装配率要求投资测算及优化思路归纳图

关于绿色建筑要求：参考《浙江省绿色建筑条例》第七条："国土空间规划确定的城镇建设用地范围内新建民用建筑（农民自建住宅除外），应当按照一星级以上绿色建筑强制性标准进行建设。其中，国家机关办公建筑和政府投资或者以政府投资为主的其他公共建筑，应当按照二星级以上绿色建筑强制性标准进行建设；鼓励其他公共建筑和居住建筑按照二星级以上绿色建筑的技术要求进行建设。"浙江省各地级市陆续出台有关规定，如《杭州市人民政府办公厅关于推进绿色建筑和建筑工业化发展的实施意见》（杭政办函〔2017〕119号）等。某10万 m² 小区绿色一星级评价投资增量分析见表6-7。

某10万 m² 小区绿色一星级评价投资增量分析示例　　　　表 6-7

类别	绿色建筑具体技术运用项		价格
节能与能源利用	太阳能热水系统	集热系统	50万~70万元
		储热系统	
		中央控制系统	
		水循环、热能交换系统	
		循环系统	
节水与水资源利用	雨水收集系统	收集处理系统	20万~40万元
		净化供水系统	
		系统控制及配件部分	
		安装调试费	

续表

类别	绿色建筑具体技术运用项		价格
室内环境质量	室内空气质量监控系统		12万~15万元
	光导照明系统		
绿色建筑咨询费	全过程绿色建筑咨询、评估、认证		18万~20万元
模拟分析费用	室外风环境模拟	风环境模拟报告	10万~15万元
	建筑综合节能效果模拟	能耗模拟分析报告	
	室内热环境模拟	室内热环境模拟报告	
	室内光环境模拟	室内光环境模拟分析报告	
	室内声环境模拟	室内背景噪声计算书	
	室内自然通风模拟	室内自然通风模拟分析报告	
	日照分析	日照分析报告	
	热岛分析	热岛强度分析报告	
项目答辩费	绿色建筑评审项目总监答辩	通过专家评审，项目获取绿色建筑一星设计评价标识	1万~2万元

五、海绵城市

海绵城市，即比喻城市像海绵一样，在适应环境变化和应对自然灾害等方面具有良好的"弹性"。下雨时吸水、蓄水、渗水、净水，需要时将蓄存的水"释放"并加以利用，从而让水在城市中的迁移活动更加"自然"。海绵城市的建设需要渗、滞、蓄、净、用、排等工程技术设施，表6-8和图6-8为某地区及项目部分已实施的海绵城市开发设施参考建造价格。

某地区海绵城市设施实施单价　　　　　　　　　　表6-8

雨水处理设施（m²）	单位造价估算（元/m²实施面积）
绿色屋顶	100~300（简易式）
	400~900
渗透铺装	50~400

续表

雨水处理设施（m²）	单位造价估算（元/m²实施面积）
下沉式绿地	40~80
雨水花园	400~1000
干塘	200~400
湿塘、人工水体	400~800
人工湿地	500~800
转输性植被浅沟	20~50
过滤净化性植被浅沟	100~300
缓冲带	100~250
初期雨水弃流	400~600
贮存池	800~1200
清水池	800~1200
土壤渗透池	800~1200

某项目海绵城市实施价格及透水铺装设计选材如图 6-8 所示。

增加海绵设施	作用及特点	参考价格
植草沟	集水、渗水、净水、蓄水、排水、回用等	100~300 元/m²
生态树池		200~1000 元/m²
雨水花园		500~800 元/m²
渗井		800~6000 元/座
渗透塘		400~800 元/m²

材料替换	海绵设施	特点	备注
透水砖改透水混凝土	透水砖	1. 透水率低，两年后透水减少50%，容易积水	透水混凝土价格稍高（因设计参数差异导致价格不等）
		2. 易缺损凹陷；二次铺贴耗时	
		3. 易破损断裂难维护；后期使用更换率高	
	透水混凝土	1. 透水透气、雨水储蓄	
		2. 整体浇筑、密实、平整、抗折抗压、高强透水	
		3. 一次成型工期短；不易阻塞、容易清理；长时间内无须返修	

生态树池

图 6-8　某项目海绵城市实施价格及透水铺装设计选材

六、智能停车

根据《浙江省第四批未来社区创建评价指标体系（试行）》中第 21 项，关于实现未来交通场景中"智能共享停车"的约束性指标为"公共设施内建立智能停车系统，提供车位管理、停车引导等功能；利用社区周边共建配套，通过错时停车、共享停车提高车位利用率"；引导性要求为"应用自动导引设备（AGV）、自主代客泊车系统（AVP）智能停车技术等"。本部分以未来社区智能停车管理系统为例，通过引入智能管理停车，实现精准识别车辆、智能收费，提升通行效率、快速通行、改善拥堵，如表 6-9 所示。

某智能停车管理系统建造投资示例　　　　　　表 6-9

系统	项目名称	内容	投资占比
停车场管理系统	入口设备	车辆检测器、入口控制器（含对讲分机）、地感线圈、车牌识别摄像机（含镜头与护罩）、LED 补光灯、摄像机立杆、摄像机安装箱、道闸、防砸、3m 栅杆	34%
	出口设备	车辆检测器、出口控制器（含对讲分机）、地感线圈、车牌识别摄像机（含镜头与护罩）、LED 补光灯、摄像机立杆、摄像机安装箱、道闸、防砸、3m 栅杆	32%
	管理中心	停车管理及收费系统、服务器、管理工作站、对讲主机（8 路）	5%
	出口收费处	岗亭、安全岛、管理工作站、收费管理系统、收费显示屏、开闸按钮、电源转换器分配器箱	8%
	供电及传输	16 口接入层交换机、光纤盒、跳线、单模四芯光纤、信号线、电源线、防水 220V 电源线、通信线、联网信号线、电气配管、辅材	5%
人行道闸系统	前端设备	非机动车速通闸机（单、双机芯）、四门门禁控制器（含电源）、出门按钮（开关型）、电源线、通信线、电气配管	16%
合计			100%

七、智慧菜场

智慧菜场是未来社区中未来服务场景的体现之一，新型社区菜市场除了承担服务社区居民的日常生活这一传统职责外，还担当了承载城市文化记忆、营造社区人文氛围的新使命、新角色。社区菜市场不仅是购物场所，也是社区交往、滋养邻里温情的地方。在社会老龄化、信息智能化、消费形式多样化、居民需求个性化的发展背景下，其空间体验有待提升，诸多问题有待解决，如基础设施条件差、服务功能单一、空间和动线的布局不合理、缺乏本地文化特色等。根据未来社区"15分钟社区生活圈"的规划概念，老旧菜场改造升级建设的重点领域范畴是公共服务空间建设，即社区菜场空间改建。

未来社区中未来服务一体化场景构造也是未来社区建设效益的重要体现。2021年11月，在未来社区创建一体化方案评审会中提出未来社区创建要始终坚持党建引领，牢固树立"抓党建就是抓全局"的理念，为经济社会高质量发展理论与实践提供浙江样板。同时，各社区要深入挖掘历史文化，着力打造特色场景，不断提高公共文化服务水平，切实增强社区文化软实力，并就一体化方案提出四个方面的要求：一要坚持需求导向，针对不同场景，梳理需求清单、服务清单，在有限的空间里不断迭代升级，重点抓好核心场景的落地见效。二要积极引导群众参与，积极引导社区居民参与互动，引入公益组织参与社区运营，真正把社区营造成幸福美好家园。三要注重综合运营和文化营造，落实运营前置，将运营思维整体贯穿到规划、设计、建设全过程，真正做到场景之间相互打通融合。努力破解社区空间限制，不断增加社区公共文化空间。四要调动市场积极性，紧密围绕总承包式综合运营服务和单项优质服务，引进城市综合服务运营商和优质服务主体，加强社区供需对接和信息共享，实现未来社区整体生态营造。

以某菜市场升级改造为例：针对菜市场原来性能单一、基础设施落后、市场布局不合理，空间未能充分利用、食品质量无法及时溯源等问题，进行升级改造。改造内容包括：拆除项目、加固项目、改建项目、装修项目、强弱电项目、通风项目、给水排水项目、智慧项目（人脸识别、统一结算、智能电子秤、电子标签、追溯系统等），改造后纳入"互联网＋网红经济"，在传统市场模式的基础上，集合智慧工程、网红时尚店铺，与餐饮店、咖啡店、零售店、花鸟市场等业态融合，打造"一站式"服务。使得原先单一的菜品买卖服务，变为社区综合服务模式，有效提高周边民众的便利性，同时促进经济内循环。

针对传统农贸市场存在对主体责任、经营秩序、食品安全、消防安全、公共安全、环境卫生6大板块追溯困难的问题，改造后的智慧菜场通过解决：①一称一码。每台称体的唯一码可以通过二维码检查校准日期，保证称体的计量准确。
② 一户一码。每一商户展示的二维码可以使附近居民在进行购买前，了解商户
的营业执照、食品卫生许可证、食品检查等信息，最大化地保证食品卫生的透明
度。③ 一品一码。同一品种批次的食品和食用农产品要按照规定的追溯编码规
则，赋予唯一的识别追溯码，尤其是在疫情期间，能够在最短的时间内找到问题
的根源，解决传统农贸市场痼疾。

另外，增加的智慧计量功能，在传统称重功能的基础上添加了计量在线实时
监测系统，从而达到对每一笔称重的交易数据进行实时监测，并反馈电子秤运行
的全面状态。当系统出现作弊预警时，可以及时通知监管人员介入处理，迎合大
数据发展对整个供应链乃至价格信息的透明化需求。相关测算参见表 6-10。

某智慧菜场项目经济测算

表 6-10

序号	项目名称	工作内容	估算基础	单位	工程量	单方指标（元 /m²）
一	前期工程费用					略
二	建筑安装工程费					2181
	土建部分		装修面积	m²	4210	1421
1	拆除工程		装修面积	m²	4210	85
2	加固工程		装修面积	m²	4210	20
3	建筑工程		装修面积	m²	4210	273
4	装饰工程		装修面积	m²	4210	616
5	顶棚工程		装修面积	m²	4210	118
6	外墙工程		装修面积	m²	4210	111
7	门窗工程		装修面积	m²	4210	42
8	楼梯及栏杆工程		装修面积	m²	4210	21
9	标识工程		装修面积	m²	4210	60
10	绿化工程		装修面积	m²	4210	75
	安装部分		装修面积	m²	4210	760
1	给水排水工程	给水布置到各商铺点位，排水布置到位。小商户只预留用水点位	装修面积	m²	4210	60

序号	项目名称	工作内容	估算基础	单位	工程量	单方指标（元/m²）
2	强电工程	原菜场范围内的电气部分，全部拆除重建。小商户只预留点位及 PZ30 箱	装修面积	m²	4210	304
3	通风及防排烟	菜场区域新风＋排风＋消防排烟系统。分户空调自理	不含过道、广场及外廊	m²	2240	63
4	排油烟工程	对油烟点位进行集中油烟处理及油烟净化	不含过道、广场及外廊	m²	2240	53
5	消防工程	临时高压系统供水，设置消防喷淋、消火栓系统	装修面积	m²	4210	100
6	室外景观照明	—	不含集市	m²	1970	28
7	智慧农贸	不含电子秤/POS机等设备	装修面积	m²	2240	45
8	措施费		5%	m²	1	107
三	配套工程费					696
1	供配电（增容）	待征询供电公司		m²		428
2	燃气配套	待征询燃气公司		m²		47
3	通信配套	待征询相关公司		m²		83
4	垃圾房及配套			m²		71
5	手机信号覆盖			m²		19
6	消防外网			m²		48
四	临时工程费			m²		83
	临时菜场工程		测算量	m²	242	83
五	工程管理费					略
六	其他					175
1	设计费			m²		142
2	电子秤			m²		33
七	不可预见费		5%			156
合计						3291

智慧菜场改造实施步骤如下：

（1）原旧菜场改造为智慧菜场＋时尚网红店铺，且与餐饮、咖啡馆、零售店、花鸟市场等业态混合，不同的产品组合，对应的建设成本截然不同，如何组合产品则需要通过科学性、便利性、合理性等多方面考量。

（2）空间布局的规划建设：整体项目区域的重新划分、动线布置，老旧陈列的拆除、旧物的回收利用、保留部分的加固修缮等。开发商在确定产品组合的基础上，熟悉方案图，到项目现场进行实地勘察，逐一复核图纸，并审查改造内容是否合理，是否存在优化空间，动线规划与出入口、卸货区的布置是否合理。

（3）智慧产品规格型号的选取：一般是有常规的网络传输、蓝牙传输，不过蓝牙传输在实际运用过程中可能存在卡顿、延迟的现象，所以在条件允许的情况下应选用有线网络传输，以保障消费者顺畅地在线交易；对于不同的摊档会存在不同的需求，如海鲜档口通常会有大量的水及污物，因此，应选择专门的水产秤，以延长使用寿命。目前市面常用单片机或安卓系统的称体，在实际运行过程中安卓系统的扩展性较强，且运行速度较快，对于档口经营者来说使用操作如同智能手机一般简单明了，而单片机在使用上略差于安卓系统，故在条件允许的情况下可以尽量选择带安卓系统的称体。

（4）外立面的风格设计是否具有较强的可识别性，色彩是否具有一定的冲击力，广告牌的位置是否醒目、合理，充分的广告位的安放对后期运营带来的收益等，需要协助委托人选择综合性价比最好的方案。

第三节 建设成本归集及分摊

一、建设成本归集及分摊原则

未来社区项目涉及相关方较多，如政府、教育机构、物业服务、养老服务机构、双创运营集团、健康服务、医疗机构等，如图6-9所示。

从开发商资产运作角度包括：持有（租赁／运营）、销售、无偿移交及政府回购等方式。不同的资产运作方式，需要对建设成本进行合理归集、分摊。

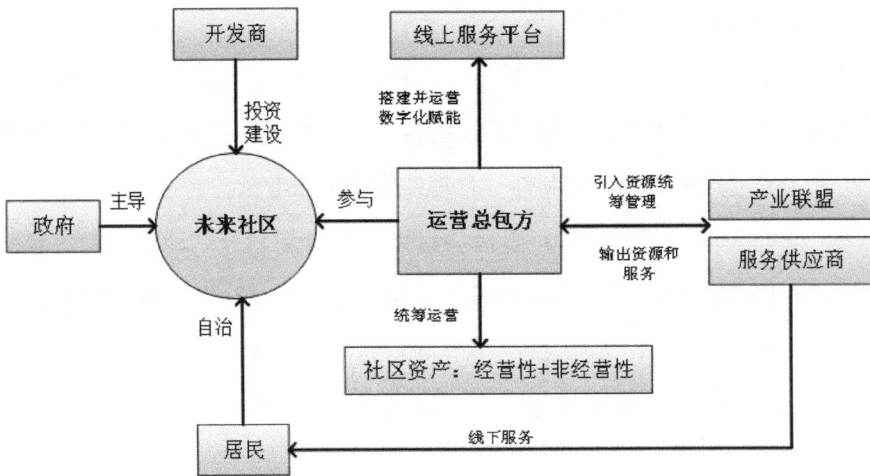

图6-9 某未来社区相关方架构图

（一）归集、测算建设项目成本的需要

需要合理准确归集、测算分摊建设项目成本，以便于盈利预测及分析，促进项目成本管理能力的提升。

（二）作为税务筹划清缴的依据

成本的正确归集和合理分摊，不仅是成本核算和项目盈利能力分析的依据，也是开发商税务筹划清缴的重要依据。房地产建设成本归集和分摊的不同，对企业所得税、土地增值税和房产税等税金产生一定的影响。

成本归集、分摊涉及各方利益，没有绝对的答案，但有相对合理的方式。未来社区因业态众多，合作方众多，成本并不必然采用传统的按照建筑面积分摊的原则，而是包含"谁受益谁承担（受益原则）""谁使用谁承担（归属原则）""各种面积划分原则"三类方式。如果分摊原则不明，则容易引起相关争议以及税务问题。例如：

（1）土地款的分摊方式影响各业态的成本，继而对项目的融资、税务策划以及合作方各自的成本产生影响。

（2）将设备/结构转换层，按可售及自持面积分摊至高层及其裙房各业态内。

（3）将车库不可售部分成本分摊至各业态。

（4）公建配套设施（包括居委会、幼儿园、学校、医疗设施、图书馆及会所等），按可售面积分摊至其所服务的各相关可售产品业态。

对于多业态、多资产运作的建设项目而言，不同的分摊需求导致分摊标准和方法不同。

例如，为客观衡量由双创办公、住宅、地库、邻里中心等业态组成的未来社区项目，涉及的成本科目和成本对象面积的类别较多，单纯按建筑面积分摊建设成本，有可能造成某业态建设成本失真。

例如，未来社区中限制性销售的人才公寓、双创办公位于一栋楼内，因双创办公的结构荷载设计要求、外立面、机电设备等建设标准均较人才公寓高，如果按照建筑面积分摊建设成本，将导致双创办公建设成本被摊薄而人才公寓业态单方成本较同等标准高。这种情况下，需要采用不同的分摊方法将建设成本归入不同的业态，以便客观衡量业态的投入产出情况，有时还能将这种结果应用于税务筹划，具体建设成本归集与分摊优先级依次如下：

（1）各自计算成本：对于需各自计算成本的，建议在清单及预算中进行明确；可以明确由某一成本核算对象负担的、不必进行分摊的成本应当直接计入成本核算对象成本，直接归集。

（2）按照使用对象、功能、容量分摊：各成本核算对象之间分配费用应本着成本收益原则，哪个成本核算对象受益，费用按照使用功能和容量分摊计入各个成本核算对象。

（3）按照面积分摊：按照建筑面积分摊原则的（以测绘面积为准），参考公式建议为：

分摊比例（％）＝待分摊对象面积（含地下）÷总建筑面积（含地下）×100%

二、建设成本归集及分摊标准

建设成本归集及分摊应先明确面积指标，并区分两种面积指标进行分摊，最后进行后续调整。

（一）应明确的面积指标

在进行建设成本归集和分摊前，先要明确建筑面积、可售面积、基底面积、占地面积这四个面积指标，见表 6-11。

面积指标 表 6-11

面积类型	定义
建筑面积	指建筑外墙外围线测定的各层平面面积之和，反映建筑规模大小
可售面积	指取得商品房预售许可证、可预售和销售的商品房面积，是完工结转计入"库存商品"以及结转"主营业务成本"采用的指标
基底面积	指建筑物接触地面的自然层建筑外墙或结构外围水平投影面积，包含在总占地面积内
占地面积	指建筑物所占有或使用的土地水平投影面积，是各建设成本归集和分摊所采用的指标，又称为总用地面积

（二）两种分摊标准

开发商进行建设成本归集及分摊标准，通常依从建筑面积与可售面积两种标准。前者容易被接受，后者更加简单。

1. 以建筑面积作为分摊标准

按建筑面积作为建设成本归集及分摊标准，是指以总成本除以总建筑面积，然后根据建筑面积结转销售成本或结转自持资产价值，最容易被接受。但按这种方法中，每部分建筑功能分区都应被分摊到成本。如邻里活动中心、物业管理用房、地下人防、地下无产证停车位、地上连廊、养老服务中心、邮电通信、学校、康养中心等不能办理独立产证，属于不可单独销售的功能分区，因而需将这些不可售建筑成本根据以下原则处理：

（1）属于非营利性且产权属于全体业主的，或无偿赠予地方政府、公用事业单位的，可将其视为公共配套设施，其建造费用按公共配套设施费的有关规定进行处理。

（2）属于营利性的，或产权归开发商所有的，或未明确产权归属的，或无偿赠予地方政府、公用事业单位以外其他单位的，应当单独核算成本。除开发商自用应按固定资产处理外，其他均按建造开发产品进行处理。

（3）开发商在开发区内建造的邮电通信、社区早教服务中心、儿童活动交流空间、康养设施等应单独核算建造成本，其中由开发商与国家有关业务管理部门、单位合资建设，完工后有偿移交的，国家有关业务管理部门、单位给予的经济补偿可直接抵扣该项目的建造成本。

（4）单独建造的停车场所，应作为成本对象单独核算；利用地下基础设施形成的停车场所，作为公共配套设施进行处理。公共配套设施费指开发项目内发生的、独立的、非营利性的，且产权属于全体业主的，或无偿赠予地方政府、政府公用事业单位的公共配套设施支出。

以建筑面积作建造成本归集及分摊标准时，不论是公共用地还是可销售用房自身用地发生的土地费用，均应按占地面积来分摊。自有物业应以其"办理产权的面积"计算土地成本，在确认产权归属时按"国有土地使用权证"所载剩余使用年限计入"无形资产"进行摊销。

2. 以可售面积作为分摊标准

可售面积就是取得了"商品房预售许可证"，可以进行预售和销售的商品房面积，是经过批准预售的面积，包括已经预售和正在预售的商品房面积。由于所有有产证的建筑面积最终都有产权所有人，可以根据产权所有人对建筑面积进行确认权属，因而在建设成本归集和分摊进程中绕开了无产证建筑物由于权属不明而无法确认权属的情况，简化了成本归集及分摊的过程。

对于分多期开发的项目，建设成本归集和分摊可依据各期可售面积进行。以某分四期建设的项目为例，各期面积见表6-12。

各期建筑面积　　　　　　　　　　　　　表6-12

	一期	二期	三期	四期
占地面积	72000m^2	98200m^2	101053m^2	94776m^2

其中，该项目一期业态包括联排、多层住宅、高层住宅，占地面积分别为21000m^2、23000m^2、28000m^2，建造建设成本归集和分摊原则如下：

（1）土地价款：政府地价、合作款项、红线外市政设施费为全期收益，按占地面积在各期分摊，当期各业态建筑也同理分摊。

（2）开发前期准备费：勘察设计费、三通一平费按谁受益谁分摊的原则计入各期，按建筑面积分摊。

（3）园林环境工程费用：入口形象改造工程、入口广场工程、风景大道工程、中心公园等为全期受益，前两类按可售面积在各期进行分摊，中心公园按可售面积在二、三、四期进行分摊。

（4）配套设施费：邻里文化交流、邻里活动中心、儿童活动交流空间、健身中心等不单独核算成本，按可售面积在各期进行分摊；一期地下室车库则计入一期，按售价的 50% 提留成本。

需要注意的是，在分摊成本确定后，总成本发生变化时，变化部分成本仅在未结算开发期反映，已结算开发期不再调整分摊成本。

（三）建造成本的后续调整

因开发商在交房确认销售收入、结转销售成本时，按照房地产开发的惯例，这时开发项目决算尚未完成、准确成本无法确定，项目决算时段会拖延至交房后两三年之久，因此，对于成本后续调整是建造成本核算的常态。

出于财税核算目的，建设项目需要及时结转收入和成本，因而竣工交房时的建造成本总额一般是根据项目工程预算与合同总额确定的，然后按建筑面积或可售面积分摊除单方建筑面积或单方可售面积的成本，再根据已销售面积占整个项目可售面积的比例转结出销售成本，这时结转出的销售成本带有估算的成分，所以要在项目结算后，根据完成的项目决算数据确定最终的建造成本，再调整原已结转的产成品成本与销售成本数据，具体步骤为：

（1）在已完工建筑和未完工建筑部分之间分摊。

（2）将已完工建筑的成本部分，在已销售产成品和未销售产成品之间分摊。

需要特别说明的是第一次结转的单方建筑面积成本或单方可售面积成本与决算单方建筑面积成本或单方可售面积成本没有过大的差异（通常按 ±10% 衡量），一般不再追溯调整，而是将计算的成本差异按未来适用法计入当期期间损益。

第四节　实例分析

某未来社区项目初步评审意见及建设投资关注点如表6-13～表6-15所示（由于未来社区创建指标体系经历迭代更新，单价等表格内容仅供参考）。

某未来社区项目初步评审意见及建设投资关注点 表6-13

序号	评审意见	具体问题描述	建设投资关注点
1	指标问题评审意见	未来低碳场景：资源循环利用落实生活垃圾源头减量、绿化等。公共用水采用非传统水源。生活垃圾分类明确居民参与率、垃圾分类准确率、生活垃圾回收利用率，以及选用节水型洁具： （1）采用中水系统； （2）选用各类节水型洁具	考虑因采用中水系统、选用各类节水型洁具等系统及水系统末端改变造成的追加投资
2		开工时间为2021年10月，竣工备案时间为2024年2月，实施推进计划总体滞后	调整资金投入计划，重新安排现金流
3	规划建筑方案评审意见	结合社区环境进一步突出特色场景设计，增加邻里、教育、健康三个特色场景概括性亮点描述	因增加三个特色场景，导致开发体量和建设标准的改变造成的投资差异
4		调整绿化阳台。考虑后疫情时代户型特点。三大地块分别各有水街、幼儿园、邻里中心作为主要配套。每个组团的住宅架空层布置公共配套	根据绿化阳台、户型、配套等变化导致的投资调整。例如：增加阳台防水、覆土及其结构荷载调整，增加新风系统、楼层等导致的增加投资
5		深入挖掘本区域历史文脉，加大仿古街区的文化提炼，引进古镇记忆、渔市情节、当地老字号、传统戏剧等非遗传承当地名人文化	业态布局及开发体量调整，导致投资额增加。例如：增加社区礼堂、观景台、书院、名人纪念馆等导致的增加投资
6		贯彻海绵城市理念，通过增加水系和公园绿地系统，满足径流量控制要求	增加水系和公园绿地系统，导致投资额增加。例如：增加透水铺装、公园绿地等
7	运营方案评审意见	社区共享书房、教育场景设计不符合评审要求，调整要求如下： （1）各住宅组团分别设置4个50m² 的共享书吧（200m²），构成共享书房，以满足约束性指标要求； （2）设置200m² 共享图书馆，有较为完整的图书借阅、阅览室等功能	增加社区共享书房和共享图书馆，导致投资额增加
8	数字化方案评审意见	补充九大场景的数字化功能清单，子系统和硬件的设计可以在项目落地过程中进行设计	对应补充功能清单（表6-14、表6-15），因功能变化导致的增加投资

续表

序号	评审意见	具体问题描述	建设投资关注点
9	测算方案评审意见	估算类问题： （1）明确估算考虑装配化率； （2）根据人才房、安置房、商业等不同类型确定不同装修标准，建议各项目同类建筑装修标准不宜相差过大（目前方案可售商品住宅装修标准变化幅度为 1500～3000 元/㎡，各项目相差过大）； （3）土地费不计入预备费的基数； （4）高层建筑需考虑供配电工程高可靠性供电费； （5）建设期贷款利息需补充计算方式及计算标准	1）估算按住房和城乡建设部《装配式建筑工程投资估算指标》中对应的 50% 装配率计算的投资； 2）本项目人才房、安置房、商业均按毛坯考虑，精装修未计入投资，属于社区住户自选项； 3）将土地费剥离出预备费计算基数； 4）考虑并单列高层建筑，需考虑供配电工程高可靠性供电费； 5）贷款利息按照 5 年期 LDR 上浮 10% 计算，按照建设期 3 年均匀投入
10		地方政府投入收益测算： （1）除国家和省另有规定外，改造更新类试点项目对应土地的出让收益，剔除上缴国家部分，其余全部用于支持试点项目建设，保障资金总体平衡，切实提升财政资金使用绩效； （2）土地的出让收益等需有详细测算，补充每亩安置费价格，每亩配套设施费单价等基础数据计算	1）政府资金测算基于本项目土地收益提出上交国家 35%，其余全部用于支持本项目建设； 2）本项目安置费相关金额可由当地拆迁办提供，出让收益考虑为安置及市政配套成本抵扣后的测算数据
11	低碳意见	合理设定社区碳减排目标，制定可行的碳减排技术体系和实施方案。 结合《浙江省绿色循环低碳发展"十四五"规划（征求意见稿）》的通知、地区最新碳排放强度控制目标及《绿色建筑评价标准》： （1）实现实施单元超低能耗建筑全覆盖，达到单元社区碳排放较当地现行标准降低 15% 的目标； （2）建立光伏建筑一体化、太阳能热水系统等多元能源协同供应体系； （3）运行社区综合节能管理服务平台； （4）打造资源循环利用系统	根据光伏建筑、太阳能热水系统设计方案，统计并增加相应建设投资
12		建议因地制宜加强新技术应用。可考虑新技术包括：光催化自洁技术、制冷辐射涂料、水源热泵、氢能利用、冷热电三联供技术等。 根据本项目调整方案： （1）充电车位中预留氢能和燃料电池技术应用接口； （2）在实施单元内充分考虑将新能源电动汽车充电桩应用需求与太阳能光伏发电并网技术的引入	统计并增加相应建设投资

数字化功能清单及价格（示例一） 表 6-14

序号	设备名称	单位	单价（元）	主要功能简述
1	智能网关	个	467	（1）采用 Zigbee 网络协议，可灵活组网 （2）带 RJ45 接口，可实现云端远程控制 （3）带 RS485 接口，可与数字分机进行对接，实现本地控制 （4）可实时检测设备状态，实现双向通信和状态反馈 （5）可显示天气和室内外温度 （6）可实现一键场景控制（回家、外出） （7）可实现场景联动、定时联动、门锁联动、安防联动 （8）高亮数码管显示
2	电源	个	60	—
3	幕帘探测器	个	122	（1）该探测器检测到入侵体后，通过 Zigbee 发送报警信号到网关 （2）当检测到人体后，可联动控制相应的灯光或场 （3）主要应用于阳台、入户门等环境
4	红外转发器	个	158	非吸顶安装，移动式设备
5	空气质量传感器	台	893	温度显示；湿度显示；TVOC 显示；红外 PM2.5 传感器
6	水浸探测器	台	100	用于探测家中漏水情况，同时可以联动场景，关闭水阀门，并将信息发送至手机 APP
7	燃气探测器	个	147	用于探测家中燃气泄漏情况，同时可以联动场景，关闭燃气阀，并将信息发送至手机 APP
8	地暖面板	个	500	—
9	新风模块	个	500	—
10	空调模块	个	500	—
11	对讲分机	台	1800	—
12	管线	项	800	—

数字化功能清单及价格（示例二） 表 6-15

空间模块	一级品类	二级品类	空间模块	一级品类	二级品类
社区活动中心	智能识别设备	社区闸机	社区活动中心	智能管家机器人	单元门口机
		智能识别开关			室内机
		人行翼闸门禁		视频监控系统	摄像头
		人脸柱			NVR
		红外入侵探测器			视频监控系统
		人脸识别门口机		软件服务	邻里闲置 APP

空间模块	一级品类	二级品类	空间模块	一级品类	二级品类
社区活动中心	软件服务	社区生态共享系统	文化礼堂	宣传设备	自助服务终端
		社区积分系统		书法互动体验区	电容触摸屏
		互助社区管理系统			智能文具
社区公园	AR互动设备	LED屏		软件服务	智能保护系统（文物建筑保护）
		液晶拼接屏	历史展览馆	基础服务	资产管理RFID设备
		高流明投影机			热度分析
		红外感应			智能照明
		雷达传感器		虚拟服务	互动投影
		AR摄像头中控主机			全息投影
		投影幕			VR虚拟漫游
	智能跑道	LED屏			多媒体交互沙盘
		摄像头		环境检测	温度、湿度传感器等
	智能化设备	智慧语音亭		票务管理	自助服务终端
		智能井盖		视频监控系统	摄像头
		体验中心			NVR
		互动喷泉			视频监控系统
		智能垃圾桶		智能识别设备	社区闸机
	无人服务	无人小巴车			智能识别开关
		无人清扫机			人行翼闸门禁
		无人物流车			人脸柱
		体检小屋			红外入侵探测器
		无人售货车			人脸识别门口机
	软件服务	基础设施管理系统		软件服务	RFID资产管理系统
		基础服务系统			入侵防盗报警系统
		公园综合数据系统			热度分析系统
		邻里交互系统			智能照明控制系统
文化礼堂	影音设备	音响			票务管理系统
		液晶大屏			环境检测系统
	宣传设备	LED大屏			

　　如前文所述，建筑开发形态作为综合体存在的未来社区，因建筑形态相对复杂、建设投资关注点较多、政企层面沟通联系紧密、涉及联合开发所需开发建设成本归集和分摊、运营业态的定期更新和改造、与公共交通衔接的投资分析、涉及旧改等特点，加上未来社区属于新型开发模式，存在一定的政策风险，无论是出于《浙江省第四批未来社区创建评价指标体系（试行）》要求还是开发商项目决策、建设投资管控需要，均应形成系统、完善的建设投资测算和风险管控体系。

第七章

乡村未来社区理念与思考

第一节　乡村发展的未来方向

浙江省在建设未来社区提升城市居民美好生活品质的同时，也开始思考乡村未来社区的创建，着力打造城乡融合的共同富裕现代化基本单元。2020 年 3 月 26 日出台《中共浙江省委 浙江省人民政府关于高质量推进乡村振兴确保农村同步高水平全面建成小康社会的意见》（浙委发〔2020〕8 号），该文件第一次正式提出未来村庄建设理念，也标志着浙江省以未来社区理念同步建设乡村的开始。乡村是复杂的社会基本单元，关系到人、地、物、财、环境等各种千差万别的元素，也由于创建的实践阶段、落地地域、主管部门的不同，至今乡村建设的政策性命名仍未完全统一。"未来村庄""未来乡村""未来社区乡村版""乡村未来社区"等各种命名，描述的场景略有差异，但在根本上都是指向乡村的未来发展，需要建设的是可持续发展的乡村。因此，本书中统一称为乡村未来社区。

一、先进发达国家的乡村发展借鉴

我国的乡村发展相对世界发达国家起步较晚。自工业化时代以来，发达国家的乡村建设已经历二百多年的演化发展历程，放眼全球发达国家，英国科茨沃尔德、德国萨克森州双河流域、法国普罗旺斯、美国加州纳帕谷、日本北海道等都是非常美丽的乡村。这些国家的城市发展先后经历了"城市扩张、城市病蔓延、法制规划重构、乡村有序治理、城乡一体化"的道路。在乡村建设过程中，这些国家结合当地特色实践出行之有效的乡村发展模式，如英国的"共生型治理发展"、美国的"乡村改进"、德国的"村庄更新"、荷兰的"农地整理"模式、日本的"一村一品"等，这些模式的政策经验与发展历程对新时代中国乡村振兴的战略选择和政策设计非常具有借鉴价值。

以英国为例，工业革命给伦敦这类大城市造成了灾难性的环境污染。第二次世界大战后英国乡村一度陷入严重衰退的境地，英国政府颁发了系列扶持乡村经济发展的政策以实施"耕地保护运动"。20 世纪 60 年代，英国开始出现"逆城市化"现象，在城市化进程进一步迅猛发展的同时，逆城市化现象也更加明显，乡村人群发生了一定比例的置换，在乡村形成了新的共生型治理体系。最终，英国成功地对 16 世纪就发展起来的大量家庭农场进行了农业发展规划调整，完成了从传统农业向现代农业的转变。经调整，英国乡村农业产业的特点是大规模经营，机械化、集约化、专业化和社会化程度非常高，进入 21 世纪后获得了更大的可持续增长潜力与发展机遇。近年来，由于气候变化和世界农业生产格局的调整，英国政府强化为乡村提供各类公共性支持服务，包括增建就业服务设施、乡村就业信息网站以及乡村超高速宽带建设等。英国政府重点引导现代信息技术与规模化农业生产相结合，大力发展精准农业生产，以人工智能为基础的智慧化、数字化农业开始在许多大型农场中开展生产工作，大大提高了农业产业生产效率与效益，提升了农业的竞争力。

英国政府与地方各级协会特别注重英国乡村特色的保护，鼓励农村地区观光休闲农业、乡村旅游等第三产业的发展。在传统英国乡村统一的浪漫调性之下，有着一群风景独特、重点不同的村庄。科茨沃尔德就是最具代表性的地区之一。科茨沃尔德以各大主力乡村为核心，通过不同的特色吸引游客，带动周边一批村庄的共同发展，让该区域内每一个村落都值得人们去细细品味，不会因为千篇一律的景色给人带来疲劳感。目前，英国的乡村旅游收入是农村居民的重要收入来源，提升了农村居民群体的生活水平。

英国乡村发展的成功很大程度上得益于政府一直重视乡村经济发展、公共社会事业和生态环境保护，面向乡村发展具有系统性的财政投入支持。目前，英国政府通过财政支持乡村发展的方式有：

（1）BPS 计划（乡村基本支付支持计划）。2017 年约有 7.1 万农户接受该项目计划支持，资助金额达 13 亿英镑。

（2）乡村经济发展主体（LEADER）资助计划。该计划是欧盟共同农业政策在英国的执行方案，也是英国乡村发展计划的一部分，按照欧盟共同农业政策的方案，2015～2020 年英国安排 1.38 亿英镑用于六个方面：支持乡村小微经营和农业多样化经营、振兴乡村旅游业、提高农业生产率、提高林业生产率、提升乡村公共服务水平、支持乡村文化和传统文物的保护开发活动。

此外，从 1978 年开始，英国政府建立了农村生态系统服务（Ecosystem Services），在英国国家生态系统评估基础上，深度挖掘乡村生态环境的经济价值，并为乡村生态系统保护提供保障。

在乡村可持续发展的制度保障上英国也有非常多的经验，政府陆续颁布了《英格兰乡村品质生活规划》《英国农村战略》《第7号规划政策文件：乡村地区的可持续发展》、欧盟《2007—2013乡村发展七年规划》等一系列法规。

进入20世纪80年代后，城乡统筹与协调已成为英国乡村振兴的核心内涵，在共生型治理体系下乡村振兴已基本实现共建、共享、一体化共治的形态。如今，英国绝大多数农村地区较为繁荣发达，从家庭平均收入来看，农村地区有55%的家庭平均收入高于全国平均水平，更有28%的家庭处于上游。更值得注意的是，在英国政府持续推动乡村宜居措施的大背景下，城市居民倾向于迁往乡村居住，乡村区域呈现了人口持续净流入情况。

英国政府在《我们未来的乡村》白皮书中对未来英国乡村的发展描述为："一个提供高质量公共服务的宜居乡村，一个经济活动多样化、就业稳定的乡村，一个环境可持续发展的乡村，一个社区自助、富有活力的乡村"。

二、浙江从美丽乡村到未来乡村

建设社会主义现代化新农村一直是我国全面建成小康社会的关键环节。浙江是美丽乡村建设的重要发源地。自2003年实施"千村示范、万村整治"工程以来，全省上下坚持一张蓝图绘到底、一任接着一任干，美丽乡村成为浙江一张靓丽的金名片。各地农村的村容村貌都有了较大改变，农村路、电、水、网等基础设施以及垃圾清运、污水处理等配套服务相继提升、完善。

在政府持续投入使得乡村基建环境越来越好的同时，乡村日常人居生活和生产中长期存在的问题逐步凸显出来。一是集体经济的弱化，作为村集体的基础支撑，缺少集体牵头和带动，村民对村集体的认同感不足，乡村产业发展的工作推进难度增大。二是产业配套的缺失，不少地方大力发展乡村旅游、农业观光，但支持旅游发展的业态运营、餐饮服务、娱乐休闲等配套服务严重滞后。三是人才团队的严重断层，主要村集体的带头人年龄偏大，知识结构层次无法适应美丽乡村方方面面的诸多工作，虽然大学生村干部和乡贤回乡政策在一定程度上对该问题有所缓解，但仍与建设社会主义新农村总体目标所需人才梯队有相当大的差距。

由此，在乡村振兴被定为国策的大背景下，新一轮乡村建设必须以满足人民对美好生活向往为根本目的，引入人本化、生态系统等系统理念。用整体式、演进式的视角重新审视农村建设、农业开发中的各项工作。我国城市经营中的生态系统即着眼城市居民长期最大化总福利，通过土地出让、产业引进等方式增加政府税收，并投资于公共资产建设、公共设施维护。

农村相较于城市，虽然居民数量、管理强度大大降低，但所涉及的领域却同样繁杂，从农民社会保障领域的教育、医疗、养老，到经济发展领域的农民增收、产业升级，再到公共服务领域的安全保障、污废清理，还有社会文化领域的村规民约、传统节庆等。

我国农村正面临着千年未有之变局。城市化既造就了我国历史上从未有过的壮丽景观，让5亿多人口从农业社会步入了工业社会的生活状态，显著提升了城市居民的生活质量，但同时也在短期内打破了我国农村原有的生态系统，出现了如"三农问题"在内的诸多问题。首先，由于传统农村管理的条线化，这些问题的解决主要由上级—基层村集体—村民单线完成，往往出现单一领域的过度优化，导致乡村生态系统的整体权益没有最大化（如河北山西部分地区防治雾霾所采取的封锅填灶）。其次，对系统的短期收益的过分注重，让乡村生态系统的长期受益受到负面影响（如沿海地区早年间追求乡镇经济发展出现的乡村环境污染）。最后，综合组织架构的缺乏使得面对乡村系统变化时组织关系反应过慢，难以满足变化后的生态系统需求。

解决乡村发展中集体经济弱化、产业缺失、人才断层等问题，需要从自生态系统角度进行梳理。十九大明确提出乡村振兴总纲要："产业兴旺、生活富裕、生态宜居、乡风文明、治理有效"，这是一套完整的乡村振兴的目标系统。在系统化思维的指导下，从系统构建着眼，厘清乡村生态系统中的能量生产者（村产）、能量传递者（村集体）、能量消费者（村民），以及三者之间的互动关系。提高村产应以满足村民增产增收为出发点，通过规模化生产（村互助组、合作社）降低资本及公共服务产品的生产成本及生产风险；不断提升村集体的利益分配筹划能力和长远规划能力，提高能量传递的效率，减少中间损耗；最终满足村民收入、人居环境、精神娱乐、生活配套等多样需求。

乡村自生态系统，关键在于"自发"，即一定要通过激发基层党组织、村集体，自我、自发、自行组织推动乡村人居、生产的各项工作完善，既不是"大跃进"式地推动千亩产业园，也不是盲目引入房地产开发商，建设人走屋留的"伪农村"，而是由乡镇基层政府和村集体自我协同，有序地提高村民认识水平和建设能力。

乡村自生态系统，最终实现在于"生态"，即政府牵头、农民为主、社会参与的价值交换体系的落地，重建乡村社会核心价值观。这既有赖于在现有美丽乡村基础上的全面提升，在基层管理体系上，构建面向多种合作方、多种合作模式、多种价值路径的开放运营平台，更需要引入具备整体化、系统化思维场景形态的政策指导路径。未来乡村是美丽乡村的升级版，是政府牵头的政策路径，进一步强化人本化、生态化、数字化、融合化、共享化导向，推进乡村振兴先行先试，形成可复制推广的经验和模式，系统性地打造农村现代化示范村。

第二节　乡村未来社区的浙江路径

自 2019 年 3 月，浙江省政府正式印发《浙江省未来社区建设试点工作方案》以来，浙江省的各个设区市就开始思考乡村未来社区的创建路径。尤其是衢州市、丽水市更先一步启动未来社区在乡村中的创新实践。

衢州市于 2019 年 5 月启动谋划，8 月成立由市农业农村局牵头，规划、国土、文化、旅游、建设等相关职能单位集中参与的乡村版未来社区推进办，并积极对接国内外专家团队，编制了乡村版未来社区攻坚任务书。下辖的六个县（市、区）围绕创业型、康养型、休闲型、绿色农业型等不同类型，分别确定了一个乡村未来社区试点，在 9 月初就率先进行试点落地。同年 12 月《衢州乡村版未来社区建设指南》通过评审，该指南基于衢州特点的乡村振兴需求，通过产业导入和治理创新，推动人本化、生态化、融合化，实现农村"新型社群"的重构，切实破解人才、乡贤进村落户难，土地要素制约等束缚，把全市建设成一个自然的花园、成长的花园和心灵的花园。对未来乡村建设提出了"五个三"核心要义。以人本化、生态化、数字化为建设方向，以原乡人、归乡人、新乡人为建设主体，以造场景、造邻里、造产业为建设途径，以有人来、有活干、有钱赚为建设定位，以乡土味、乡亲味、乡愁味为建设特色。衢州以"人口净流入量＋三产融合增加值"作为综合指标，以特定乡村人群为核心，重点突出"邻里、风貌、产业、交通、教育、康养、文化、治理"八大场景的系统设计，通过改革、发展和民生之间的高度融合，实现进则配套完善创业无忧，出则乡土田园回归自然。

丽水市于 2020 年初在遂昌确定了首批"未来乡村"建设试点村。遂昌的"未来乡村"建设按照"人本化、生态化、数字化、融合化"的价值导向，以乡容、乡愁、乡风三乡共建，农创、文创、科创三创共融，智治、智能、智联三智共享为基本特征，对乡村生态空间、产业发展、人居环境、基础设施和乡村治理进行系统性重塑，构建生态、生产、生活"三生共同体"。同年 10 月丽水市遂昌县发布推荐性地方标准规范《未来乡村建设导则》，并从 2020 年 10 月 23 日开始实施，为遂昌县未来乡村建设提供框架性、方向性指导。遂昌《未来乡村建设导则》的主要框架分成总则、生态宜居、产业振兴、公共服务、乡村善治、乡风文明、未来展望七部分，根据未来乡村建设的整体情况及所处阶段，在突出现阶段重点建设领域的基础上，提出技术、时间延展方面的发展要求，强调数字赋能、创新驱动、标准引领。

杭州市发展改革委于 2020 年 4 月发布了未来村庄建设路径研究的课题招标，课题要求围绕"聚焦农村民生改善，突出乡村产业兴旺，提升乡村治理水平，弘扬良好乡村文化，美化乡村生态环境"等目标，结合杭州实际，提出未来村庄发展模式和应用场景，为杭州市城乡融合发展新路径提供理论支撑。杭州市余杭区在 2020 年 8 月正式推出了《余杭区"未来乡村实验区"改革实施方案》，确立了积极思考新时代下更好服务乡村人民美好生活的新型村庄发展形态的总目标，力争通过 3 年的努力，全面形成以"打造未来村居、发展未来村业、革新未来村文、赋能未来村治、培育未来村民"为重点的"未来乡村"建设模式。2021 年 9 月杭州市出台《杭州市未来乡村试点创建评价指标体系（试行）》（简称《指标体系》），重点聚焦人本化、生态化、数智化、共享化、融合化等"五化"价值取向，围绕打造邻里、文化、健康、生态、创业、建筑、交通、数字、服务和治理等"十大未来场景"，制定了包含 60 项评价指标和 19 个创新、否决事项，为综合评价村庄发展现状和未来场景打造提供了框架性、方向性的指南，更加注重系统集成，鼓励创新引领。杭州市还将举办未来乡村创建擂台赛等活动，营造创建村比学赶超氛围，推动《指标体系》在交流中运用、落实，争取将未来乡村建设成为实现农业农村现代化的样式、全面实现乡村振兴的样品、高质量乡村建设的样板、高水平现代版富春山居图和共同富裕的样子。

各地市纷纷开始思考创新乡村未来社区建设。2021 年 7 月浙江省委省政府颁发了《中共浙江省委 浙江省人民政府关于高质量推进乡村振兴争创农业农村现代化先行省的意见》《中共浙江省委办公厅 浙江省人民政府办公厅关于开展未来乡村建设试点的指导意见》（简称《指导意见》）等相关政策，指导全省未来乡村的建设工作。同时，浙江省农业农村厅主导编制了《浙江省未来乡村建设导则（征求意见稿）》，加强对全省未来乡村建设试点的指导，提高试点工作的科学性、有效性，提供框架性、方向性的建设指南。

历时数月，经多方讨论，在 2021 年 12 月又对《指导意见》进行了修改完善。再次对未来乡村的内涵进行了精准定义：未来乡村是指立足乡村资源特色、地域禀赋、产业优势和人文特征等元素，集成"美丽乡村＋数字乡村＋共富乡村＋人文乡村＋善治乡村"建设，引领数字生活体验、呈现未来元素、彰显江南韵味的乡村生态、生产、生活共同体。在这次修改中，与未来社区同步明确了以党建为统领，在新时代美丽乡村的基础上，以共同富裕为引领，以满足人民对美好生活向往为根本目的，围绕壮大主导产业、塑造主体风貌、培育主题文化目标，强化人本化、数字化、生态化、融合化、共享化导向，建设未来邻里、文化、健康、低碳、产业、风貌、交通、智慧、治理等场景的未来乡村。引入了之前衢州市提出的"五个三"作为全省未来乡村建设的核心要义。在总体目标上提出了未来乡村需要集体经济年经营性收入提高；常住人口实现净增长，青壮年人口占比要有所提高。在政策体系的建设上提出强化要素保障，要求各级财政需积极支持未来乡村建设，通过土地整治等方式获得的节余建设用地和补充耕地指标收益，优先用于未来乡村的产业用地需求，土地出让收入中用于农业农村的资金向未来乡村建设试点倾斜。坚持节约集约用地建设未来乡村，保障好试点村农民建房、基础设施建设、产业发展用地计划指标。以改革为动力，大力破除城乡人口双向流动障碍，深化农村宅基地制度改革，推动返乡入乡人员能落户、有所居，扎根农村。

《浙江省未来乡村建设导则（征求意见稿）》

《浙江省未来乡村建设试点推进办法（试行）（征求意见稿）》

徐文光副省长在7月29日全省城乡风貌整治提升暨未来社区建设工作现场会提出："乡村新社区"

五大基础场景

五大特色场景

生态观念
运营思维
精准创建

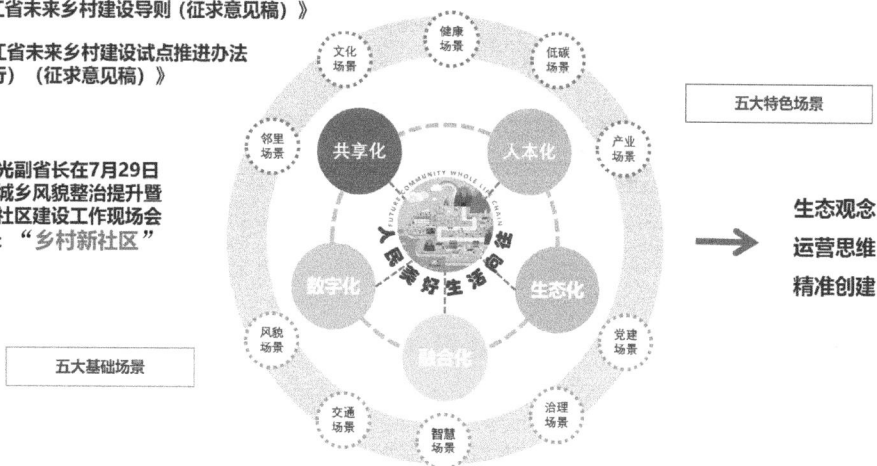

图 7-1 《浙江省未来乡村建设导则（征求意见稿）》场景示意图

第三节 未来乡村理念的多重思考

一、乡村未来社区的蓝城理解

蓝城集团董事长宋卫平先生在 2020 年就已经提出蓝城将全面去房地产化，迭代升级为美好生活服务商，提出了"政府为首、内容为王、农业为基、团队为本"蓝城理想小镇的 16 字经营方针。蓝城目前的核心产品是比城市更温暖，比乡村更文明的"小镇"。农村是蓝城"小镇"商业闭环的根基，"小镇"事业真正落地乡村，建设运营乡村小社会的生态系统，把乡村建设好，自然会有更多城里人回归乡村，真正实现城乡共融。在蓝城体系内，房子已被定位为只是实现理想的工具之一，在蓝城人的心里，已经有了一幅未来乡村的图景。

蓝城乐居长期以来是蓝绿城体系内专业为政府代建保障房的集团公司，是蓝城最大的全周期建设咨询服务商，一直以来也致力于乡村建设的推动。通过旗下的优社团队，历经十年投身乡村建设实践，服务了全省三十余个自然村落以及全国近 50 个村庄。

浙江省"千万工程"名片持续擦亮，农村人居环境测评全国第一，成绩斐然。但在浙江的乡村振兴工作中仍存在不少困难和问题，主要是：农业质量效益和竞争力不够，乡村服务业发展质量不高，城乡、区域发展不平衡不充分，村集体经济创收能力依然薄弱，乡村产业运营管理滞后，乡村公共服务保障不足等。近年来，政府有大量资金投入改造乡村，有一种普遍的感觉是乡村硬基建的改造十分充足，但软系统的建设还非常欠缺，仅仅是让某些"空心村"变成了"空新村"。乡村软系统包括乡村的社会化服务体系与让村集体及农户具有持久商业能力的本地化经营机制。乡村内生动力发展提升是需要靠软系统的建设来促进的。

针对这些问题，省委书记袁家军提出："到2025年，要基本建成具有'国际范、江南韵、乡愁味、时尚风、活力劲'浙江气质的美丽乡村"；时任省长郑栅洁提出："下好'微改造'的'绣花'功夫，助力乡村精细化管理和环境系统提升"；全省新时代美丽乡村集成改革与开展未来乡村建设试点也同时启动实施。

（1）在乡村未来社区建设中要转变原有的以乡村基建改造为主导的建设投资模式。政府在基建投资方面已经有一套相对完整的管控体制，而在软系统投资方面还缺乏相应的管控体系，所以目前政府支持乡村建设的绝大多数财政资金都投入到了乡村基础设施建设，如外立面改造、电线上改下、道路白改黑、景观设施建设等硬系统方面的提升，而发展村庄最需要的产业经营培育孵化和村庄管理运营维护服务等则缺乏配套的财政资金扶持政策。因此，在乡村未来社区创建中要转变思路，以邻里、文化、健康、低碳、产业、风貌、交通、智慧、治理、党建等主要推荐场景为创建目标，创新政府对乡村的投资建设体系，树立以基建建设服务产业发展的理念，避免先建设后运营，以产业发展运营策划及未来乡村创建方案引导建设规划设计，使基建项目为产业发展做配套，在做基建投资的同时配置一部分产业发展培育资金。在乡村产业创新发展中提出"微创新、微试错"的思路，配合"微改造"与"绣花"功夫的精细化打造。在2019～2020年，浙江省一些地市已经做了这方面的创新实践，取得了一定的成果。如衢州市柯城区张西村、杭州市余杭区永安村投入了少量的美丽乡村建设资金用于产业培育、业态孵化，前期引进有运营经验的乡村产业服务企业，通过排摸存量资产、区域特性，整合村庄资源与外部赋能，做好先导的产业发展谋划，鼓励、帮带村集体经济主导产业发展与运营，以三产融合发展为导向，深挖市场需求，推进农业产业、乡村旅游、新型业态融合发展，提质增效。

（2）在浙江省美丽乡村建设的成果基础上，以县域、镇域为布局，通过梳理美丽乡村成果中各重要元素，以高维度的全域运营视点，在"美丽城镇"与城乡风貌提升的项目建设中对域内乡村进行统一的软系统建设。通过产业定位、产品定位、文化定位，形成几个乡镇连成片区的产业联动协作（村村、村镇、镇镇）运营。政府投入统筹性的软系统建设资金进行国际化的管理服务模式建设，植入内容，接驳市场，导入流量，形成良好的乡村经济商业生态圈，使得能更有效地招商引资，全社会参与乡村振兴，真正让浙江的新时代美丽乡村具有时尚风、活力劲。

（3）依托"三块地"改革政策，释放乡村闲置资源的价值，助力乡村未来社区建设与乡村振兴。在现有浙江"三块地"改革的基础上，进一步加快经验总结和模式创新实践。深化真正的城乡融合，强化以城带乡促进城乡物质文明和精神文明协调发展，激活乡村闲置的核心资源，通过要素整合重配，提升村集体经济与农民财产性收入比例和金额。

将农民破败的村居在原村庄内集中平移归并，实现土地集约利用；使农田集中连片，抛荒地复耕，打造高标准农田，引入了现代化农业企业进行专业种养殖；对村居通过优化户型、高标准接入生活配套，完成了村容村貌生活品质全面提升；创新采用节地结余的集体建设用地的使用权作价入股模式，与国资、民企合股成立村庄运营公司，合力打造农文旅康养小镇，助力集体经济内生造血。

城市中老年居民对自然环境更好的乡村康养、度假生活的热情很高，尤其在浙江这样经济较为发达的省份需求量更大。因此，在合适的地市，选择乡村未来社区试点村落，在国土空间规划允许的条件下，通过完善宅基地、集体经营性建设用地、农用地三块地的确权、流转、权利创设等具体内容，以村集体建设用地直接入市或若干年使用权作价入股的方式与国有企业、社会资本共同合作，专业人才与村民共同打造农文旅居融合一体的项目。思考在乡村形成人才、土地、资金、产业、信息汇聚的良性循环发展模式，为"两进两回"创造落地空间，为乡村振兴注入新动能，打造可复制的浙江乡村未来社区新模式。

（4）鼓励地市及县区以多种方式提高乡村金融服务能力。鼓励地方政府以"拨改投"方式，将城乡统筹、乡村基建配套投入等资金转为股本，以引导基金模式，通过村民自发参与、社会积极配套，解决乡村振兴产业发展资金需求。乡村振兴基金应与集体经营性土地入市相结合，以土地抵押贷、贴息配套、引导投资等多种金融手段优先扶持村集体以自愿参与、自主安排方式进行土地整理。在不占用用地指标的前提下，通过村域、镇域内部土地集约优化，在内部形成新增土地资源。为乡村振兴提供最坚实的资源保障和发展动力。

大力支持农业产业链、供应链稳定循环和优化升级，在省级及地市级，围绕农特产区域公共品牌、一村一品和"小微精特"农产产业，完善建设农业产业互联网与供应链平台等基础设施，高效整合生产、加工、流通和服务配套。参考浙江省工业供应链"链长制"的成功做法，在农业领域推进各类资源和要素整合，提升农业产业集成和协同水平，加强从生产到消费等各环节的有效对接，促进供需精准匹配和产业转型升级，提升"农业链长制"。对各农业供应链的仓储、产业提升数字化水平，鼓励涉农链上企业及农户上线交易，整合物流、分发指标化考核，动态化评比。资金流、信息流等信息，重点通过供应链金融工具，改善与供应链的创新应用，快速响应产业链上企业的结算、融资、财务管理等综合需求，提高农业产业链、供应链运行效率，降低链上交易成本，提高农民收入水平。各地市涉农投贷保担等各类金融平台机构应重点服务于为本区域农村农业产业链、供应链提供综合金融服务，加强共享与合作，在真实交易背景下推动涉农供应链金融场景化，保障农业产业链条周转安全、产销稳定，提升浙江省农业产业链的市场竞争能力和延伸拓展能力。

二、蓝城未来小村的模式创新

蓝（绿）城小镇是在城郊结合地带进行整体开发建设的一种成功模式。但需要相对集中的成片国有出让土地的支持，大多数乡村并不具备这种条件。同时，近年因房地产政策调整，以及限制别墅开发等政策因素，使这类小镇的康养类居住产品成本高昂且供应量越来越小。

未来小村市场的需求是非常旺盛的。现实情况如图 7-2 所示，1962～1972年是中华人民共和国成立后第一波婴儿潮所形成的人口，将带来 2022～2032 年最大的一波退休潮。从第七次人口普查的数据看，我国将开始迈入深度老龄化时代，真正进入银发经济时期。

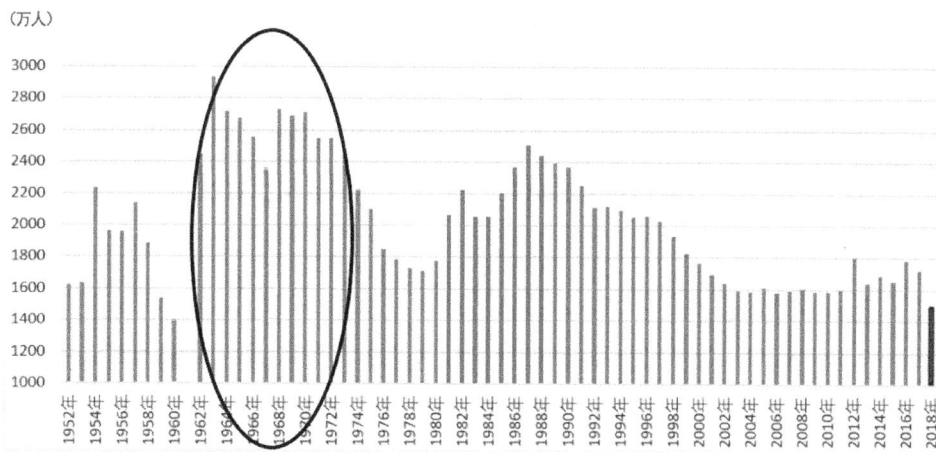

图 7-2　1952~2018 年中国每年新出生婴儿人数统计图

以浙江为例，2010 年 60 岁以上人口：7559895 人；2020 年 60 岁以上人口：12072684 人。10 年间，浙江省新增人口 1014 万人，其中老龄人口净增 451 万人。同时浙江的城镇化率达到 72.17%，未来十年，老龄化程度将加深，速度将加快。城市老龄化速度将赶上甚至超过乡村。大量退休城市老人有乡愁情怀、田园情怀，将形成自然而生的田园康养旅居退休生活需求。

乡村振兴的一系列政策为城市居民的田园康养生活需求做好了政策保障，也为乡村带来发展红利。

2019 年 5 月 5 日，中共中央、国务院出台了《关于建立健全城乡融合发展体制机制和政策体系的意见》，原文中提出："建立集体经营性建设用地入市制度。加快完成农村集体建设用地使用权确权登记颁证。按照国家统一部署，在符合国土空间规划、用途管制和依法取得前提下，允许农村集体经营性建设用地入市，允许就地入市或异地调整入市；允许村集体在农民自愿前提下，依法把有偿收回的闲置宅基地、废弃的集体公益性建设用地转变为集体经营性建设用地入市；推进集体经营性建设用地使用权和地上建筑物所有权房地一体、分割转让。"

2020 年 9 月 23 日，中办国办出台《关于调整完善土地出让收入适用范围优先支持乡村振兴的意见》，其中明文规定："土地出让收入用于农业农村的支出……以省（自治区、直辖市）为单位确定计提方式：① 按照当年土地出让收益口径核算的，用于农业农村的资金占比要逐步达到 50% 以上计提，但不得低于土地出让收入 8%；② 按照当年土地出让收入逐步达到 10% 以上计提。"

中央政策在限制地方政府继续依靠土地财政发展的同时，鼓励乡村活化闲置资源提振集体经济的发展。

蓝城乐居优社团队在一系列乡村振兴政策的实践落地中，依托浙江省乡村未来社区的创建标准，根据更多普通乡村的现状与发展诉求，开始思考蓝城未来小村的模式。蓝城未来小村，是以村集体为主体，在上级政府的统一领导下，由专业化的技术团队帮助村集体整合外部资源赋能，以产居结合的方式创建乡村未来社区。为愿意生活在乡村的城市居民提供服务完备、环境优美的生活空间，达到新老村民在乡村内融合居住生活的场景，助力实现乡村振兴。

未来小村融合新老村民，以"生产、生活、生态"三生融合为理念，以产业为引领，通过多种业态综合开发、整体持续运营的模式进行发展。

（1）产业。普通地产开发项目的生产要素主要是"土地—资金—管理"三要素，蓝城未来小村项目的生产要素是"产业—服务—运营—资金"四要素。

（2）多业态综合开发。未来小村项目因不涉及土地出让，无房地产开发属性，在村集体经济为合作主体的基础上，依托各村特色强化产业投资（生活服务、租赁、康养、科创、农业、文旅、教育、体育等）、经营性物业投资（商业、办公、酒店、学校、医院、运动馆、游乐园、景区等）。

（3）整体持续运营。不同于房地产开发项目，未来小村开始运营之后，开展大量产业及经营性物业的整体持续运营，服务新老村民。

三、乡村未来社区的专业支持系统

专业开发团队整合科创、康养、农业、文旅、教育等多种产业资源，并结合各个乡村自身资源优势，通过策划、设计、代建管理、运营、金融支持五大系统，贯穿乡村未来社区建设全过程，打造"生产、生态、生活"三生融合的乡村未来社区模式，塑造与重构乡村独特的物质内容、性格品质、精神文化及价值体系。

（1）策划系统。为村庄农产及文旅开发提供整体项目定位、国家政策梳理、资源对接借力等顶层设计服务。

（2）设计系统。在充分符合土地规划要求的前提下，将三产融合、产居结合充分表达，形成能落地、可实施的完善规划方案。与合院产品对比，结合乡村民居改造及旅居项目开发实际需求，提供从建筑设计、文创设计、景观设计在内的全套规划设计服务。

（3）建设系统。由经验丰富的政府保障房建设服务商蓝城乐居及其配套团队提供全过程代建服务，确保建筑品质达标可靠，让消费者住上放心房。

（4）运营系统。以二十余年浙江省绿城物业核心管理团队为基础，为新老村民提供优质的生活服务。同时，充分满足乡村产业发展所需的活动组织、业态管理、人员培训、媒体宣传等日常运营服务需求。

（5）金融支持系统。在国家乡村振兴政策支持下，通过多样化的国家财政支持、产业基金孵化培育、资本渠道（信托、REITS、长租等），将持续稳步地提高运营收入、产业盈利及资产租赁收入，保障收益，降低项目投资风险，提高整体收益可靠度，使乡村产业发展与运维进入良性循环，保障可持续发展。

"十四五"开局，2021年5月20日，中共中央、国务院及时公布了《关于支持浙江高质量发展建设共同富裕示范区的意见》，明确了浙江高质量发展高品质生活先行区、城乡区域协调发展引领区、收入分配制度改革试验区、文明和谐美丽家园展示区等四个战略定位。实现共同富裕是社会主义的本质要求，是人民群众的共同期盼，而要实现共同富裕，乡村振兴是必经之路。乡村振兴不仅仅要巩固脱贫成果，而且要以更有力的举措、汇聚更强大的力量，加快农业农村现代化步伐，其深度、广度和难度都不亚于脱贫攻坚。乡村未来社区建设是浙江省对"千万工程"和美丽乡村建设的再深化、再提升，是在争创农业农村现代化先行省、高质量发展建设共同富裕示范区背景下的创新理念，以满足人民对美好生活向往为根本目的，以新时代美丽乡村建设为重要基础，在党建引领下，以人本化、数字化、融合化、生态化、共享化为价值导向，打造引领乡村振兴方向的生态、生产、生活共同体。

浙江省一直在进行的乡村未来社区实践，除了打造品质可靠、运维良好的小微服务体系、可居乡村物业、营造本土特色的生活价值，更重要的，是将多样性产业作为乡村未来社区营造的重要一极。乡村未来社区强调的是乡村特色产居与新型城镇化相结合，是产业与生活有机互动的发展模式。在乡村土地和房屋的容器内，新村民带来新产业，新产业改善新人居，新老村民融合，知识结构互补，共享共建共治得以实现，乡风文明实质性提高，乡村新价值体系得以重构。村民不一定会种田，收入不只靠卖粮，也许这就是乡村未来社区的样貌。未来，产业发展驱动乡村建设，乡村将呈现更多更丰富的形态，农业特产村、设计村、文艺村、基金村、康养村……乡村未来社区不只是畅想，在制度保障与科技支撑下，乡村越来越成为稀缺资源，成为所有人向往的地方。

第八章

乡村未来社区实践与探索

第一节 乡村农文旅融合的实践

由于自然地势条件限制，浙江乡村无法完全依靠规模化的农业产业发展乡村经济，但浙江具有东部沿海经济发达区域的地理位置优势。围绕实施乡村振兴战略总要求，以农村一二三产业融合发展为导向，通过挖掘农业农村多元价值、完善基础配套设施、建立运营管理机制、加强市场营销宣传，推动农业、旅游、文化及教育、度假、康养等产业深度融合，发展新型业态，促进村强民富，建设具有各自地域特色、文化品牌和独特吸引力的产业振兴乡村未来社区示范。

几年来，针对普通乡村，以"微改造、绣花功夫"的原则，发挥其村庄特色，在农业、文创和旅游三者之间找出重点发展方向，再给予相互融合、相互促进发展。实践成功了多个乡村案例，得到了社会与政府的一致认可，并在全省做模式与经验推广。

一、以农为主的杭州余杭区永安村

将大米卖到淘宝天猫双十一 TOP——永安稻香小镇

（一）基本情况

永安稻香小镇位于杭州未来科技城以北的余杭区余杭街道，以永安村为基础首期发展（图8-1）。永安村下辖28个自然村30个村民小组，农户892户，人口2928人，村域面积7.092km²，拥有基本农田保护面积8342亩，是传统种植稻米的产粮区。

永安村为苕溪水域环绕，河网错落分布，十条总长16km的镇村级河道孕育这片无破坏、无污染的富饶土地。河港交错、物产丰富，成就了永安村荷花满塘、良田千亩、生态和谐、风光旖旎的美丽乡村景观。

2018年11月，余杭区政府针对苕溪以北大部分区域被划定为永久性基本农田保护区这一现状，破题"以一产为主的乡村如何实施产业振兴？"2019年5月，永安村股份经济合作社与蓝城乐居优社团队合股成立"杭州稻香小镇农业科技有限公司"，在永安核心精品村的建设基础上打造稻香小镇概念的稻米农业示范区，创立了以"稻"为核心的基础产业。为了做好"稻"的产业文章，余杭区农业农村局农技中心专家团队精心为稻香小镇培育种植优质水稻，推广种植获得2018年浙江省"好稻米"金奖稻米品种，引进改造农田设施，引进稻鱼共养、稻虾共养等生态共养技术，改良水稻品种，在永安村核心区示范性种植800亩稻田，培育和注册了"禹上稻香""永安心米"等商标品牌。

图 8-1 永安稻香小镇的农保田

（二）打造过程

在没有创立永安稻香小镇品牌前，永安村虽以稻米种植为主，但多以种植品种一般的杂交稻，不具备产品优势和品牌意识。村落周围虽有一些企业，但主要以农业生产企业为主，不具备明显的经营特点和规模优势。家庭经济主导产业为水稻蔬菜种养，村内实体经济相对薄弱，整村产业业态单一，三产基本情况为：

第一产业：以粮食、果蔬种植为主，主要为水稻、葡萄等粮食和蔬菜水果作物。

第二产业：以农业企业为主，共有3家。

第三产业：已有部分农庄，但各自经营，没有形成规模和体系，整体资源较为薄弱。

然而永安村的优势也是很明显的。作为传统的产粮基地，这里有广袤成片的水稻田，3万亩的体量足以做好稻米文章。同时永安村具有位于未来科技城北的区域优势。为此，秉承余杭区委区政府的产业规划和设想，项目设计方蓝城乐居优社团队从一开始就从整体规划入手，提出了打造"以传统农业为基础，以农耕文化为导向的生态田园精品村落"的"永安稻香小镇"概念，将永安村产业空间格局形式规划为三个片区：

第一产业区：以有机果蔬、粮食种植为代表的现代农业。

第二产业区：以机械制造为代表的现代工业产品生产加工业。

第三产业区：以农耕文化、教育休闲游为代表的乡村郊野旅游业。同时，根据村庄实际情况分为乡村特色景观营造区和基础设施配套完善区，村庄总体布局呈"六区、两轴、两带、一心"的美丽乡村建设格局。

六区是指：两个村庄生态居住区、两个现代农业区、一个生态休闲区、一个旅游休闲区。

两轴是指：两条村庄发展轴。

两带是指：两条河流景观带。

一心是指：村庄公共服务中心。

为了推动乡村振兴工作，让当地村民积极参与其中，项目组对永安的各种资源进行详细的调查了解。并在掌握详尽资料的基础上，组织召开村民动员大会，号召村民将闲置的农居有效利用起来，通过村集体合资企业租赁或村民参与其中等方式，将闲置的农居整体规划打造成共享小院、手工体验作坊、稻田咖啡餐饮吧、稻田儿童乐园等小微旅居服务业态，以农文旅融合发展"好吃＋好玩"的全链式运营方式，助力稻米体验式销售（图8-2）。

图8-2　稻香小镇品牌设计

为了打造"稻香小镇"品牌，余杭区农技中心专家团队培育种植了彩色稻田。项目团队以新中国成立 70 周年为主体设计了彩色稻田，形成了优美的稻田景观，献礼国庆，预热稻香小镇（图 8-3）。并开发稻香小镇定制文创产品及研发稻米衍生产品近百种，拓宽产品线。余杭区农业农村局同时引进浙江大学农业品牌研究院对稻香小镇项目进行品牌深化设计，系统化地打造稻香小镇品牌，提出"阿里以西十分钟"的品牌宣传口号，并以稻米为主体做了一系列的形象品宣传设计。为了增加"永安稻香小镇"的知名度和美誉度，于当年 10 月中旬开始紧张筹备，以 11 月份整月举办稻香小镇丰收月活动吸引更多杭州市民参与，改变原来只办一天"开镰节"的活动形式。同时，植入"传统＋现代"智能化运作，主打"乡村未来社区"和"智慧农业"概念，充分挖掘未来科技城、人工智能小镇等周边资源，运用数字科技，在永安稻香小镇定制开发了"飞呱乡村锦囊"APP，集农文旅、吃喝玩于手机平台，并计划在 2022 年推出认养APP，让认养客户随时查阅自己认养的稻田，通过线上体验感受农耕文化和乡愁记忆。

图 8-3　稻香小镇彩色稻田

（三）各项活动启动

2019 年 10 月 28 日，为了预热丰收月活动，向社会公众推出"永安稻香小镇"品牌，余杭街道在永安村召开现场会，实地举办"稻香小镇"产品推荐会。

地域周边包括未来科技城等地 100 多家企业与会，稻田认养等个性化套餐定制服务解决了农产品营销堵点，同时增加了稻米的附加值。认养套餐产品获得周边企业的高度认可，各企业踊跃报名，认养客户数超额预定，达到很好的营销效果（图 8-4、图 8-5）。

图 8-4 "稻香小镇"产品推荐会

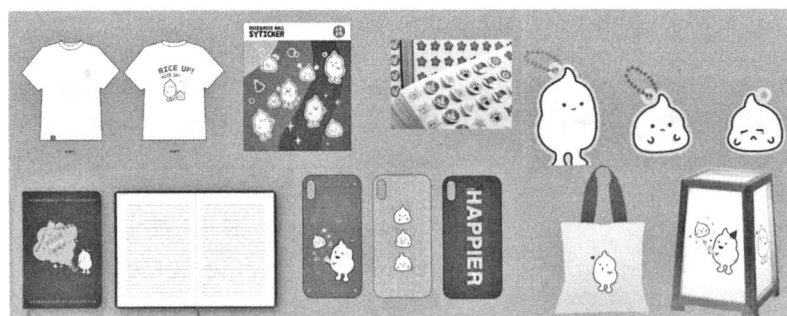

图 8-5 永安文创产品

（四）阶段成果

整个丰收月活动中，约有 2 万名游客参与其中，亲历了各种各样以永安稻米为主题的体验活动。活动结束后 800 亩水稻田按计划被认养了 300 亩，其中企业近 40 家、家庭近 100 户。在田间的长桌宴中推出新米品尝，让游客们真真切切地体会永安大米的口感，实地品尝后散客预定大米近万斤。永安大米的销售价达到零售 13 元 / 斤、批发 8 元 / 斤，套餐及大米收入为永安村村集体增收三百多万元，创造了集体经济的历史新高度。每到周末，稻田"长桌宴"名额就预订一空，迟来的游客还须等待才能体验。

2020 年，稻香小镇永安实践经验在余杭区苕溪北更大范围地实施，水稻品种改良面积达到 3000 亩，稻香小镇的活动覆盖到更多村落中，在苕溪北八村中形成了一条精品乡村游线，真正成为未来科技城后花园（图 8-6）。

在推广禹上稻乡数字农业建设后，永安大米也正式进入盒马鲜生、京东、天猫等大型电商平台进行销售；推出认养稻田、认养菜地、数字文旅地图导览、VLOG 智慧短视频、可视化销售等诸多服务体验。2020 年引入企业 31 家，认养稻田 360 亩，直接产生经济收入 288 万元。在此基础上，永安村通过高标准农田示范区数字农业建设项目实施，进一步实现田间生产、管理、防控、服务全流程的数字化。

图 8-6 稻香小镇活动稻田活动实景

永安村计划到 2022 年，建成全省乡村振兴示范村，"禹上稻乡"八村形成乡村振兴示范区。区域内美丽乡村建设、农文旅产业融合发展水平稳步提升，乡村治理和基层组织建设显著增强，村集体经济收入和村民生活质量显著提高。在未来科技城边建成一个有全国影响力的"乡村未来社区示范村"。

（五）经验分享

永安稻香小镇的打造过程是政企结合对以粮食生产为主的乡村发展模式的有益尝试，并总结出以下经验：

1. 企业化运营

乡村资源分散，无法形成链接，难以对接社会资本。但通过村集体成立运营企业，用专业运营企业经营的方式开展运营活动，打通城市、乡村两个端口，盘活资源，聚集资源，释放资源，能取得相得益彰的经营效果。

2. 差异化运营

当前的美丽乡村，虽然基础设施齐全，环境卫生洁净，但多数乡村缺乏个性和差异。乡村的差异化，实际上就是个性特征恢复和挖掘，是乡村历史文化梳理和注入的过程。这一过程与消费市场对话，给了消费者"消费的理由"：通过准确把握永安村的地理位置特点，通过为周边企业与居民提供便捷的实地体验，有效激发他们对优质大米的需求，充分开发潜在市场。

3. 村民积极参与

美丽乡村规划和建设往往由政府主导，并非采用市场手段来搞规划建设。而村民利用闲置房屋和劳动力积极参与到乡村振兴中来，既合理利用本地资源，又节约政府开发资金，同时又将闲置的劳动力利用起来，真正做到乡村振兴、村民增收的理想状态。

4. 政府诉求与市场行为形成合力

政府在美丽乡村建设上有着大力支持，但政府的投入是一种"行政行为"，不可能永远持续下去。乡村资源的合理运用、村民的主动参与、专业团队的策划与帮带运营机构的扶持帮助，构建起了政府投入与乡村经营之间的一种良性衔接，乡村的可持续发展真正成为一种可能，让乡村从"输血"走向"造血"，让政府的"行政行为"成功激发"市场行为"。

二、以旅为主的衢州柯城区张西村

古村和现代的完美结合——"智多张西"模式

（一）基本情况

张西村，原名西坑村，位于衢州市柯城区石梁镇北高峰白菊花尖的山脚下，距衢州市区 23km（图 8-7）。村内有 20 世纪六七十年代遗存的土坯农房 98 幢，其中 44 幢已因多年前实施的下山脱贫政策被政府回收。目前，现存户籍有农户 54 户约 150 余人，实际居住不到 50 人。

村庄四周群山环抱，高山叠翠，白菊花溪、凉亭岗溪和石鼓溪三支溪流汇集穿村而过，民居沿溪相待而住，灰瓦白墙，疏密有致，风情古朴，十里峡谷风光带异彩纷呈，丰姿神韵诱人。村庄常年沐浴在云烟飘渺之中，"步入张西村，犹如云中行"，有一种回归大自然的感觉，被人们称之为"浙西小九寨，清凉休闲谷"的游览胜地。

张西村主姓张氏，历史源远流长。据张氏家谱记载：张西村张氏后代为汉朝留侯张良的后裔，始祖第34代孙张士洪、张益超兄弟俩迁徙与继承先祖张良于白云山书院修炼业绩有缘，于康熙三十八年从闽上杭县白沙镇迁徙衢西胜堂源西坑，住居繁衍已有300余年历史。

图 8-7 张西村

但因为村庄处于山中，村民生活极不方便，传统产业落后，村民们渐渐搬离村庄下山脱贫，被政府收回的房屋因无人居住渐渐坍塌，村庄逐步空心化。

（二）保护修缮情况

近年来衢州市柯城区政府高度重视古村落保护再发展的工作，为进一步发展张西产业振兴，2018年8月在柯城区农业局的积极推动下，张西村引入蓝城乐居优社团队，启动"智多张西"项目，项目包括孵化型小微旅居服务业态如民宿、花房、瑜伽房、无事酒吧、便利店等28个小店，实施整村运营服务到张西村的旅居客人。同时，利用原有生态高山茶、竹林茂密等自然农林资源，提升一产，打造乡村农特产品牌，实现村集体经济壮大、村民增富的目标。

当地的茶厂旧厂房被改建成文化礼堂，一度被媒体评为"衢州最有颜值的文化礼堂"。如图 8-8 所示。

图 8-8　张西村修缮对比图

项目一期整合项目资金 1200 万元，其中余杭区山海协作项目援建资金 300 万元，柯城区配套资金 900 万元，结合张西村古村落特色，业态大多都是根据村中民房改建而成，保留了村庄原生态的特征和历史面貌，在建设过程中充分释放村庄闲置资源，充分挖掘山区古村悠久历史，将极好的自然禀赋条件与保存相对完整的土坯建筑群落重新活化（图 8-9）。

图 8-9　张西村文化礼堂

（三）活化利用情况

在政府主导的建设投资中注重体系化建设，从市场定位、产业策划、有序建设、人才培育、智慧系统、文创开发、服务输出、资源整合、运营帮带、城乡融合、金融支撑等多方面入手，构建"五位一体"的发展模式。

一是公司化运作。成立以村集体为主体的管理服务运营公司实施整村经营，由村集体和村民个人合资组建，为整村产业提供基础服务和公共服务。管理公共设施及承担环卫保洁职责，为村民、商户及游客提供咨询及中介服务；展示全村乡旅特色产品、风貌、文化等，用服务营收壮大村集体经济；利用专业公司帮带村集体运营公司，逐步培育建立乡村人才体系。同时引入外部专业培训体系，运用张西村小微服务业态建立乡村振兴服务业态实操培训基地，使本地及周边更多农民得到专业化的实际操作培训，真正实现农民不离乡不离土地实现创业、就业，成为各自乡村的产业发展生力军。

二是精细化建设。杜绝大拆大建和硬件过度建设，采用充分释放闲置资源的精准建设，保持原村庄肌理与生态，对公共服务场所与经营性小微服务业态集中提升，追求实用性与性价比。招募化整为散的民间投资作为后续产业补充，销售村集体经济组织收回的闲置农房为 20 年使用权，允许租赁者在不破坏原有建筑风貌的情况下，对其进行修缮和内部装修，通过共建共享发展完善旅居服务业态。同时，以运营公司为主体联合金融机构，运用政府引导政策及资金，设立小型封闭乡创基金，解决乡建乡创金融服务需求。

三是差异化发展。充分发掘张西村当地的历史文化特性，以张良故事为原型进行卡通化再创作，并融合当地的农特产开发成具有当地特色的文创旅游产品（图 8-10）。

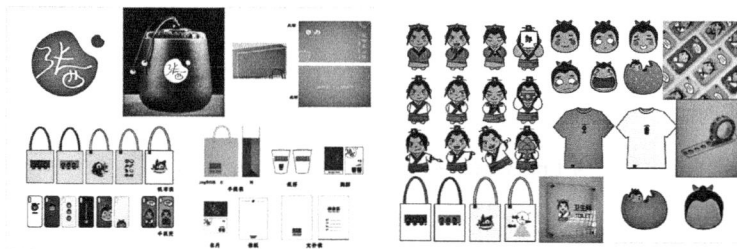

图 8-10 张西文创产品

　　同时，充分响应全域旅游倡导，配合周边景区、乡村、旅游项目，定制开发旅游线路、套餐等综合旅游产品，为全域景区和流量做好配套。通过本地化商业和服务发掘市场价值和口碑效应，实现长效的乡村旅游经济增长。探索农超对接的物产物联合作模式。引进标准连锁品牌社区超市，打通农产品上行和旅游商品下行渠道，向游客和村民提供高品质休闲旅游生活商品。同时收购本地农特优产品销往城市社区，集约物流成本，植入电商模式服务城乡两端市场。

　　四是共享化开发。积极开展共享型乡村旅居业态的研发。在乡村智慧系统的支撑下，动员村民、外来投资客共同打造共享民宿、共享厨房、乡村饿了么、乡村教室、共享茶楼、共享微交通等服务业态，提供全面的高性价比的旅居服务。探索城乡融合的商业模式，在乡村标准服务体系建立、商业生态逐渐成形的环境下，吸引文教、保险、租车、广告、新能源、卫生、OTA、商超等领域的成熟商业与运营公司参与合作连锁，覆盖广大乡村旅游目的地。发动村民创业，降低投资经营门槛，规避同质化商业恶性竞争，建立良好商业生态，用自主创业与参与从业实现村民个人增收。

　　五是专业化服务。利用闲置资源设置服务中心，建设高效集约的社区及游客服务中心体系，作为整村经营的服务窗口，集接待、咨询、结算、发布、房务、商务等一系列总台功能，打造具有国际标准的访客中心服务。推进智慧乡村互联网体系"村游锦囊"的建设，形成互联网＋乡村的效应。由运营公司管理端与游客手机客户端立体构成的智慧乡村运营营销服务系统，提升游客旅居体验的同时，对外进行网络营销、OTA接驳形成线上线下融合。

　　六是科技兴农兴林，提质增效发展一产。张西村几乎家家户户种茶树与竹林，这也是村民的主要收入来源。"智多张西"项目在两地山海协作工程的推动下，引进杭州和途信息科技有限公司作为第三方技术和智力支持。一边改造村级制茶厂，添置了烘干机、选茶机、揉茶机、提香机等机器，提高制茶效率的同时，也提升了制茶质量。一边推出张西村高山茶的卡通形象"张小西"，统一茶叶罐风格，打造"张小西"茶叶礼盒装，实现高山茶产供销一体化运作。对接国家林草局竹子中心，在科技创新引领下转变竹产业发展方式。围绕低产竹林高品质提质增效，实施竹-木（菌、草、药、畜等）复合经营、夏笋竹资源挖掘培育等，研究集成竹笋食味和安全品质提升关键技术。从生产模式上通过"基地＋农户"带动更多农民参与，提升发展规模；通过"专家＋项目"组建竹产业研究院和院士专家工作站，夯实科技支撑；通过"品牌＋市场"规范产品标准，拓宽销售渠道。

（四）社会及经济效益

智多张西项目经营时间虽短，同时又受到疫情影响，但总体运营仍符合预期，累计接待游客1万余名，开业一年后村集体经济增收145万元。村里的闲置资源也被项目团队一一盘活：村民的泥土房"改头换面"，变成了青年旅社、民宿、酒吧、餐厅等新业态（图8-11）。目前，已经完成29幢农房的改造。这些业态中，85%以上的从业者均为张西村村民，村民们在家门口实现了就业创业。

图8-11 改造后的张西村业态图片

村民张三泉住了一辈子的老房子，被打造成"植入式民宿"，两个闲置房间装修一新，平常有专人打理，经营过程中产生的收入按比例分成。经改造的两个房间开放迎客后，张三泉一年拿到了9000多元的分成。

"智多张西"项目将张西龙头农产高山茶进行系统梳理，第一年即为村民增收100余万元（表8-1）。节假日期间，吸引家长带着孩子前来体验这个现代融合的"古村落"。周末客流量能达到600余人。

茶叶产销对比表　　　　　　　　　　　　　　　　　　　　表8-1

年份	茶青采摘	干茶制作	成茶包装	渠道销售	价格
2019	无质量意识 茶青价18元	手工自制 效率低下	简易包装 散茶销售	等商上门，干茶库存滞销严重（库存20%～30%）	均价150元/斤

续表

年份	茶青采摘	干茶制作	成茶包装	渠道销售	价格
2020	严格按标准核定茶叶等级茶青价30元	协同政府投资20万元制茶设备一套全村制茶能力提升至2500斤/天	专业文创定制化礼品包装	集中协同大客户批量采购,截至4月底,去年库存全部销售完毕,新茶完成销售600余斤	均价330元/斤

鉴于二期旅游开发即将启动,农产引进竹林复合经营技术,2021年预计将突破200万元利润额(表8-2)。

实施"智多张西"项目后的营收数据统计　　　　表8-2

收入类别	收入细项	单价(均价)	成本	数量	利润	备注
农产收入	茶叶销售	330元	160元	6000斤	102万元	1斤干茶=5斤茶青 电费、包装费10元/斤/干茶
旅游收入	收入细项	2019.10~2020.4	全年预估	毛利率	利润	备注
	民宿收入	6万元	20万元	70%	14万元	2020年上半年受疫情影响收益有所下滑,且10月~次年4月为旅游淡季,一般占全年游客量1/3左右,全年估算按比例放大
	餐饮收入	35万元	100万元	20%	20万元	
	文创/购物收入	4万元	12万元	50%	6万元	
	咖啡/轻餐收入	2万元	6万元	50%	3万元	
	小计				43万元	
总计			145万元			

"智多张西"智慧乡村旅居项目的成功经验与模式已经在衢州全市范围内推广实施,衢州市农业农村局发文:"柯城区石梁镇张西村以生态资源为本底,以'张良族居'历史文化元素为标识,以发展乡村旅居产业为主导,以'线上+线下''共建+共享'为理念,大力开展整村制全链条民宿提升改造,目前已建成食一堃、南山书屋、留候民宿等多个幸福产业业态,打造了'智多张西'IP,已成为'网红'打卡地,为全市农家乐及民宿产业提供了样板。为进一步提升全市农家乐发展水平,制定全市'智多张西'模式推广方案。"

项目的成功经验不仅在浙江省推广,同时,也迎来超过100批外省市政府、社会团体的乡村振兴参观学习团。张西村独特的乡村振兴模式和成功经验,也引来了媒体的关注，成了全国范围的网红村，带动山下整条七里溪沿岸的村庄成了衢州乡村的一张金名片。

三、以文为主的杭州余杭闲林西溪源村

洞山设计创意村落的基本商业服务单元将成为乡村发展的标配。

（一）基本情况

西溪源村位于杭州市的余杭、西湖、富阳"三区"交界处，西与桦树村为邻，东与小和山高教园区相连，全村面积 $9.8km^2$，16 个村民小组都在群山环抱中，8km 灵项溪穿村而过，环境优美（图 8-12）。2017 年，西溪源村被列入全区第二批美丽乡村精品村创建名单。洞山是西溪源村内仍保存老村肌理的自然村落，目前有近 30 幢民房，户籍人口近 200 人。闲林水厂选址于洞山村口，2021 年底正式投产运行。届时，千岛湖引到杭州的水，将在这里处理后作为直饮水流向杭州的千家万户。西溪源村的交通十分便利，即将开通的地铁 3 号线支线终点小和山站已经到达村口。

原来的洞山村也像杭州的大多数近郊村一样，虽然村容村貌经过美丽乡村改建焕然一新，但是村里没有产业，大多数人都在城市里上班、居住，村里仅剩二三十位老人留守着。因此，项目启动前村里没有任何商业与服务设施。

图 8-12　余杭闲林西溪源村

2019 年，项目团队根据洞山村的规模、特色及区位，编制了《别有洞山设计创意产业村落》的策划方案。借力周边小和山高教园区的大学设计文创力量共享共建，在洞山村创建以文化创意为主的农文旅项目，方案获闲林街道与西溪源村高度认可。随后西溪源村洞山设计创意村落项目进入实施阶段。"别有洞山"创意文化村落以与乡村振兴相关的文化创意产业为轴心，发挥西溪源洞山村生态风貌、美丽乡村建设优势，吸引设计创业人才及年轻返乡创业者入驻，落实国家富农利民的农业帮扶政策，培育打造设计创意＋民宿＋互联网产业为主的"洞山设计创意村落"，携手开创西溪源村美丽乡村产业经济新高度。

（二）打造过程

第一方面，规划方案具体落地实施情况。

根据洞山村范围不大、村居不多的特点，确定整体规划指引、前期示范引导、带动共建生长的发展实施路径（图 8-13）。前期经村两委的动员与配合，部分村民将闲置的房子出租给项目公司作为引导产业使用，村委提供村口的一幢闲置房产作为接待中心使用。以乡村未来社区为蓝图，植入时尚新面貌。

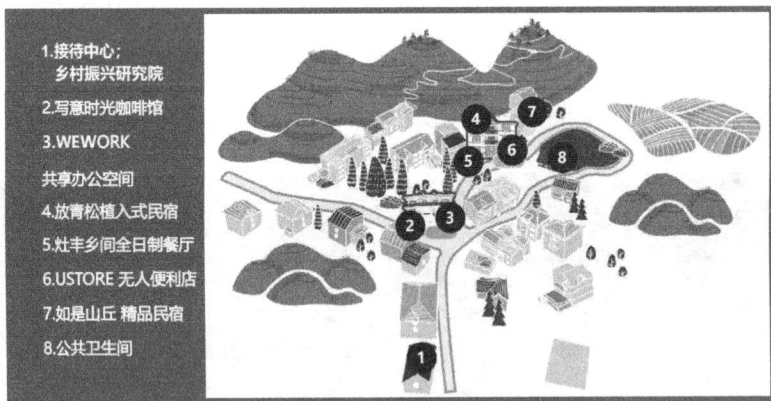

图 8-13　洞山村建设规划示意图

从最终确定的一期业态规划可见，麻雀虽小，五脏俱全。接待中心（邻里中心）、无人便利店、咖啡茶吧、共享办公空间、植入式民宿、全日制餐厅、精品民宿等时尚的产业服务点错落地布置在村内，以"微改造、绣花功夫"打造了一个乡村未来社区所需要的最基本的运营服务单元，也是体现乡村未来社区基本场景的落地空间。

这些基本的服务业态示范点在为本村提供服务的同时，还将承担起为全省乃至全国乡村打造村级小微服务业态的实操培训功能。"乡村振兴，人才是关键。要积极培养本土人才，鼓励外出能人返乡创业，鼓励大学生村干部扎根基层，为乡村振兴提供人才保障。"在乡村运营与创建过程中不但要为自己团队培养人才，还需注重培养本土人才，为造商服务。

第二方面，运营方案具体落地实施情况。

作为设计创意村落，运营一定是前置的。运营体系主要是运营管理服务的架构组织与团队，包括管理系统、视觉系统、体验系统等硬件系统有机整体建设和"运营公司主体＋运营帮带团队＋乡创人才培养"的软件管理建设。

1. 管理系统建设

管理系统是整个系统的核心，主要建设内容以接待中心建设为核心，数字乡村建设为载体，植入"飞呱村游锦囊"APP，集成服务游客、管理民宿、监管村庄秩序等内容，打造"乡村大脑"。

2. 视觉系统建设

视觉系统建设包括人居环境提升和三线整治建设。人居环境提升工作按别有洞山设计创意村落的运营方案开展，美丽庭院、垃圾分类提升等工作同步实施，三线整治入地建设。

3. 体验系统建设

体验系统建设包括休憩系统、亮化系统、导视系统及乡村旅游配套业态形象提升、综合停车场提升等工程。

4. 软件管理建设

单独成立运营公司，抽派专业运营人员对公司进行管理，强调基层党建引领的乡村运营模式，通过制度创新，普惠村民创业、就业。项目团队启动帮扶运营，实施双业主的运营合作，各司其职，提高效率。并计划实施业态造商培训与合作招商。

（三）阶段性成果

一期项目建设基本完成。

浙江建院建筑规划设计院作为浙江省住房和城乡建设厅直属的国有设计院，有着众多的美丽乡村建设典范与乡村振兴实践经验，院长徐召儿寄语项目："要让洞山设计创意村落聚集起更多的乡创设计师，共同发力，向全省全国输出浙江'千万工程''乡村未来社区'等乡村振兴的先进经验"。建院建筑规划设计院不仅将城西分院入驻洞山，当年就产生近两千万的设计产值，还在洞山成立乡村振兴研究中心，专门组织乡村振兴、乡村建设的学术研讨、案例展示及课题研究（图8-14）。

图8-14　乡村振兴研究中心

写意时光咖啡馆招商入驻，入驻地由一间民房的厨房与一块边角园地通过微改造与绣花功夫进行打理。咖啡馆香醇的手冲咖啡、闲适的阳光、文艺自然的腔调，成了设计师们纷纷打卡的网红店（图8-15）。

村内水塘边的一幢三层民房，通过招商吸引来了一家上海投资商。上海商人特意请了别有洞山设计创意村落的主创设计师帮他打造整间精品民宿（图8-16）。

乡建专家、北京大学人文地理学博士杨言生，目前在浙江工商大学任教，决定把自己的工作室放到村里。同时担任着全国大学生乡村振兴创意大赛副秘书长的杨言生老师认为：虽然各个乡村都有自己的特性，但是村民对美好生活的向往与需求是与城市市民一致的，像洞山村呈现的基本运营服务单元是所有村庄必配的社会化与商业服务的基础设施。

除了杨老师的团队，另外已经有设计、艺术、文创等领域的工作室入驻进来。他们觉得乡村的环境是可以给设计师赋予更多灵感，尤其是像洞山这样贴着城市边缘的小山村，有好的山水环境，又有便利的地铁交通可以通

勤，必会吸引更多具有创造力的优秀人才加入，实现设计和商业完美结合的
双赢。

图 8-15　网红店引来游客打卡

图 8-16　精品民宿

四、农旅结合的重庆长寿慢城保合村

乡村"慢生活"发展新空间——重庆长寿保合村

（一）基本情况

保合村，位于重庆市长寿区龙河镇，地处重庆市 1.5 小时经济圈，紧邻省道513，是长寿慢城核心区主干道的必经点，交通便利。户籍人口 1400 户，3600人，大部分村民都在外务工，村里也只剩下了一些老人日常居住。

保合村一产主要产业是柑橘种植。2013 年，政府统筹规划将秀才湾作为美丽乡村示范点。示范点依托柑橘产业区开发，整合众多现状散乱的民居聚落，规划新农村居民点，以乡村民宿度假为主要功能定位。居民点于 2017 年 11 月已基本完工，经过 4 年的规划、改造、施工，是重庆市级农民新村示范点。

2018 年，在龙河镇被定为重庆市乡村振兴综合试验示范镇的同时，保合村以其综合优势成为龙河镇乡村振兴三个先行村之一（图 8-17）。

图 8-17　重庆长寿保合村

秀才湾位于保合村。清初湖广填川，杨姓人家自湖北麻城迁入，居于今日保合村。六世祖杨公绍书，设馆授徒，有童生八人，伙夫一介。伙夫旁听苦读，学业精进。县城童试，皆中秀才，伙夫者名列前茅。奇闻传来，乡人同庆，杨氏祖居遂更名秀才湾。

（二）打造过程

2019 年 5 月，优社团队通过对秀才湾慢城项目进行考察评估，提出了以保合村秀才湾为载体，探索农旅深度融合新路为长寿国际慢城服务，同时打造乡村振兴新示范亮点的基本思路，并重新编制了慢城秀才湾项目整体策划方案（图 8-18、图 8-19）。运营策划案以体验乡村慢生活、亲子度假、青年团建为诉求，契合市场休闲度假需求与新型体验式旅游方式，植入国学教育的 VR 体验，同时优化当地以柑橘为主的农业特产，提供给客人高性价比的产品，达到良好的体验感。项目团队与当地旅游公司和村民委员会共同投资建立运营主体，更好地培育和带动当地乡村农文旅产业的发展。

通过前期调研走访，动员农户把闲置用房腾出来，一部分按标准改装成农旅服务的产业用房，同时将另一部分闲置用房规划成特定的产业用房，用以招商。通过发动农民的造商与吸引外部资本的招商，节省政府投资的同时在秀才湾里星罗棋布地建起服务小业态，让游客将游玩的脚步慢下来，享受慢城服务。对主要农产品柑橘进行以秀才为主体的品牌文创产品设计定制和衍生品开发，提升柑橘的附加值（图 8-20）。

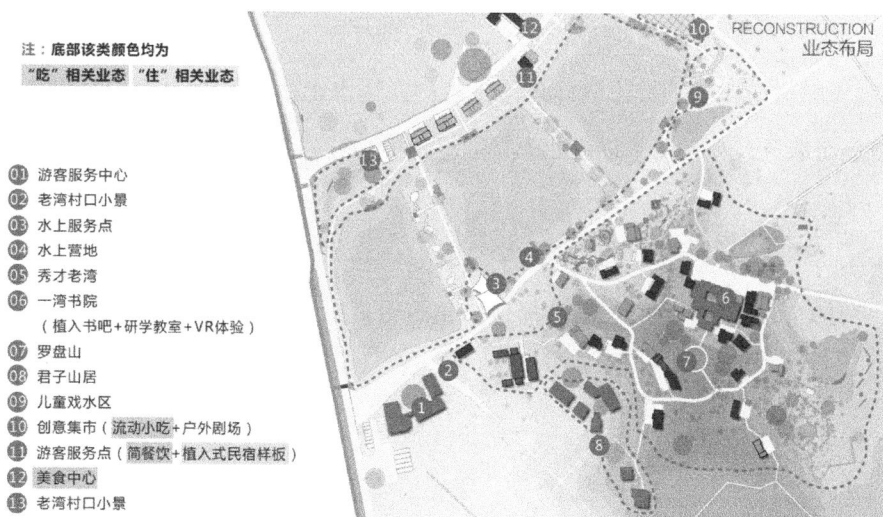

图 8-18　保合村总体平面布局图

项目团队对于项目规划和建设进度全过程跟踪服务，保证按设计要求，并引进餐饮企业等丰富的商业业态。

注：底部该类颜色均为
"吃"相关业态　"住"相关业态

2 花房+鲜花工坊+旅拍摄影
4 阳光餐厅
5 咖啡店+书店
8+9 重庆本味中餐厅
10 文创礼品店+陶艺室
11 农副特产+便利商超+蔬果店
15 奶茶甜品店
16 净菜配送+公共洗衣房+租赁
17 各色小吃店+烧烤+美食教室
19 竹编工坊+艺术家工作室
20 酿酒工坊+豆腐工坊+直播工坊
22 精品民宿
23 茶室+会议接待+民宿
25 情怀民宿（亲子主题）+音乐教室
26 清吧+户外俱乐部
29 品牌零食连锁店+橘类延伸产品
30 共享厨房+青年旅舍
32 植入柑橘体验+果饮摊

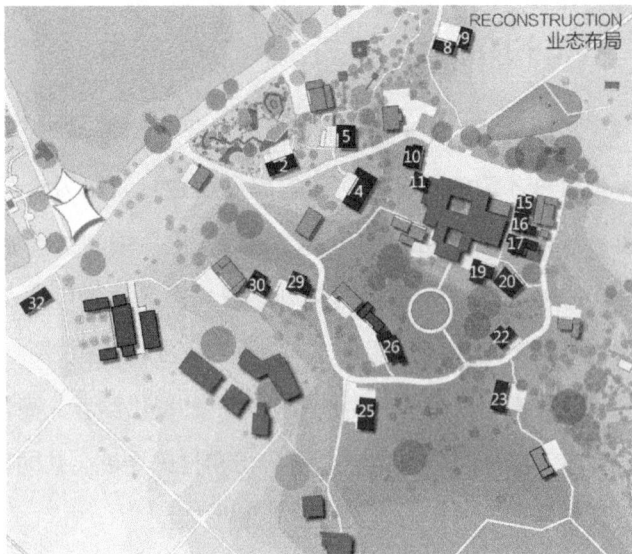

图 8-19　秀才湾业态布局详图

图 8-20　文创产品开发

"飞呱村游锦囊"操作软件落地，通过在线售卖柑橘等农产品，为游客提供智慧旅游服务，帮助商家进行行业业态管理等各项功能需求。

（三）项目成效

2019 年 12 月 19 日，"橘乡福地·长寿慢城""乡村振兴·长寿慢城"盛大开园。

新华社重庆 1 月 6 日电题[①]：农旅深度融合，让重庆长寿区有了一座"慢城"。在这里，乡村里的林田村落、农特产品都"活起来"了，城里人有了"歇歇脚、深呼吸"的好去处，让乡村振兴有了新载体，按下了发展的"升级键"。

---

① 乡村"慢生活"发展新空间——重庆长寿"慢城"挖掘农旅融合新路. 新华社报道，作者：新华社记者李勇、李松.

1. 乡村"慢生活"辟出农旅融合新空间

长寿"慢城","慢"是主基调，突出"慢运动"的细节，让游客放松心态，有时间细品乡村美景。在"慢城"里，沿蔡家河两岸布置湿地公园，沿岸 13km 步道串起 8 个亲水平台，并配以菖蒲、荷花等观赏植物。多设人行道，少设车行道，依山就势多建弯路，少修直道，满足游客"慢慢看、慢慢走"的旅游需求。

突出"慢休闲"的理念，整修改造"慢城"核心区有 4 万多亩成片橘林，让人行便道穿插林间，鲜果触手可及，花香就在鼻尖。这里的柑橘，都是晚熟品种，比普通品种晚两三个月上市。"慢"却不影响品质。

长寿"慢城"建设与乡村振兴有机融合。重点挖掘各"湾"历史文脉，保护建筑民居、传统文化。"慢城"中主打"白墙青瓦素雅风"的秀才湾挖掘出"耕读传家"的文化内涵，将有百年历史的保合书院原址修复，可供中小学生研学体验，感受体验诗、书、礼、乐等传统文化。

2. 从"一产为主"到"三产融合"

为推动柑橘产业发展，一方面引入业主规模流转土地，提高柑橘产业规模化、集约化种植水平，如今柑橘亩产值在 8000 元以上，在全市处于较高水平；另一方面大力发展果汁加工业，不断提高柑橘产业附加值。挖掘、利用橘海美景、橘乡风貌的价值，激活新产业、新业态，提升乡村产业的层次和水平（图 8-21）。

图 8-21 柑橘产业规模化

通过与专业人才合作，推出 5 大类 72 个品种的"慢城"文创产品。其中，借着秀才湾的历史故事，开发出"小秀才"等卡通饰物，深受游客欢迎（图 8-22）。

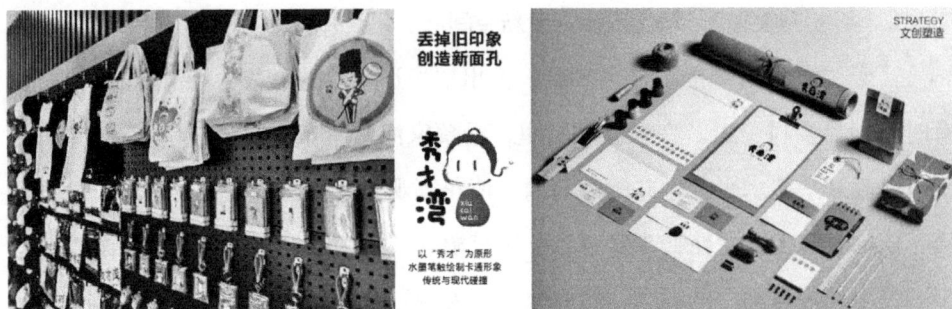

图 8-22 "慢城"文创产品开发

越来越多的"新农人"带着资本、经营理念来到"慢城",民宿、垂钓、亲子游乐等业态不断被发掘出来。

3. 盘活乡村资源

成立了专门的运营公司,其中村集体经济组织将集体资源、资产统一"打包",入股到企业中,每年可以获得利润分红。帮助村民、村集体经济组织"抱团"成长。开发了游玩服务平台,"村游锦囊",囊括"慢城"里的推荐线路、业态布局、文创特色产品,农民创业者能"坐在家门口,欢迎游客来"。

农民既可以自己经营民宿,也可以改造成为"共享农庄",租赁给企业统一经营。例如,村民杨东圣家的农房,就被流转给旅游企业改造为"亲子民宿",一年租金有 4000 多元。

开园后不久,即遭受了新冠疫情,全国停摆。但疫情管控一结束,2020 年 5 月 15 日,重庆市乡村振兴现场会就在保合村秀才湾召开,保合村的创新乡村运营模式受到重庆市委市政府领导的充分认可和肯定。会议安排部署了下一步重庆全市乡村振兴重点工作,要求以"十大重点工程"为抓手、以保合村等试点示范为牵引,推动乡村振兴迈向新台阶。

农文旅融合,在实际操作的过程中依据个体乡村特色,围绕产业、文化、经济进行整体架构,核心是如何依靠融合,强化突出特色产业的发展。以产业运营为主导,借力政府乡村振兴的支持与培育,当产业集聚和文创功能的整体驱动达到一定程度后,再服务于旅居者,增加教育文化、养老医疗、商业休闲等功能,最终达到振兴乡村的目的,带动经济发展,创建乡村未来社区。

第二节 乡村未来社区产居结合的探索

一、"三块地"改革主导的上海嘉定区联一村、联华村

（一）基本情况

联一、联华村属上海市嘉定区华亭镇，与江苏太仓交界，东与宝山罗泾接壤，北与江苏浏河毗邻。上海涉农郊区（松江、嘉定、崇明），普遍存在社会结构空心化、农村风貌碎片化、基础设施落后、农民居住条件差、农业产业粗放低效等问题（图8-23）。联一、联华村所在的华亭镇霜竹公路以北区域就是这样一个突出典型，原有自然村宅散落，18个村民小组28个自然组团中，24个自然组团均少于30户；原有村宅普遍建于20世纪80年代，村宅散落、房屋老旧，村里基础设施也比较薄弱，以前道路狭窄，有些路段连三轮车都很难通过，乡村公共社会性服务也严重缺失。村宅分散使农田基本都被隔散成了补丁田，现代农业、设施农业几乎无法作业，农业生产效率极低，甚至有了较高比例的撂荒现象。

图8-23　联华村（改造前的村居）

经深入调研后得到数据，该区块当时常住人口270人，其中60岁以上常住村民超过七成；1980年前后建设房屋占比78%；青壮年劳力流失严重，务工务农收入仅2000～3500元/月等。

此现象，仅依靠嘉定区、华亭镇自身力量难以在近期内改变现状。经多方共

同努力，明确以华亭镇为试点，以增强集体经济发展活力为着眼点，以产业振兴为着力点，探索政企合作、市场化运作解决"三农"问题的乡村振兴新模式。经过几年的努力，在农民集中居住、集体经济合作、土地整理和产业联动等方面进行创新实践，做实做好农业强、农村美、农民富的大文章。

（二）改造建设推进情况

围绕国家乡村振兴战略总体要求，探索由政府引导、专业企业操盘、社会资本投入、集体经济参与的乡村新社区的整体打造是全新的实践与挑战。

项目名称确定为乡悦华亭。乡悦华亭项目远景规划 $10km^2$，近期建设区 $3.16km^2$，启动区 $1.66km^2$。项目定位为"乡村旅游与休闲农业"的现代田园综合体，主要包括现代农业（农）、乡居康养（养）、主题农旅（旅）、美丽乡村（居）等四大功能板块（图 8-24）。

图 8-24　乡悦华亭项目规划总图

分期、分批、有步骤地推进项目引进落地。项目将村庄集中平移归并，实现土地的集约利用；通过优化户型、高标准接入生活配套，完成了村容村貌及生活品质全面提升；创新采用集体建设用地使用权作价入股模式，助力集体经济内生造血。

通过统一规划建设，统筹水、田、路、林、村庄要素，还原江南水乡格局的特色田园风貌。村民们的安置房，从设计开始在建筑风格的营造、用材以及各种雕花的细节、室外室内的空间尺度等，都没有因为动迁房的身份将就。精心排布的小排屋错落有致，房子外围的植被也有悉心地选种和维护。整体的天际线配合湛蓝的天空呈现特别的美感。白壁黛顶，镂空花墙，江南风元素扑面而来（图 8-25）。

图 8-25 改造、建设后的安置房

服务好原住农户，不仅要提升居住品质，更要引入现代农业，营造新的优质就业机会。将原有的补丁田整合成大片田，将低小散进行了清退，将废地荒地改造成高标准农田，新增了 450 多亩良田。项目公司将逐步流转项目区内 2000 亩农用地进行统一经营，植入现代农业、科技农业，以项目区内哈密瓜、葡萄等多种地产优质农产品为基础，延伸农业产业链，提升农产品价值。同时让农户们每年获得稳定的田租收益。对于原住农户而言，未来小镇农业公司给原住农户提供农业产业就业的工作机会，同时也对继续承包经营的果农们提供技术支持、品牌包装指导、销售渠道支持等。小镇市集可为农户设立展销点，每个周末都有景区游客和市区来的家庭过来采摘，收益也是很可观的。邀请原住民参与到乡悦华亭的运营工作中来，这样做的好处是一方面给予工作机会，可以用原住民对家乡的热爱筑造项目；另一方面保证项目运营人员的稳定，对于项目本身的服务标准也是一种保障。

在批复规划的指引下，在原住农户们平移并居后节省出的村集体经营性建设用地上建设民宿酒店、共享农庄及其他配套文旅服务业态（图 8-26）。2019 年 7 月，农庄样板区正式开放，为人们展示了"一方农舍半亩田"的都市田园新生活，让建筑能够与周边美景融为一体，将田园风光纳入生活的每个细节之中，缔造出移步异景的景观感受。让人们可以在自然风光里自由地信步徜徉；亦可在农田菜园里体验耕耘的乐趣；或是在小镇街巷里，品悦烟雨江南的魅力，这样如画般的田园风华，颠覆了人们对乡村的固有认知。

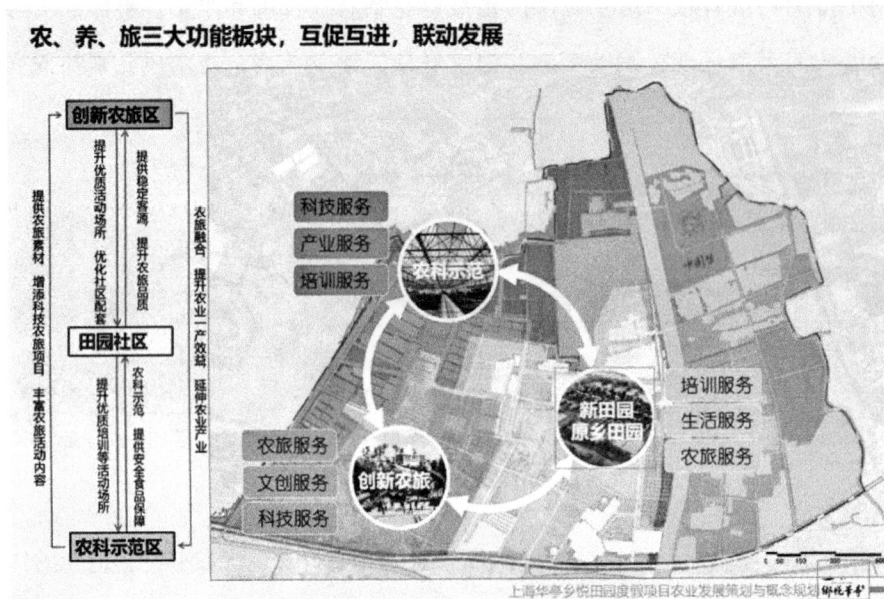

图 8-26　区域规划设计图

2020 年夏，小镇相继对外开放了农业科技大棚、农业展示中心。其中，农业科技大棚的对外展示，让人们看到了时代大潮之下的服务型现代农业。在乡村田园的基底之上，让农业与现代科技相互共融，促进农旅、生活等产业协同发展，关注自然生态有机和谐的同时，更注重从农场到餐桌，绿色无添加、纯天然可循环的健康饮食生活。在农业科技大棚中，可以看到将水产养殖与水耕栽培融合于一体的"鱼菜共生智能系统"，也可以看到农作物从开垦、播种、施肥、除草、杀虫的各个技术环节，同时跟踪植物的种植期、萌芽期、生长期、采摘期，呵护植物生长全程。

农展中心与市民共享农庄的启幕，让人们看到了小镇的美好生活、发达的现代农业和高科技农业成果共同执笔的一幅生动画卷（图 8-27）。以大地为案，洋洋洒洒铺呈开来。小镇所带来的亲近田野、返璞归真的田园生活跃然眼前，展现出了兴荣的时代新貌，激荡起对土地和自然的热爱与向往。一幢幢建筑拔地而起，一片片乡田青葱碧绿。5 月的夏日趣味采摘节、10 月的国庆嘉年华、11 月的秋收大典等缤纷多彩的特色活动，吸引着越来越多的上海市民到乡悦华亭来游玩、聚集、生活。

图 8-27 农展中心

（三）项目阶段成果

2021 年 4 月 27 日，"乡悦华亭"联一村农民相对集中居住平移归并一期新房正式交房，187 户农户喜提"高颜值"新居。

新房还原江南水乡风貌，统一种植景观绿化、接入天然气，同时完成架空线入地（图 8-28）。

图 8-28 新社区风貌

从乡村变成了新社区，习惯了自治的村民往往不愿为统一的物业管理缴纳物业费。为了探索集中居住管理的有效途径，联一村计划在尊重村民原有居住习惯的基础上，建立一套与特大城市郊区特点相匹配的新农村集中居住管理模式。打造五大自治共治载体——"亭·院治理联盟""物管·红专员""乡悦·会客厅""民情·议事会"和"百姓·秀舞台"，实现"村民"向"居民"转变，逐渐形成适合集中居住的社会治理新模式。"亭·院治理联盟"将联合政府职能部门和村委会力量，对发现的问题进行整治；镇里将选拔"物管·红专员"，包干联系、及时解决村民日常生活中遇到的难题；"乡悦·会客厅"将组织村民不定期开展社区共营活动，收集社情民意；"民情·议事会"将解决收集到的社区问题；"百姓·秀舞台"将举办文化宣讲、文艺演出等，丰富人们的精神文化生活。下阶段，联一村还将新增视频覆盖建设、信息基础设施建设、物联传感建设等方面设施提升数字乡村的整体管理与服务。

"乡悦华亭"二期安置组团位于一期东北侧，涉及 5 个村民小组，总占地面积约 99 亩，总建筑面积约 4.7 万 m^2，共计 194 户。未来，嘉定区将根据进城镇集中居住、农村平移集中居住两种模式，持续推进农民相对集中居住，到 2022 年全区新增不少于 4000 户农民实现相对集中居住。推进重点为高速公路、高铁、高压线沿线，生态敏感区，环境综合整治区，以及规划农村居民点范围外的分散居住户。

乡悦华亭项目探索创新实践"三块地"改革，为深入贯彻落实习近平总书记考察上海重要讲话精神，认真践行"人民城市人民建，人民城市为人民"的重要理念，紧密结合郊区乡村实际，始终坚持规划引领，健全完善治理体系，有效释放资源价值，做大做强优势产业，更加彰显品牌特色，全力打造生机勃勃、充满活力的超大城市美丽乡村，更好顺应广大农民对美好生活的向往。有效发挥国有企业对乡村振兴的带动作用，更好地促进产业振兴、环境改善、生活富裕，让广大农民有实实在在的获得感。

二、美好生活让郊区社区入住率达到 80% 以上的桃李春风

（一）创建理念

1. 打造品质居所，营造家庭氛围

桃李春风注重打造品质居所，在设计方面注重城市生活与乡村原风景的和谐相融，为居民带来更理想的栖居。

同时，桃李春风非常注重利于增进居民之间感情的氛围营造，以为居民带来更美好的陪伴。如通过倡导"自然教育"的幼儿园，增进亲子交流，营造和谐家庭氛围；悠游家门口的小镇中心"春风里"，拉近彼此亲密关系；通过打造专业

颐养机构，给予长者居家式的健康颐养服务；通过打造互为师友、同学的耕心学堂，收获爱好、共情邻里，营造家庭般的温馨氛围。

2. 满足情感需求，建立"熟人社会"

对于身处情感淡漠、人际关系较为疏离的现代都市居民而言，"陌生人社区"无法满足居民的情感需求。以血缘、地缘、感情为纽带的交往关系，人情交往密切的"熟人社会"成为一种向往。

桃李春风社区通过对生活内容与场景的精心营造、构建和谐邻里关系、塑造社群文化的方式，将拥有不同社会身份的陌生人凝聚在一起，建立彼此共识、超越普通的邻里关系、亲如一家的"熟人社会"。

桃李春风注重对美好生活场景的精心营造。从私家宅院、半私密的回廊庭院、街巷里弄，到小镇中心的各类配套健身、游玩设施、健康颐养中心、休闲运动中心、家庭学习中心、水岸商业街构建的"三个中心一条街区"设置，共同构成了社区美好生活场景，展现社区居民的精彩生活。并通过小镇春晚、小镇长街宴等丰富多彩的社交活动构建和谐邻里关系、塑造社群文化。

3. 根植乡村文化，探索小镇精神

乡村是中国文化的根，面对钢筋水泥的城市型社会，如何将这份精神传承下去是一个值得思索的问题。桃李春风建设之初，提出了"与城市共温暖，与乡村共美好"的小镇主题，在城市更新、乡村振兴的双重命题下，如何将"比城市更温暖，比乡村更'文明'"的小镇愿景内化为"与城市共温暖，与乡村共美好"，是需要持续探索的课题。

（二）主要创建做法

1. 空间打造

（1）打造舒适、美观的居住空间

桃李春风在满足居民居住需求的前提下，力求打造能够承载居住者对美好生活的想象和期待，能够还原人文意趣和情感，能够安放心灵的家。小镇设计结合自然环境构筑居住空间，十分具有审美意义。

如图 8-29 中的中式院落，白墙为纸，翠色映画，悠然地置于缓坡之上。中式小院建筑群屋舍俨然、错落有致，如一曲缓缓流淌的山水清音，凝固着民族几千年里凝练下来的审美。

现代建筑流畅，中式素雅，两者相糅而成新亚洲风格，实践出桃李春风的小洋房和 CLUB HOME，建筑以米黄与褐色为主色调，屋顶平缓，立面简洁，成为优雅诗意小镇建筑群中不失现代感的靓丽景致。

图 8-29　桃李春风景观图（一）

图 8-29　桃李春风景观图（二）

（2）打造充满人情的生活空间

丰富的生活，需要更多物理空间来承载。小镇通过高品质的建筑设计，在保证实用功能的前提下，为居民搭建小广场、音乐喷泉、滨水空间，以及亭、廊、轩等休憩空间，并鼓励居民走出家门，感受街坊文化，体会邻里生活乐趣；小洋房的架空层、连廊、下沉式运动场等共同构成居民专属的共享交流空间，小镇中心"春风里"的创建是设计师从西湖湖滨、南宋御街、西溪湿地三大盛景中获取灵感，将杭城文化底蕴融入建筑肌理，枕溪而建，营造一片微缩版的"小杭州"（图 8-30）。

图 8-30　桃李春风鸟瞰图

巧智博仁幼儿园约 4000m²，是流动弧线造型的大屋顶建筑，面向自然敞开，背靠 1500 亩缓坡密林，阳光充足（图 8-31）。教室没有传统的墙壁、讲台、课桌椅，却有沙滩、Mini 农场、草坪屋顶，充满自然气息，是真正名副其实的森林幼儿园。

（3）打造精神文化空间

除让人感受舒适、自然与惬意之外，建筑也可以是具有独特的精神和文化的空间。

桃李春风创建了米白色的极简风的小礼堂、中式聚会厅听湖轩，作为小镇居民客厅的远香堂，以及园区内的亭、廊、轩等丰盛小景营造，给小镇居民带来精神享受。通过建立小镇图书馆，使城市居民成为志愿者，一起共建小镇公共事业，使居民以另一种方式感受更为广阔的生活意义。

桃李春风兼顾文旅的小镇定位，引入了田野酒店的民宿、度假公寓 CLUB HOME，同时设计了"水岸商业街"这样一个充满小镇风情的开放式商业体，茶馆、风味餐饮、文艺聚会点、电影院等一应俱全，丰富小镇居民的精神文化生活（图 8-31）。

图 8-31 桃李春风休闲空间

2. 文化塑造

（1）塑造邻里文化

桃李春风在 2015 年的业主答谢中首次用了"家人"这个称呼，营造亲如一家的邻里文化。并通过鼓励热心居民自发担当志愿者，为即将入住的新邻居解答生活百问，在亲密的谈笑中，使新居民快速融入邻里生活当中。

从中式小院的坊巷到小洋房的邻里大院，通过居民从各自家中带上私房菜和美酒，唠家常，举杯共饮，一次次别开生面的邻里宴成为小镇独特的邻里文化缩影。同时，桃李春风的居民历经4个月的时间，结合小镇生活氛围和文化，多轮探讨后集体约定形成《家人公约》，是小镇居民理想生活的缩影。

（2）打造社群文化

桃李春风通过组织居民参加各类集体活动，成为重建亲密关系的重要平台。耕心学堂"同学式邻里"的交往模式，和老友一起挥毫泼墨，与闺蜜一起精进花艺，和孩子一起参与一场即兴表演，全龄化的丰富课程，让居民们享受共同参与的学习体验。

随着越来越多的居民入住，彼此相识到熟知，又因着共同的志趣与爱好，组建起诸多兴趣群，社群就这样自然而然地生长起来。

小镇社群发展六年多以来，围绕缤纷多彩的故事，共形成30余个家人社群，社群种类丰富多样，包括足球、篮球、乒乓球、羽毛球、小镇合唱团、话剧社、摄影群、钓鱼俱乐部、交谊舞沙龙、桃李社区美院等，同时这些社群也成为社区居民们热情参与和津津乐道的话题。

同时，丰盛的社群活动，也促成了小镇专属的节日。"舌尖上的小镇"长街宴已成为一年一度的美食庆典。远山含黛、廊桥回环的春风里，席宴桌首尾相衔，绵延百米，开启邻里分享的新方式。"月是小镇圆"居民中秋晚会，由居民众创而成，多个社群联动。

丰富多彩的市集文化也在小镇的巷弄里生长，包括散发着故乡记忆的老家市集，地道传统风味的年俗市集，还有专为圣诞节筹办的火鸡市集、音乐主题市集、春风市集、晚风市集等。

小镇丰富多彩的社群文化氛围，让越来越多的居民自发地参与和组织活动，收获美好，也收获内心的丰盈。

3. 自治共建

如同宋卫平先生所说："未来，业主才是小镇的主角。"桃李春风以"人人为人人服务""众筹、共建、自治、分享"为理念，倡导"人人皆镇长"，鼓励居民成为志愿者，并参与到更多的公共事务，鼓励居民花时间和精力，将自身的技能特长发挥，参与到小镇生活的各个方面，与邻居们交流和分享，凝聚成理想中的小镇未来。最终建立起一个自我约束、自我管理的小镇。

三、重整茶产业，让破旧乱的城郊社区当了茶村领头羊的龙坞茶镇

（一）基本情况

西湖区龙坞茶镇位于杭州主城区西南角，距离西湖仅 12km。总面积 24.7km²，其中核心区域约 2.4km²，包含 11 个行政村（社区），约有 13000 人。

龙坞是最大的西湖龙井茶产地保护区，有超过 667hm² 的茶园，茶叶总产量占西湖龙井总产量的 60%，素有"千年茶镇、万担茶乡"之美誉（图 8-32）。这里自然环境得天独厚，为钱塘江和西山国家森林公园环绕，有林地约 1100hm²，森林覆盖率达 93% 左右，负氧离子浓度常年维持在每立方厘米 600 个左右，是杭州主城区的天然氧吧，龙坞位于西湖区之江地块，地处杭州市区半小时生活圈内，倡导"离尘不离城"的理想生活方式。

图 8-32　龙坞茶镇

（二）主要创建做法

1. 做好小镇总体规划定位

将龙坞小镇定位为中国第一茶镇，以茶产业为主，打造以茶为引，融合文化、旅游、民俗、运动、养生、居住等多种功能于一体的特色茶文化小镇。

龙坞茶镇初步规划用地面积为 3.2km²，其中，建筑面积约为 45 万 m²，规划了龙坞茶镇·九街、文旅街区、商业及住宅板块、五星级度假酒店等。项目邀请国内外知名设计院，实施全域规划综合整治，通过实施截污纳管、强电弱电"上改下"、燃气进村入户、农居立面整治等工作，龙坞的环境卫生、城镇秩序、乡容镇貌均得到了根本性改变。

通过新建 12km、改造 15km 绿道，打造龙坞及周边十村各具特色的绿道网系统（图 8-33）。建设兔子山茶文化公园等 7 个两级公园体系，合理布置浏览、休闲、运动、健身等配套设施，实现"300m 见绿、500m 见园"。

在交通方面，结合现有西山森林公园慢行道、茶山慢行线路、茶园骑行赛道和绿道标准，完善慢行系统，形成高速公路、主要道路、次要道路三级道路网体系。提升改造绕城高速龙坞互通、留泗路，拓宽白龙潭路等 4 条主干道，新建青山路等 5 条主干道，整治各类村道 415 条、67.07km，基本达到户户通车标准。

图 8-33　小镇主干道

在市政配套上，统筹茶镇内污水、雨水、通信等市政基础设施，进行城乡一体化建设，实现"污水零直排"全覆盖（图 8-34）。

图 8-34 "污水零直排"全覆盖

2. 基础设施建设先行

小镇在规划建设时充分考虑原居民的生活方式及需求，为原居民统一规划安置房、商业街，提供高质量基础设施。

茶镇建设基础设施先行，以安置房、学校、道路、溪流为小镇建设的入口，2018 年葛衙庄一期竣工、2019 年西湖第一实验学校竣工，先后惊艳了社会各界（图 8-35）。龙坞小镇中心配置二星级放心农贸市场、放心餐饮店、连锁便利店、快递网点、金融网点、移动电信营业厅等综合商贸服务功能。在文体医疗服务上，配置村级图书阅览室，藏书 10000 余册，建有体育场地 76 处 14000 余平方米。与三甲医院省立同德医院之江院区签订合作协议，与浙江省人民医院望江山院区、浙大一院之江院区共同组成 15 分钟三甲医疗圈。茶镇内现有龙坞卫生服务中心、村社卫生服务站、居家养老照料中心等 10 余处（图 8-36）。

3. 构建特色产业体系

小镇产业始终以茶为核心，集产业培养孵化、文化创意、文化旅游、研学、健康养生于一体，打造茶业全产业链。小镇立足原有西湖龙井种植生产，构建"茶＋文化、旅游、创意、民俗、运动、养生"七位一体、错位发展的龙坞茶镇特色产业体系，荣获全国"六茶共舞三产交融示范单位"。

在深入挖掘丰富茶旅业态后，逐步推出了"茶农生活体验游""茶园漫行游"等多种茶乡旅游模式。

图 8-35　茶基础设施建设

图 8-36　茶镇景观

　　10 万 m^2 破旧老厂房的九街，如今焕然一新，被改造成带有民国风情的茶文化产业园，包含茶企科研、文创复合、教育培训、零售购物、酒店客栈等，将形成以"茶科研、茶文化、茶生活"为内核的茶业全产业链优质孵化基地。2018年园区开业，吸引了众多名企及办事机构，包括中国茶产业联盟办事处、联合国粮农组织政府间茶叶工作组、浙江省茶业集团、大茗堂生物科技、浙大茶研所、蓝城恒汇科技有限公司、雅事酒店等，并涵盖了大中型著名茶企、茶科研企业及相关文创、设计、酒店等1300余家企业入驻，逐步成为全国茶产业"聚集地"，不断发挥着茶文化产业街区特色产业的集聚优势、国家AAAA级景区的旅游效应（图8-37）。

图8-37 茶镇夜景

龙坞茶镇在保留传承各种传统元素的同时，也不断注入时尚元素，发展"网红经济"，签约抖音、快手等一线直播平台，引入淘宝、天猫资源，建立淘宝农产品直播基地，首创茶叶销售和竞拍交易相结合，参与天猫品茶节、微拍堂专场直播、"玩物得志"等直播活动，累计观看100余万人次。

4. 塑造小镇特色文化

以茶为主题的文旅街区，则汇集了天下名茶，开设了茶馆、茶艺馆、茶工坊、茶苑等茶空间。以杭州悠久的历史文化为基底，将与茶主题相关的旅游业态有机组合，通过要素的挖掘和提炼，把茶与建筑、茶与文化、茶与商业、茶与体验、茶与品质生活、茶与健康养生融为一体，打造茶文化圣地。

龙坞小镇以茶文化为基石，形成"一节两会"（开茶节、国际茶博会、中华茶奥会）为主导，中国茶产业T20峰会等各类茶产业文化活动相结合的全国茶事活动集聚中心。累计吸引 36 个国家 3000 多名外宾前来参观交流，并在法国巴黎成功举办龙坞茶镇海外推广展，茶镇国际影响力逐步显现（图 8-38）。2019 年，龙坞茶镇成功挂牌国家 AAAA 级景区，外桐坞村挂牌国家 AAA 级景区，小镇其余 10 村，全部评为省 A 级景区村庄。

图 8-38　龙坞小镇鸟瞰图

5. 智慧治理模式探索

龙坞茶镇以"专家＋群众"模式，构建全方位、全过程、全周期的美丽城镇技术专家服务机制。制定"一镇一策"，全面统筹龙坞的人、财、地及社会管理四方要素保障，聚焦资源、加强指导，使美丽城镇创建后顾无忧。

以"大脑＋小脑"模式，启动搭建"数字龙坞"平台，建设数字信息、产业信息、旅游资源、健康信息、文化信息五大库。

积极与名校名人合作，集聚人才，不断探索智慧治理，共同打造智慧茶研高地。领衔制定西湖龙井茶等行业标准 6 项，茶产业相关发明专利 24 项，创建省级研究所 1 家，科研投入增长 48%。截至目前，龙坞茶镇共获得 127 项荣誉，其中国家级 21 项，省级 48 项，市区级 58 项。

第三节 乡村片区运营协同发展

一、千岛湖乡村片区运营实践——构建山海协作企村融合利益共同体

（一）项目简介

2021年2月19日，浙江省委书记袁家军赴淳安县下姜村调研时强调，要加快构建推动共同富裕的机制，走出"先富帮后富、区域共同富"的乡村振兴新路子。作为杭州市的对外协作牵头部门，杭州市对口和山海协作工作领导小组办公室组织了多次专题性研讨座谈，邀请优社等专业团队赴淳安县开展山海协作工程乡村振兴示范点调研工作，着重就市域内山海协作推进构建企村融合利益共同体来加快实现共同富裕，进行了调研。

淳安县2020年度全年财政总投入1.95亿元在美丽乡村建设中，共创建中洲镇、屏门乡省级美丽乡村示范乡镇2个、文昌镇王家源村等省级美丽乡村特色精品村8个、临岐镇五庄村等省级新时代美丽乡村达标村创建106个；建成市级精品村12个、风情小镇1个、精品示范线1条；培育3A景区村庄8个。新启动千岛湖镇富城村等20个市级精品村和界首乡玛璜促"多彩乡居"等2个风情小镇建设，完成总体形象进度50%。782座农村公厕录入高德地图，实现全县城乡公厕网上一张图。下姜村入选首批全国村级"乡风文明建设"优秀典型案例。淳安获得浙江省新时代美丽乡村建设考核优秀县（图8-39）。

同时，从调研情况看，实现共同富裕也还存在一些薄弱环节。主要有：一方面，淳安的基础相对薄弱，乡村的资源禀赋不一，存在比较严重的发展不均衡现象。乡村本身就有各自的特色，但村与村之间没有确立的统筹协作机制，相互融合不多，所以就单个村庄而言，资源的单一性与人才的匮乏就更制约村庄的发展。另一方面，较多乡村建设存在重"硬"轻"软"的现象。在乡村发展上重视看得见的"硬项目"，对制度探索、环境营造等软工作做得少；在项目建设上，又更加倾向见效快的基建项目，对产业项目关注较少，导致有些已经进驻乡村发展的企业在实质上缺乏服务与培育，举步维艰。再一方面，不少乡村基建项目存在重"建"轻"管"的现象。在项目运维上，相对倾向行政主导，市场机制发挥和乡村参与比较

少，企业难以参与，信息不对称，导致很多资源闲置，实际效果不佳。

图 8-39　淳安美丽乡村

针对这种状况，优社团队提出在山海协作大平台上构建淳安县乡村片区统筹运营的方案。建立片区统筹运营机制，结合全省的数字化改革，应用数字化技术、思维和认知，把数字赋能的系统性管理服务体系建起来，把利益捆绑起来，把要素激活起来，这样共同富裕才有持续发展的动力，才能走得更稳更远。

（二）探索路径

在淳安县下一步的乡村未来社区创建中，坚持向改革要动力，向市场要办法，探索在淳安乡村形成以片区统筹运营下的人才、土地、资金、产业、信息汇聚的良性循环发展模式，努力在构建推动乡村振兴和共同富裕的体制机制上走出一条新路子。具体提出 3 条对策：

（1）推动乡村建设运营从单村向片区化转变，引入"生力军"才能发挥更高的效率。从淳安的现状上看，在前期美丽乡村建设的成果基础上，大多数村庄仍缺乏运营，仅仅是"空心村"建设成了"空新村"。主要原因除了前述的"重'硬'轻'软'""重'建'轻'管'"等因素外，乡村运营人才的缺乏是非常客观的制约原因。有些乡镇提出乡村运营思路，但苦于找不到真正能运营的人才与团队。乡村振兴和共同富裕要靠人才，乡村产业发展长效运营和健康发展需要人才。乡村振兴的人才需要综合能力，目前能够下沉服务乡村的综合性人才极匮乏，因此，组合各专业人才组建运营团队更可行，但团队运营对于单村而言发挥的效能又太低，所以联村形成片区以专业团队运营的方式引入"生力军"成了更可行的路径。以县域、镇域为布局，通过梳理美丽乡村建设成果中各重要元素，以高维度的全域运营视点，在山海协作的项目建设中对域内乡村进行统一的产业定位、产品定位、文化定位，以片区联动形成产业协作，以内容＋流量＋产品＋文创＋活动进行全域化的农文旅运营。系统性提升淳安县全域农文旅运营能力，精准化地创建良好的商业生态运营环境，招引各类专业企业与团队入驻乡村发展，扎实落地、有机生长，共同参与市场运作，与村庄互利共赢。

（2）推动乡村传统粗放管理方式向现代精细服务体系转变，片区运营中为乡村振兴和共同富裕培育"地方军"。在片区运营统筹乡村产业项目的全域性布局中，以运营为导向的招商与造商同步，让相关企业有机地融入乡村的同时，成立以村集体为主体的管理服务公司实施整村管理运维服务。由村集体组建，在当地政府的支撑下管理公共设施及承担环卫保洁职责，在片区运营团队的帮带指导下为整村提供公共服务和精细化的产业基础运维服务，为村民、商户及游客提供服务。精细化地展示全村乡旅特色产品、风貌、文化等，用服务营收壮大村集体经济。通过片区运营团队帮带，依托片区导流造商，在当地政府的培育孵化下逐步发动村民创立村内小微服务业态与共享服务业态，采用"微改造"的"绣花"功夫建立亦农亦商的本地商旅服务体系，真正实现农民不离乡不离土地创业、就业，成为各自乡村的产业发展"地方军"。村级管理服务公司在专业化的片区运营植入内容、导入流量的帮带下，逐步提升实现国际化的管理和服务模式，真正让浙江的新时代美丽乡村具有时尚风、活力劲，打造具有可持续发展力的浙江气质的美丽乡村样板（图8-40）。

（3）推动乡村运维从"土办法"向数字化转变，在片区运营中提高各方面协同作战的能力与效率，为乡村振兴和共同富裕增添新动能"集团军"。2021年是浙江省数字改革年，通过加快推进浙江省数字乡村建设的契机，解决乡村信息基础设施落后，村与村、村与镇、村与县之间的信息不通畅等问题。数字化是片区运营建设的前提条件，首先采用轻量化的智慧乡村实用工具与落地的信息采集与更新体系，持续完善农业农村数据资源库，构建乡村农文旅运营数字化应用平台，接入政府打造的"基层治理四平台"系统，加快乡村公共服务数字化普及，实现帮扶、教育、医疗、文化旅游、社会救助等领域数字化并广泛向乡村延伸。通过山海协作指挥舱系统实现数据的抓取与大数据分析及共享，为乡村产业发展提供高效的企村、村村等协同项目匹配、资源对接等合作服务，形成"集团军"作战的新动能。汇总片区资源及内容打造，以市场数据为导向组成市场欢迎度高的农文旅套餐产品，通过渠道进行精准投放引流。片区运营的线下服务网点做好信息采集与更新的同时，成为线上到线下的物理衔接，以内容数字化线上引导流量，以线下服务让用户获得对数字化产品的良好体验，使流量有效扩展与循环复用（图8-41）。

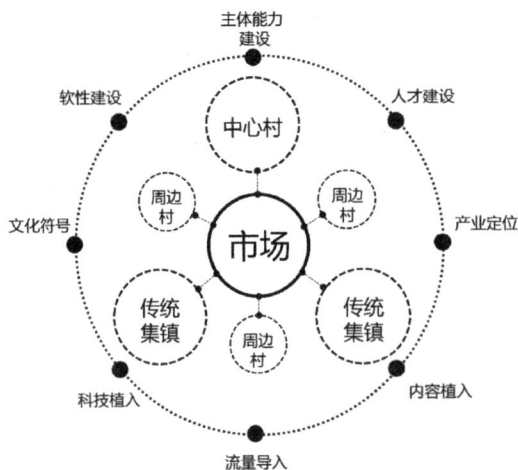

图 8-40　片区运营资源系统架构图

图 8-41　片区运营的两个抓手

（三）实施方案

在上述 3 条对策的引导下，再次详细调研了淳安县目前美丽乡村的建设情况与千岛湖大景区的实际状况，提出详尽的实施方案。

首先，在淳安县北部三个乡镇：临岐镇、界首乡、宋村乡，挑选 8～9 村与枫树岭镇的下姜村、石林镇的双西村、文昌镇的西阳村等形成示范片区。

示范片区内的村庄在道路交通、建筑景观、村容村貌等基础硬件设施方面，历经前一阶段的建设已经显著提升、成果丰硕；部分乡村土地、物业得到一定程度的整理、归并。因此，对前期成果进行梳理后以系统化、平台化、数字化、运营化等多维度、多载体窗口，向社会市民、潜在市场进行展示与露出，显得尤为重要。同时发挥各自村庄特色，整体配置特色农文旅资源，村与村协同发展，取长补短，精准创建内容＋流量＋产品＋文创＋活动的体系化运营场景（图 8-42、表 8-3）。

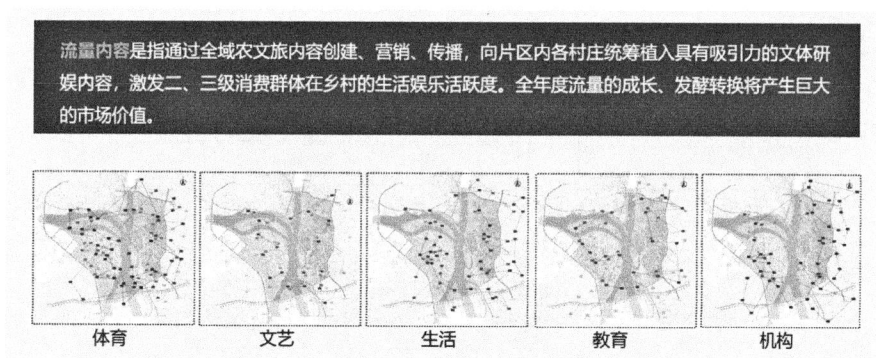

流量内容是指通过全域农文旅内容创建、营销、传播，向片区内各村庄统筹植入具有吸引力的文体研娱内容，激发二、三级消费群体在乡村的生活娱乐活跃度。全年度流量的成长、发酵转换将产生巨大的市场价值。

| 体育 | 文艺 | 生活 | 教育 | 机构 |

图 8-42　流量导入与内容创建

片区村庄及资源列表　　　　　　　　　　　　　　表 8-3

序号	村庄	所属乡镇	选择原因	打造方向
1	下姜村	枫树岭镇	民宿、水上项目、红色文化	教育板块、生活板块、体育板块
2	茶山村	中洲镇	红色文化教育基地	教育板块
3	范村	临岐镇		
4	五庄村	临岐镇	中草药、康养民宿	生活板块、教育板块
5	双西村	石林镇	漂流、皮划艇、茶园	教育板块、体育板块
6	西阳村	文昌镇	闲置民居出租	生活板块
7	镜洪村	宋村乡	千岛银针，鱼肉小笼包制作，直播农产品售卖，漂流	体育板块

序号	村庄	所属乡镇	选择原因	打造方向
8	云港口村	宋村乡	漂流、鱼文化、越野基地	体育板块
9	鳌山村	界首乡		
10	蚂蟥村	界首乡		
11	严家村	界首乡	民宿出租、亚运分村、自行车赛道、水上项目	生活板块、体育板块
12	毛家村	汾口镇	近文渊狮城、近龙川湾景区	生活板块

由山海协作项目牵头设置全域运营机制与数字运营系统。前期由山海协作项目投入负责培育运营。运营系统以山海协作乡村振兴援建资金项目全过程拨付、建设、产出的全过程数字化智慧监管和绩效管理为撬动点，循序拓展形成示范点"主题＋文创＋人气""特色＋产品＋农业""乡旅＋吃住＋游乐""智慧＋治理＋乡情"四条系统反映、管理、互动、服务数字功能主线，形成主题共建、品牌共推、功能共链、业态共造、产业共兴、文化共融、乡情共帮的数字融合的氛围环境，搭建山海协作的功能特色的片区运营数字平台（图8-43）。

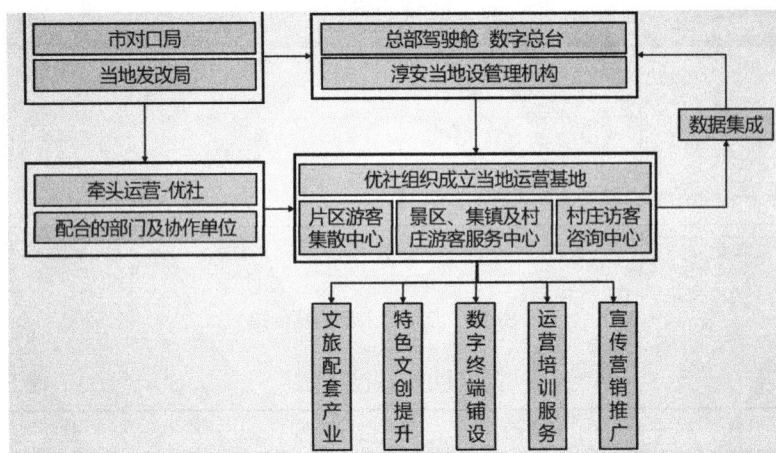

图8-43 片区运营系统架构图

营造良好的营商环境，引导政策支持，依据村庄各自的资源特色引入不同类别的团队与企业协作发展，争取在两年内通过企业融入后的共同经营，帮助村集体经济培养市场化经营管理能力，培养本地化的专业人才，让农民变"躺着收租金"为"支持经营、参与经营、挖掘资源主动经营"。淳安当地政府安排部分资金对相关企业和团队进行奖补。

淳安片区运营将在运营管理与服务上体现国际范，利用 2022 年杭州亚运会期间淳安赛事的机遇，向中外宾客充分展示具有浙江气质美丽乡村的时尚风与活力劲（图 8-44）。依托片区运营，预计第一年为片区村庄将新增 60 万线下到访游客量，三年内达到新增 300 万有效到访量，带动当地农文旅消费超 6 亿元，获得经济成果，加快共同富裕，实现乡村的产业振兴。

图 8-44　淳安亚运场馆

通过淳安示范片区的打造形成阵容型的山海协作新模式，缔结扩大山海协作乡村振兴共同体，数字赋能体系化地开展对外协作与帮扶工程。片区运营系统定位为"做平台""做编剧"，整合资源，创新机制，加强顶层设计，充分利用市场机制，强化可复制能力，建立"政府引导培育、企业操盘、社会资本投入、集体经济参与"的企村融合片区运营模式。以创建示范区的成熟展现，切实提升村集体经济与农民财产性收入，进一步激发企业参与积极性，以市场运作方式主动加盟，形成企村融合利益共同体模式，走出乡村振兴和共同富裕新路子。

二、百山祖国家公园社区乡村片区运营探索

（一）项目简介

2021 年 10 月 12 日，国家主席习近平在以视频方式出席《生物多样性公

约》第十五次缔约方大会领导人峰会并发表主旨讲话时指出，我国正式设立三江源、大熊猫、东北虎豹、海南热带雨林、武夷山等第一批国家公园，保护面积达23万km²，涵盖近30%的陆域国家重点保护野生动植物种类。我国将生物多样性最富集的区域纳入国家公园体系，钱江源-百山祖国家公园也被纳入第一批国家公园创建名单。

百山祖国家公园位于浙江丽水市龙泉、庆元、景宁三县交界区域，面积为50529.46hm²（505.03km²），以浙江凤阳山-百山祖国家级自然保护区所在区域为核心，涉及龙泉、庆元、景宁三市县10个乡镇（街道）、32个行政村、4个林场（管理区）、10个林区。龙泉面积24906.61hm²，占49.29%；庆元面积20506.00hm²，占40.58%；景宁面积5116.85hm²，占10.13%。国家公园分为核心保护区和一般控制区。其中，核心保护区面积26145.32hm²，占总面积的51.77%；一般控制区面积24360.33hm²，占总面积的48.23%。

百山祖国家公园区域为亚热带常绿阔叶林生态系统的典型代表，拥有百山祖冷杉、角蟾等一众珍稀动植物，是中国野生大型真菌种质资源重要分布区。维管束植物2102种，其中国家重点保护植物34种；野生脊椎动物416种，国家重点保护动物48种；大型真菌632种。百山祖国家公园一带山水资源丰富，群峰耸翠，重峦叠嶂。长三角第一第二高峰黄茅尖、百山祖，是我国山水景观"平远、高远、深远"的典型代表。江浙第一峰黄茅尖，海拔1929m，位于凤阳山片区，第二高峰百山祖，海拔1856.7m，坐落在百山祖片区。这里海拔1000m以上的山峰多达1390座，1600m以上山峰50座。拥有平板溪、石臼状岩石景观、梯田、瀑布、高山等一众优质山水资源。

百山祖国家公园的核心区及其辐射带动区域内传统村落星罗棋布，古建筑、古廊桥、古窑址等错落别致，古色古香特色突出。该地区还是古代海上丝绸之路的发祥地之一，是华东地区古村落数量最多、风貌最完整的地区，被誉为"江南最后的秘境"。区域内保存有剑瓷文化、廊桥文化、香菇文化、马仙文化、畲族文化、古村落文化，地域特色十分鲜明，印证了人类与自然长期和谐相处，为子孙后代留下了宝贵的财富。

丽水市于2017年开始谋划建设国家公园，经过不懈努力，终于获准以"一园两区"模式与钱江源国家公园整合为一个国家公园列入首批国家公园体制试点。国家公园落地丽水，是对丽水多年坚持"绿水青山就是金山银山"发展理念，探索生态产品价值实现机制成效的肯定。未来，在做好国家公园保护基础上，对辐射带动区域发展，以全域联动推进国家公园品牌价值转化，打通生态保护、绿色发展和生态富民三大通道，引领高质量绿色发展，将是丽水为全国国家公园建设探索新模式、新路径的使命担当。

（二）探索路径

国家公园核心保护区限制人员活动。开放的对象主要是科考采集、纪录片拍摄和专业等级持证极限运动等。有控制、有准入机制地实施人为活动；养护、护林等工作由林业部门专业负责；其他人为活动禁止进入该区域。一般控制区面积为 $34506.57hm^2$，占国家公园总面积的 45.51%，是国家公园内传统的生活、生产空间，也是科研、营地、教育、体验等综合功能的空间。

国家公园辐射带动区，是以国家公园外围入口小镇为核心的地带，主要围绕在国家公园核心区与一般保护区的外围周边区域。域内包括良好通达性的美丽乡村、集镇，是流量活跃、业态丰富、商业发达、配套齐全的文旅体验空间与特色产业发展区域。承担流量导入、业态运营与保护区的物理隔离作用，因此我们也称之为文旅特色产业发展区环，区环内严格限制大拆大建，不对保护区内的自然生态造成破坏。

根据国外先进的国家公园运营经验显示，国家公园将对周边广大区域经济发展起到重要的辐射作用。2011 年密歇根州立大学为美国国家公园管理局（NPS）准备的报告中做出统计，在 NPS 中每投资 1 美元，美国公众可获得的经济价值为 4 美元。2011 年，国家公园在全国范围内创造了 301 亿美元的经济活动和252000 个工作岗位。其中有 130 亿美元直接流入了 NPS 单位 9656m 范围内的社区。在 2017 年的一项研究中，NPS 发现，全国有 3.31 亿名公园游客在国家公园周围的当地地区花费了 182 亿美元。这笔支出帮助支持了 306000 个工作。NPS支出仅在密苏里州就支撑了 2.97 亿美元的经济产出。因此，对于大区域经济带动而言，作为辐射带动区发展文旅与特色产业，建立完整的服务运营系统建设显得尤为重要。

辐射带动区以村—镇—县三级结构相互支撑、相互补充，各个主体以不同等级、不同主题的形式融入国家公园大范围内，以国家公园为核心，组合形成了众星捧月的空间格局，星罗棋布的村落四面环绕核心保护区，同时也造就了"人与自然"最亲密互动的"国家公园"。

该区域是国家公园品牌价值转化的主阵地和先行区，是百山祖国家公园高质量绿色发展圈的核心地带，重点突出旅游服务、休闲康养、文化创意等功能。区块内经多次实地调研与梳理，基本确定了十镇五十村的范围。这些镇村虽已有一定的发展基础，但村镇发展差异较大，整体竞争力不强，亟需系统化、片区化开发运营。结合各区块发展条件，提出"一心一环三片区九组团"的项目体系。一心是国家公园绿心；一环是中国第一条国家公园自驾车环线；三片区分别为龙泉高山生活休闲区、庆元生态教育创新区、景宁红绿畲文化体验区；九组团是以国家公园三个主入口、六个次入口为依托的社区组团（图8-45）。

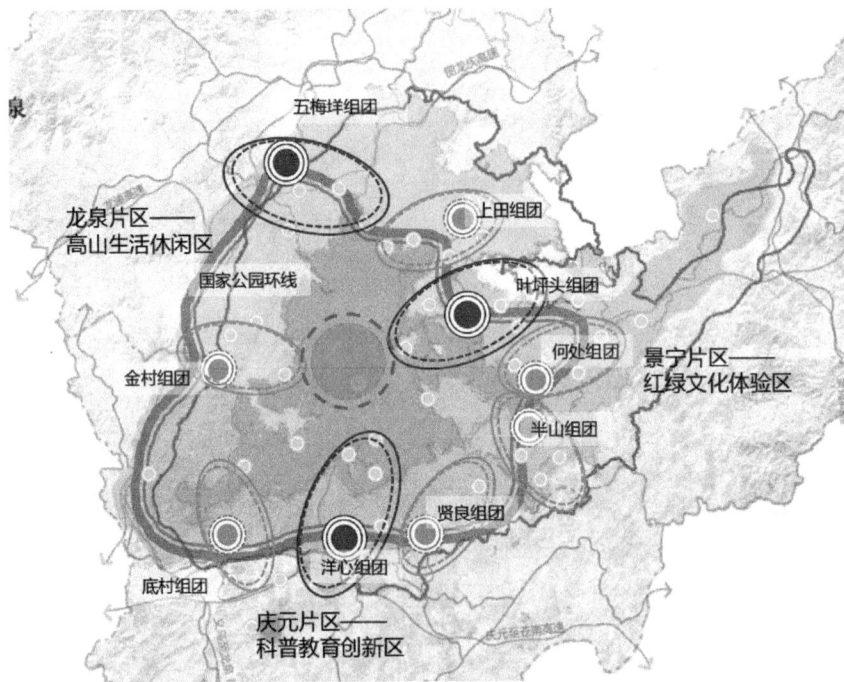

图8-45　国家公园的辐射带动区组团片区示意图

将50个村落以片区形式统筹起来形成新的片区联动发展模式。

龙泉—高山生活休闲区，包括兰巨乡五梅垟村、大巨村等18个特色村落。片区发展运营规划将龙泉入口社区打造成全球国家公园论坛永久会址，承办国家公园高峰论坛。依托户外运动产业布局，打造极具生态之美、生活之美、健康之美的高山运动康养线。

庆元—生态教育创新区，包括百山祖镇黄皮村、斋朗村等16个特色村落。片区发展运营规划将庆元入口社区打造成我国第一个国家公园主题小镇，充分挖掘国家公园生态价值。根据现状资源情况，将底村打造成华东西区规模最大的自然教育基地；将斋郎打造成知名的红色教育基地。

景宁—红绿畲文化体验区，包括大均乡大均村、英川镇叶萍头村等16个特色村落（图8-46）。片区发展运营规划以风土人情、民俗文化为吸引物，充分突出农耕文化、乡土文化和民俗文化特色，开发农耕展示、民间技艺、时令民俗、节庆活动、民间歌舞等休闲活动。将景宁入口打造成我国第一个红绿畲文化主题小镇，串起片区内村落，探索共同富裕新路径。

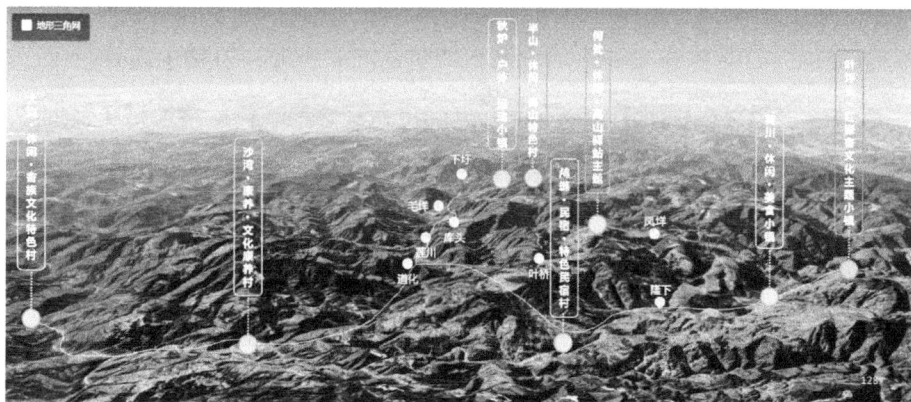

图 8-46　景宁—红绿畲文化体验区片区运营项目布局

通过片区、组团的设置为载体，建设一套完整的片区服务运营系统。片区服务运营系统布局、覆盖各种与百山祖国家公园相关的文旅业态与特色产业。成为商业旅游服务业态的主要载体空间，承担国家公园市场流量的吃住行游娱购消费场景功能，开发国家公园IP与龙泉、庆元、景宁三地特色产业相结合进行产业提升、产品迭代和文化传承的价值赋能。对由核心保护区内形成的科研成果在辐射带动区内进行文创及衍生产业的开发。在美丽乡村建设基础上，以周边村庄为主力基底，发展民宿、轻餐饮、咖啡馆、花艺吧、酒吧、书吧、便利超市等小微业态，打造夜间经济，提升商业配套。以美丽城镇建设为契机，发挥城镇的集散地功能，通过酒店、餐饮、娱乐设施等提升大商业配套。增设各类相关的博物馆、展示馆、自然教育体验项目。进行智慧数字化打造，配合保护区与一般控制区内的数据采集，形成国家公园的大数据体系，同时推进客服与流量复用的数据库系统的建设。在辐射带动区内还将布局相关一、二产业的发展，以国家公园的品牌赋能增加产品溢价能力。利用优质的生态环境资源与良好创新的政策引入中大型的文旅康养项目。

以片区运营的方式带动国家公园周边的村庄全面进入乡村振兴阶段，建立起具有"国际范"的国际标准的服务与管理体系，对国家公园所要求的运营服务也非常契合。同时，辐射带动区内的村落也将是丽水市委市政府在浙江省率先谋划启动的"花园乡村"创建与突出"三园六态"特色追求的先进示范。

（三）实施过程

在国家公园辐射带内的片区运营将以树立布局核心资源为前置思维。由国家公园管理部门牵头先导步骤，创建筹备"朋友圈"资源，对接国内外学术、科研、媒体、出版等机构组织；建立联系、确定入驻意愿、认筹落地村庄；批量集聚将落地于百山祖国家公园的教科文组织机构，形成国家公园高格调的核心底色资源。对接院校、研究机构、学术组织、权威人士等，通过不同渠道、不同模式建立合作关系，融入世界国家公园网络体系。

研究出台围绕国家公园建设的各项激励政策与优惠措施。由国家公园管理部门牵头各职能部门制定机构入驻的激励政策，人才引进的激励政策，财税、金融政策，科研成果激励政策，高新技术产业扶持政策，宣传推广政策与活动奖补政策，其他各类扶持政策。

整合梳理资源，统筹落地定位。由专业运营公司配合管理部门整合各教科文组织机构资源，形成生态保护板块分类，并依据核心保护区、一般控制区与文旅特色产业区的管控分区要求，做出相应的村庄载体的运营分类标准及配置细则。在配置细则中将明确各类科考站、科研营地、补给驿站、小微服务业态等相关设施的基本运营标准。

统筹落地村庄定位，策划可执行的村庄运营方案。由专业运营公司负责对50个已选村落形成的三大片区进行前期调研材料的详细分析，做好系统性的比对、复核，并采集运营所需素材；将村落按运营分类标准及各村调研成果进行分类，以片区规划为依据对村落的特点与现状分别做出各村相应类别的系统布置、业态配置运营策划概念性方案。

运营前置启动整个区域的数字化服务体系的建设。由专业运营公司负责以阶梯式、交互式的框架，整合网络运营商资源，系统性打造可辐射各个目标村庄、营地的服务场景平台；数字化、科技化赋能各级服务中心，构建互联互通的互联网服务平台与数据平台。在国家公园大入口与丽水服务中心分别设置数字化指挥舱，为国家公园的各级管理者量身定制智能化、平台化、数据驱动的管理和辅助决策工具，同时为游客提供更及时到位的服务。

国际化管理服务体系的建设示范。由专业运营公司配合管理部门在片区村落中选出先行示范村落（各县市一组），针对村庄原有肌理、特色，更多采用"微改造"的"绣花"功夫做精做细做实相关村庄的运营内容与载体，依据运营分类标准进行详细落地策划方案的编制，循序推进项目的规划、设计等后续工作，进行有目标的示范性打造。由专业运营公司对接省内外俱乐部、活动组织推广机构，由内容制造引导所需配套建设。建设完成后，委托专业运营公司进行运营管理服务，初步形成国家公园周边的文旅服务体系。同时，为周边村落的后期打造提供一系列的示范。

百山祖国家公园品牌建设及文创开发、包装宣传。由国家公园管理部门组织专业公司，根据百山祖国家公园的特质内容与策划确定的文旅体验服务方向等要素，强化百山祖国家公园品牌建设，设计制作Ⅵ体系应用与IP形象等，策划并制作影视、年鉴、攻略、论文、文创等全媒体多介质的推广运作。联通其他国家公园，通过线上打通流量互导，对外博物馆开展巡展。建立丽水全域的国家公园票务、文旅产品推广销售和华东地区线上、线下产品销售体系。

在片区统一运营的引导下，充分挖掘梳理片区内村落的资源，有针对性地对外招商服务。由专业运营公司依据分类运营标准对村庄的资源与相应政策进行匹配，挖掘梳理各类资源，结合村集体经济与当地村民的发展需求，以城乡融合、产居结合、旅居康养为诉求提出具有针对性的分期招商合作方案。创新推进村落资源盘活。结合国土空间规划编制和全域土地整治，推进村庄宅基地功能调整。推进农村集体经营性建设用地入市，建立健全集体经营性建设用地入市增值收益分配机制，探索村集体在农民自愿前提下依法把有偿收回的闲置宅基地、废弃的集体公益性建设用地转变为集体经营性建设用地入市。鼓励农村集体经济组织及其成员通过自营、出租、入股、合作等方式，盘活农村闲置宅基地和闲置农房，发展乡村产业。

政策改革、模式创新与资源激活已成为引入更多的社会资本与人才共同参与丽水百山祖国家公园生态建设的关键。建立和百山祖园区相适应的新型片区发展模式，通过生态保护推进片区发展，通过片区发展提高生态保护能力，形成生态环境得到有效保护、民生不断改善、文化有效传承、社区共建共享、人与自然和谐相处的良好局面。

参考文献

［1］田毅鹏."未来社区"建设的几个理论问题［J］.社会科学研究,2020（2）：8-15.

［2］赵定东.就地城镇化理念下的村改居社区治理创新——以浙江省探索经验为例［J］.北华大学
学报（社会科学版）,2018,19（1）：55-62.

［3］柴贤龙,沈洁莹,侯宇红,等.浙江省未来社区问卷调查分析报告［J］.统计科学与实践,
2019（5）：42-44.

［4］刘乐平.未来社区,一项着眼未来的大手笔［J］.浙江经济,2019,000（7）：19-20.

［5］袁奇峰,钟碧珠,贾姗,等.未来社区：城市居住区建设的有益探索［J］.规划师,36（21）：8.

［6］胡杰成,赵雷.城镇老旧小区改造推进启示及建议——浙江省未来社区建设情况调研报告［J］.
中国经贸导刊,2020（1）.

［7］严国萍,吴结兵.基于公共空间建设的社区治理——浙江省 H 县"睦邻客厅"项目的案例研究
［J］.中共中央党校学报,2020,24（4）：130-136.

［8］邹永华,陈紫微.未来社区建设的理论探索［J］.治理研究,2021,37（3）：95-103.

［9］城市中国/崔国.未来社区——城市更新的全球理念与六个样本［M］.杭州：浙江大学出版社,
2021：18-30.

［10］浙江省发展改革委,浙江省省发展规划研究院.未来社区：浙江的理论与实践探索［M］.杭
州：浙江大学出版社,2021：32-47.

后 记

　　浙江敢为天下先，勇于创新。在浙江省委、省政府的领导下，浙江省科学地提出了未来社区试点建设的"139"体系，制订了未来社区定量和半定量的 33 项指导性和约束性指标，为未来社区规划、设计、建设和评判提供了参考指标，从理论层面到政策层面支持构建未来社区的顶层设计，也为未来社区试点的实践与探索提供了坚实的理论和技术支撑。

　　随着未来社区试点工作的推进，浙江未来社区建设作为城市更新的重要创新载体正逐步成为全省上下的共识。推进未来社区建设既是一项惠民工程，也是社会治理体系现代化建设的一次重构，同时也将影响浙江省建设领域人才链、产业链和供应链的有机整合。未来社区的试点工程与 2021 年 2 月浙江省委提出的"152"数字化改革相呼应，是浙江数字社会建设的最重要组成部分。经过近三年的探索与实践，未来社区作为共同富裕基本单元也是浙江省实现共同富裕的基础和创新模式，必将成为继"最多跑一次"改革后浙江又一创新金名片。只要以党建引领和以满足人民美好生活向往为核心，坚持人本化、生态化和数字化为价值坐标取向，构建邻里、健康、教育、交通、创业、低碳、建筑、治理和服务九大场景的浙江未来社区建设必将成为浙江省实现共同富裕的基本单元，同时也将成为浙江省"152"数字化改革数字社会的基本单元，浙江省城乡建设风貌整治的基本单元。浙江未来社区构建九大场景为基本要素的智慧城市建设"基本单元"的蓝图，这是人类城市化进城中，首次创新性地以场景为特色要素，系统构建社区建设的新理论，遵循整体谋划、唯实唯先、久久为功、善作善成的未来社区全过程、全周期的思想体系，是中国城市化规划建设理论的创新。未来社区在提升物理空间和完善配套的基础上不断集成大数据、人工智能和数字孪生，不断提升新能源和新材料等新技术应用水平，不断探索创新可持续发展的投资建设模式，不断提升各界的参与热情和长效机制。通过全过程咨询、代建制、EPC 和 PPP 等多种方式的合理选择实现提质增效，在试点成效中分析得失，找出共性和个性，从而进一步解放思想，实现需求导向和目标导向的高度统一，继而逐步推进全域未来社区建设，促进浙江省经济社会的高质量持续发展。

感谢浙江省住房和城乡建设厅厅长项永丹为本书撰写序言。

感谢蓝城乐居建设管理集团有限公司、浙江省长三角标准技术研究院、杭州市拱墅区城中村改造工程指挥部、上海第一测量师事务所有限公司杭州分公司和杭州结构与地基处理研究会等单位为书稿撰写付出的辛勤的努力。

感谢杭州上城始版桥社区、杭州拱墅和睦社区、杭州拱墅瓜山社区、杭州萧山七彩社区、杭州钱塘云帆社区、杭州城西科创大走廊全域未来社区、绍兴上虞鸿雁社区、丽水缙云名山社区等 8 个未来社区试点项目的建设主体提供案例素材。

浙江经过近三年的时间，累计前三批省级试点项目达到 150 个，第四个批次省级试点项目总数达 131 个，有的已建成投用。未来社区将逐渐从"盆景"走向"风景"，并同步延伸至乡村未来社区。当然，未来社区的建设任重道远，浙江人民将一如既往地秉承天道酬勤、力耕不欺的品质，充分发挥聪明才智，不断探索创新未来社区的建设，努力实现全浙江共同富裕。